中小学教师教学策略书系
ZHONGXIAOXUE JIAOSHI JIAOXUE CELÜE SHUXI



一般教学策略系列

# 课堂教学管理策略

辛继湘 主编

北京师范大学出版集团
BEIJING NORMAL UNIVERSITY PUBLISHING GROUP
北京师范大学出版社

**图书在版编目(CIP)数据**

课堂教学管理策略/辛继湘主编. —北京：北京师范大学出版社，2010.8(2022.9重印)
(中小学教师教学策略书系)
ISBN 978-7-303-10712-4

Ⅰ.①课…　Ⅱ.①辛…　Ⅲ.①课堂教学－教学管理－中小学　Ⅳ.①G632.421

中国版本图书馆CIP数据核字(2009)第239574号

---

**图书意见反馈：** gaozhifk@bnupg.com　010-58805079
营销中心电话：010-58802755　58800035
北师大出版社教师教育分社微信公众号　京师教师教育

---

出版发行：北京师范大学出版社　www.bnupg.com
北京市西城区新街口外大街12-3号
邮政编码：100088
印　　刷：北京天泽润科贸有限公司
经　　销：全国新华书店
开　　本：730 mm×980 mm　1/16
印　　张：14.75
字　　数：222千字
版　　次：2010年8月第1版
印　　次：2022年9月第9次印刷
定　　价：45.00元

---

策划编辑：石　雷　李　志　　　　责任编辑：李　志
美术编辑：毛　佳　　　　　　　　装帧设计：艾博堂文化
责任校对：李　菡　　　　　　　　责任印制：马　洁

# 总　序

当前社会上都在热议钱学森提出的问题，为什么我们的学校总是培养不出杰出人才？这确实是我们大家都很着急的问题。没有杰出人才，就不能迈入人力资源强国，就不可能有重大的发明创造，就无法在国际上竞争。

要回答这个问题并不太容易。因为这不光是教育问题，而是整个的社会问题。教育不是独立存在的，它受社会政治制度、经济体制和发展水平、文化传统和民族心理等方面的影响。但是，不是说与教育没有关系，教育确实担负着重要的责任。主要表现在教育观念的陈旧，教学模式的僵化，教学方法的落后，教育评价的片面。

传统教育以传授知识为主，通过知识来培养学生的德行。这不能怪历史上哪位教育家，因为他们的教学观念受到时代的限制。今天时代不同了，自从工业革命以后，特别是第二次世界大战以后，科学技术迅猛发展，知识成几何式的增长。再用传统的传授知识的方法已经不能满足学生渴求知识的愿望，也不适应社会发展的需要。教育已经不限于传授现存的知识，还要不断创造新的知识。当然，基础教育不一定能创造新的知识，但它要为创造新知识做准备，要培养学生的创造意识和创造能力，这样才能培养出杰出人才。

所以，转变教育观念，改革培养模式和改善教学方法是当务之急。

教育既是一门科学，又是一门艺术。教育是科学，因为人类的成长有规律，人类的认知有规律。现代脑科学正在揭示这些规律，虽然我们现在还没有完全掌握。既然有规律，我们就要遵循这些规律来选择教学方法。教学是有方法的，教学研究，包括脑科学的研究都是为了寻求一种方法。所以夸美纽斯说要寻找一种教学的方法是对的，不过他当时寻找的方法不一定适用于今天。

教育又是艺术，艺术在于创新。教学方法不是凝固不变的，而是要应学科不同而不同，应情境变化而变化，因教学的对象——学生的差异而千变万化。所以叶圣陶先生说：“教学有法，教无定法”。教育是艺术，艺术是需要感情的投入的，所以教学不仅要用一定的方法，还要有教师情感的渲染，需要教师的教学机智。

教学既然如此复杂，就不是简单地选择几种方法就能奏效的。这就需要研究教学策略，设计教学方案。

在国外，关于教学策略的研究始于20世纪70年代。在我国，“教学策略”一词是20世纪90年代随着现代教育技术的发展而产生的概念。主要与“教学模式”和“教学设计”并提，有时作为学习策略来解释。我认为教学策略更应该是上位的，策略是指对教学模式和教学方法的谋划、选择和设计。它既不是教学模式和方法本身，也不是一种指导原则，而是有思想观念统帅着的教学模式和方法。它要为实现教学目标，根据学生的学习状态和环境条件，按照一定的教学原则制订完整的实施方案，它指导着教师的教学行为和学生的学习行为。

根据这样的理解，对教学策略的研究应该从理论和实践两个层面同时展开。在理论层面，要探讨教学策略的性质、功能和结构，厘清教学策略与教学模式、教学原则、教学方法的关系；在实践层面，既要关注教学设计中的教学策略的设定，也要关心教学实施中教学策略所发挥的作用，并处理好教学策略的预设和生成的关系。

我很高兴地看到北京师范大学出版社广泛地动员我国教育研究和实践领域的专家，编撰了这套《中小学教师教学策略书系》。这套书系系统地整理和分析了教育发展历史进程中尤其是近50年来有关教学策略的教育思想、研究成果和实践经验，它有助于建立我国中小学教学策略的理论体系，探索我国中小学教学策略的实践经验，为我国中小学教师提高教学质量提供科学、实用的教学策略支持。

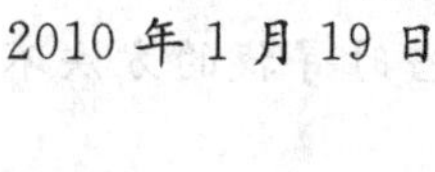

2010年1月19日

# 前　言

课堂教学管理是师生共同参与，彼此交往，有目的、有计划和多维度地协调课堂内外各种因素，顺利实现教学目标的活动。在课堂教学管理过程中，通过师生共同努力综合组织调动多方面教学力量，发掘、利用和协调课堂中各种教学资源，为教学提供有益的课堂环境，形成和谐的课堂氛围，有效开展课堂教学，并全面实现课堂教学价值。

课堂既是学生学习和活动的场所，又是学生人格成长与发展的主阵地。有效课堂教学管理是提高教学质量、促进学生发展的重要保证。课堂教学管理具有教育性、及时性、协作性、规范性、系统性、自组织性、整体性等特点，受到众多因素的影响，需要教师充分考虑各种因素，并把这些因素置于整体框架中进行综合分析，才能真正把握课堂教学管理的特性，收到预期效果。

课堂教学管理总是与课堂纪律相联系。的确，良好的纪律可以规范课堂行为，维持课堂秩序，保障课堂教学活动顺利进行，能够增强学生的凝聚力，提高课堂教学管理效率，同时还可以培育学生的良好习惯，促进学生完满人格的养成。教师需要通过多种途径和方式建立课堂常规，而当课堂发生一些影响正常教学的问题行为时，教师需要认识到原因的多样性，它往往涉及学生认识、情感、行为和人格等多个维度，也涉及教师自身及学生所处的家庭和社会环境等多个方面，是多种影响因素的综合反映。据此，教师一方面需要全面关注学生身心和谐、健康，培养他们自我管理的能力；另一方面需要不断反思和改进自己的教学行为，同时在优化学生所处环境中发挥重要作用。

不过，课堂教学管理远不只是“管纪律”，适时的激发和顺畅的交流能够协调好教师、学生和教学环境的关系，本身即是很好的教学管理。当教师充分尊重和信任每一个学生，维护学生的正当权利，公平地对待学生，建立民主、平等的师生关系，根据学生的特点采用恰当的方式激发和交流，善于营造和谐、愉悦的教学氛围，真诚地倾听学生的心声，并为学生自主思考、自由表达提供适宜的条件，使学生以持续不断的热情自发地投入到学习之中的时候，好的教学管理便发生了。

课堂教学管理也不只是“管”预期的、计划内的事情，还需要“管”非预期的、生成性问题。真实的课堂教学总是处在动态变化的过程中，教师与学生、学生与学生在合作、对话、碰撞、交往互动中时时生成了许多超出了教师预设方案之外的新情境、新内容、新观点、新思维和新方法，表现形式可能是学生的学习兴趣、注意力、行为方式、学习方法和思维习惯的变化，也可能是教师的教学方式、氛围、环境的变化等。有的问题对教学会起到积极作用——赋予教学意外的“惊喜”，尤其是那些对学生的成长具有重要价值的闪光点，这些稍纵即逝、非预期性的因素往往具有无穷的教育价值，需要教师及时开发和利用这些积极的生成性问题，使之上升为教学“资源”，使教学更精彩。而有些问题对教学起着消极作用——造成教学意外“事故”，需要教师及时纠正或转化这些消极的问题，使之不演变成教学的“障碍”，使教学正常化。教师的应对策略将直接影响课堂的进展，是课堂教学过程能否往纵深发展的决定性因素。应对有效，课堂会生发出许多新资源，使教学过程不断丰富、深化、升华；应对无效，课堂缺乏有机的调控与价值引导，缺乏对课程资源鉴别、捕捉、重组的行动策略，就会出现学生无序的“盲动”，最终使得学生智慧的火花没有及时点燃而熄灭。在具体的课堂教学过程中，教师要善于采用相关策略应对随时发生的各类生成性问题，善于捕捉其中蕴涵的生成性资源，用动态的、发展的观点来看待课堂教学，结合当时特定的课堂环境，根据师生、生生互动的情况，因势利导地组织教学，把预设的教案在实施过程中依据学生认知的、情感的、人格发展的需要及时做出富有创意的调整，艺术地将教学常式和变式相结合，循着学生思维的起伏、情感的波澜，根据自己对课堂各种信息的综合把握，对课堂教学中的各种生成性问题，及时作出判断，及时采取行动，进行评价、引导、挖掘、提炼，使课堂成为学生个性发展的天空，也成为教师教学能力提高、教学智慧发展的舞台，让课堂教学成为师生共同发展的过程。

随着基础教育课程与教学改革的推进，自主学习、探究学习、合作学习以其独到的长处在中小学课堂教学中得以广泛运用。虽说在实施过程中取得了相应的成效，但也面临一些不可回避的困难与问题。其中，教师的课堂教学管理与以往比较发生了很大变化，对教师的教学管理能力提出了更高的要求。需要教师树立正确的学生观，视学生为学习活动的主体，是独特的、完整的、发展中的人；需要教师认识到教学的意义不仅是知识的授受，还有学生完整人格的发展；教学不仅是认知活动，而且是情感活动、意志活动；教学不仅是教师教学生学的过程，而且是师生交往、互动、共同成长的过程；教学不仅要关注学科，更要关注人。当教师不仅是知识的传授者，而且是学生自主学习的引发者、探究知识的激励者、学生学习活动的合作者、学生个性发展的促进者的时候，教学管理的智慧与艺术便会在课堂教学中体现出来，学生从中获得的不仅是各门学科知识，也不仅是自主、探究、合作的能力，还有作为完整生命的和谐与不断生长的动力。

辛继湘
2010 年 3 月

# 目　录

# 第一章　课堂教学管理概述

课堂教学管理是保障课堂教学有效实施的活动，对于提高教学质量、促进学生发展具有十分重要的作用。了解课堂教学管理的内涵、类型与意义，弄清楚课堂教学管理的基本特点，明确其理论基础和需要遵循的原则，有助于课堂教学管理的顺利进行。

## 第一节　课堂教学管理的内涵、类型与意义

课堂教学管理有其特定的内涵，从不同的角度可分为多种类型，每种类型都有自身的特点。成功的教学需要良好的课堂教学管理，亦即课堂教学管理是教学取得成功的必要条件。

### 一、课堂教学管理的内涵

“课堂教学”是一种有组织的教学形式，是师生之间的一种特殊的交往活动。“课堂教学管理”是对这一特殊交往活动的组织、协调、保障和促进的一系列活动。一般意义上讲课堂教学管理是指教师为了保证课堂教学秩序和效益，协调课堂中人与事，时间和空间等各种因素及其关系的过程。① 简言之，就是保障和促进课堂教学有效实施的一切活动。

有关研究将课堂教学管理分为宏观、中观和微观三个层面：在宏观层面主要是指以国家教学管理部门为主体对课堂教学的宏观把握、规范与导向，

① 施良方，崔允漷．教学理论：课堂教学的原理、策略和研究．上海：华东师范大学出版社，1999

制定相应的课堂教学管理制度，如对教师课堂教学用语、禁语和奖惩权力的规定，对从事课堂教学的教师做出明确的知识、能力和品行等结构性要求，从事课堂教学的教师职业资格审定与颁发，为教师自身发展提供政策和环境的支持，为课堂教学目标达成及其质量做出相应要求和规定，以及在整个社会环境中引导和融入尊师、重教和爱生的风气等一系列的宏观性课堂教学管理活动。中观层面的课堂教学管理是指在学校教学管理部门，各级地方教育行政部门，结合当地实际，学校现状对本校，本地区教学制订和实施相应的管理方案。如本地、本校教学进度，教学目标要求，为师生制订一些大致的教学规则，形成统一的课堂纪律模式，评估和监控课堂教学质量。管理主体主要是学校和地方一级的教学管理部门，如教研室、教务处等对教师课堂教学的协调与组织，提供建设性意见。微观的课堂教学管理是指在课堂中针对师生共同面对的具体一堂教学课，对课堂环境的建构，课堂气氛的营造，课堂具体问题的解决，课堂教学目标的顺利完成与检验等各方面的协调与组织，其主要特点是教师和学生作为课堂教学的管理主体直接参与，并主要通过师生互动合作实现具有情境性的管理。

课堂教学管理概念中含有以下几个重要的因素：一是课堂教学管理目标。课堂教学管理的目标主要是为保证课堂教学的顺利进行，促进学生知识、技能和人格的全面发展，即课堂的终极目标是教育目的或教学目标，而直接的目标是课堂秩序的维护和促进；二是影响课堂教学秩序的因素。课堂中，教师往往把影响教学秩序的责任归咎于学生，而很少寻找自身的原因。事实上，影响教学秩序的因素应包括教师因素、学生因素和环境因素。调控好了这些因素及其关系，教学活动的顺利开展、教学质量的提高、教学目标的达成就有了根本性的保障；三是课堂教学管理的理念不仅仅是教师对学生行为的控制，而应当是对学生行为的一种促进，是对学生行为的激励和鼓励，最终使学生能由他律转向自律，从而有利于学生的成长。

微观层面的课堂教学管理，就是师生对在课堂这一场所中包含了诸多具体的教学因素及各相关因素所形成的各种关系进行协调、控制、整合和优化，使之能形成更好的有序整体，达到更好的教学价值与效果的过程。首先，从课堂教学管理的内容上来看，课堂教学管理可分为教学进度管理、课堂纪律管理和课堂文化心理建构三方面。教学进度管理主要体现在教师教学空间、时间、节奏和教学激情度等方面的管理，包括教师把握学生差异性，实施因材施教，教学反馈，教学诊断等方面；课堂纪律管理主要指对课堂出现的常规性和偶发性问题的合理解决，保障教学进度，营造有效教学气氛等；课堂文化心理建构的管理主要是为前两者服务，通过形成良好的课堂教学传统和课堂教学文化对学生正向熏陶。从课堂教学管理的实施角度来讲主要包括课堂教学中对教的管理和对学生学的管理。在教的管理方面，包括对教师角色规定、教师教态、教学技巧和教学效果的要求和引导，对教师在课堂中的教学行为表现作出适当的规定；对学生学的管理需要根据学生个体特点、学科要求和课堂环境因素，对教学过程进行有效的组织、协调、决策和优化，建立必要的课堂常规，并对偶发的课堂问题行为进行必要的控制，合理地安排课堂教学时间与空间，使得参与课堂教学的个体能在课堂教学中促进知识的传授、情感的体验和价值观的形成。

课堂教学管理对教学活动的效果产生着十分显著的影响。有了良好的课堂教学管理，教学才能得以顺利进行，教师的教学积极性得到提高，学生的学习积极性也得到相应的激发和提高。不少研究者对此进行了比较深入系统的研究。有研究者把课堂教学管理理解为教室管理，也就是处理课堂教学环境中的人、事、物等因素之间关系的活动，这种观点更体现出一种对教学环境的控制与管理；也有人把课堂教学管理看成一种过程，是教师通过协调课堂内的各种教学因素，从而有效实现预定教学目标的过程；还有人认为课堂管理是一种技术和艺术，是教师管理教学情境，掌握指导学生学习行为，艺术地组织教学过程的活动。在国外，课堂教学管理主要是源自课堂管理的概念，比如：约翰逊等人指出，“课堂管理是建立和维持课堂群体，以达成教育目标的历程”；古德(C. V. Good，1973)提出，“课堂管理是为了实现教育目标而处理或指导课堂活动所涉及的问题，如课堂纪律、民主方式、教学质量、环境布置及学生社会关系等”；埃默(E. T. Emmer，1987)认为，“课堂管理是指一套旨在促使学生合作和参与课堂活动的教师行为与活动，其范围包括物理环境的创设、课堂秩序的建立和维持、学生问题行为的处理、学生责任感的培养和学习的指导”；莱蒙齐(Lemlech，1987)主张，“课堂管理是一种提供能够挖掘学生潜在能力和促进学生学习进步的良好课堂生活，使其发挥最大效能的活动”；薛夫雷兹(Shafritz，1987)认为，“课堂管理是教师运用组织和程序，把课堂建设成为一个有效学习环境的一种先期活动和策略”。这些定义大多从课堂教学管理的对象角度，分析了课堂教学管理的内容层面，规定了课堂教学所必需的“纪律、秩序维持，行为控制，环境建设，提高教学效率”等方面。①

综上所述，课堂教学管理是师生共同参与，彼此交往，有目的、有计划和多维度地协调课堂内外各种因素，生成性地实现教学目标的活动。在课堂教学管理过程中，通过师生共同努力综合组织调动多方面教学力量，发掘、利用和协调课堂中各种教学资源，为教学提供有益的课堂环境，形成和谐的课堂氛围，顺利开展课堂教学，并全面实现课堂教学价值。

## 二、课堂教学管理的类型

长期以来人们进行了多种多样的课堂教学管理的实践，总结了丰富多样的课堂管理经验。下面列举一些比较典型的课堂教学管理类型：

### (一)权威型管理

教师的管理乃是控制学生在教室里的行为。教师的角色是在教室中建立一种规矩，而且能使每个学生遵守。这种管理模式强调规则的尊严。在这种管理模式下，整个课堂完全是由教师负责的，因而，教师负有控制学生课堂行为的全部责任，而教师控制学生行为通常是通过建立和强化课堂规则和有关规定来实现的。因此，课堂教学管理过程被视为教师对学生课堂行为的控制过程，强调教师对于运用控制策略建立和维持课堂秩序的重要作用，而且较多地采用主控的方式来控制学生，规则倾向于周密而严谨，约束多，而弹性少。权威型课堂管理强调规则、指令与要求，注重惩罚和控制。

### (二)恐吓型管理

这种管理模式与权威型管理模式有些相似，也是强调如何控制学生在学习过程中的一些行为举止。与权威型管理模式不同的是，教师采用的是恐吓手段，如讽刺、嘲弄、强制、威胁、不赞成、不同意。教师的角色是强迫学生在恐惧的心态下服从课堂规范，否则便要受到惩罚。在教师的批评下，学生的内心受到压制，他并不明白自己为什么错了，会产生逆反心理。在以后的课堂中，他仍会表现出影响课堂教学的错误行为。

### (三)放任型管理

这种管理类型的教师意识淡薄，工作责任心较差，他们在课堂上表现为只顾讲课、不顾效果、放任自流，对于学生在学习过程中出现的问题漠不关心，也没有积极的课堂管理要求。学生表面上得意自在，实际上求知需要得不到满足，往往产生对教师的不尊重的后果。在放任管理的课上，学生的学

① 陈时见．课堂管理论．桂林：广西师范大学出版社，2002：4

习动机与学习热情低，教学效果很差。

它强调学生的个人自由和个人选择，完全凭学生自己发展，让学生自己做出决定，对自己的行为负责。教师允许学生按其兴趣和需要做他们想做的事情，对其行为不给予任何的指导。教师的作用在于促进学生的自由，促进其自然发展，因此，要求教师尽可能少地干预学生的行为，主要是放任学生自行处理。同时，课堂规则不宜过多，让学生拥有较多的行为空间和较高的自由度。

**(四)独断型管理**

这种管理类型的教师对学生的课堂表现要求严厉，但这种要求往往只根据教师个人的主观好恶确定，忽视学生的具体实际和教学目标的具体要求。在独断型管理的课堂上，学生的意见得不到充分发表，且学生往往有一种紧张感、压抑感，容易导致课堂管理的形式主义倾向，教学效果降低。

**(五)民主型管理**

这种管理类型的教师在课堂教学管理活动中，积极、认真、宽严适度，善于通过恰当的启发与指导，保证课堂教学管理的有效性，课堂教学管理的具体措施，都考虑到班级的具体情况，学生对这样的教师既亲又敬。在民主型管理的课堂上，学生学得主动愉快，课堂教学效率高。

**(六)情感型管理**

教师对学生充满爱的情感可达到不管而管的效应。教师一走进课堂时，目光中就闪烁着从内心流溢出对学生的喜爱，教学时语音和表情是那么亲切，并善于发现学生的优点和进步，常常从内心发出对学生的赞扬，学生的积极性不断受到激发。也许在离下课不久有个别学生不知不觉地搞起小动作，教师也许只是微微地“嗯”了一声，当这位学生注意到教师后，教师还是带着那种甜蜜的微笑，向那位学生眯了眯眼睛，这位学生红了脸又专心上课了，直到下课。如果从教学的各种技术方面去分析，情感型课堂教学管理也许并没有什么独特之处，然而，谁都会深深感到这节课还是存在着一种显著的特征，即师生之间自始至终洋溢着那种亲切、喜爱的感情。从这样的课堂教学中，谁还会在课堂上有意去违反纪律呢？教师对学生、学生对教师都具有浓厚的感情，不仅促进了课堂教学管理，而且对教育教学具有强烈的推动力，能够激发学生的学习热情，并有利于培养学生的思想品质、道德情操。

**(七)理智型管理**

运用这一管理方式的教师在教学活动中，教学目标非常明确具体，对每一教学过程都安排得科学、严谨、有条不紊，并能采用相宜的教学方法，什么时候讲述、什么时候板书、什么时候让学生自己思考、什么时候练习等都安排得非常妥帖，一环紧扣一环。同时，善于根据学生在学习过程中的各种反馈(表情、态度、问答、练习等)调整教学内容的难易程度，并掌握好教学进程。总之，这种管理体现出教师在教学活动中高超的技能技巧，以及教学活动的科学性；学生的学习活动完全在教师的把握之中，学生认真专注地紧跟教师的思路进行学习并敬佩自己的老师，课堂气氛显得较为庄重、严肃。

**(八)行为型管理**

行为型课堂管理基于行为心理学原则，认为无论是良好行为还是不良行为，都是通过学习获得的。学生之所以有不良行为，要么是因为他已经习得了不良行为，要么是因为他尚未习得正常行为。这一模式坚持两个主要的假设，即学生受行为过程的制约，学习在很大程度上受环境的影响。因而，教师的主要任务在于掌握和运用行为主义原则对学生的课堂行为正确实施积极强化和消极强化，鼓励、发展期望行为，削弱、消退非期望行为。行为型课堂管理强调榜样力量、行为强化和心理辅导。

**(九)兴趣型管理**

这是指教师善于运用高超的艺术化教学，以激发学生兴趣并通过美感陶冶来进行课堂教学管理。高超的艺术化教学表现在教师用形象的语言、从容的教态、精美的板书和多变的教学节奏，根据学生的兴趣和爱好，鲜明、生动、有趣地表述出教学内容，并能从审美角度对教学进行处理，使之具有美感，学生能在课中得到美的享受。当教师开始上课时，往往采用新颖别致而富有吸引力的“导语”“故事”“例子”等来展开教学，从一开始就让学生觉得有趣，从而吸引学生的注意力。在其后的教学过程中，不仅表现在教学方法的灵活多变，而且表现在富有启发性、趣味性、节奏感的教学语言，从而完全把学生吸引住，达到课堂教学管理的目的。

**(十)教导型管理**

教导型课堂管理认为认真设计和实施的教学可以预防和解决大多数课堂行为问题。有效的行为管理是高质量教学的必然结果。因此，教师的作用在于认真设计教学，使教学变得有趣，也就是要让教学适宜于学生的能力与需要，为每一个学生提供获得成功的恰当机会，激发学生的兴趣与动机。教导型课堂管理注重课程教学设计和学生能力兴趣，注重课堂环境和教师明确而积极的指导。

**（十一）关系型管理**

关系型课堂管理侧重于健康的课堂心理气氛，认为有了健康的课堂气氛，学生的学习便会自动产生，也就不会产生问题行为。而健康的课堂心理气氛主要靠良好的师生关系和学生同伴关系来建立。因此，建立良好的、积极的师生关系和学生之间的关系，促成建设性的课堂气氛，便成为教师的中心任务，也是人际关系型课堂管理的主要内容。关系型课堂管理强调真实、民主、交流和理解。

**（十二）群体型管理**

群体型管理是一种建立在社会心理学和群体动力学原则基础上的课堂管理模式。它基于这样的认识：学校教育产生于特殊的群体环境——课堂群体中，教师的主要任务是建立和维持有效的、积极的群体；课堂群体也是一种社会系统，具有所有社会系统共同的特征，有效的、积极的课堂群体决定于与这些特征相一致的特定条件，教师在课堂管理中的任务就在于建立和维持这些条件。群体型课堂管理强调人际期望、领导行为、真诚接纳和课堂内聚。

## 三、课堂教学管理的意义

良好的课堂教学管理是保证课堂教学活动顺利进行和促进课堂不断生长的动力。课堂教学管理的意义可以归纳为以下几个方面：

**（一）课堂教学管理是提高教学质量的重要保证**

课堂既是学生学习和活动的场所，也是学生人格社会化发展和成长的主阵地。为了使各种课堂教学活动有计划、有效率地开展，课堂就必须维持一定的秩序与常规。但由于课堂活动过程中经常会出现各种新的问题，产生各种冲突与矛盾，发生各种偶发的干扰事件，使课堂教学活动的正常进行受到干扰，因此，及时预见并排除各种干扰课堂教学活动的不利因素，有效维持正常的课堂活动秩序，对于课堂教学活动的进行具有重要意义。大凡有经验的教师无不十分重视课堂教学管理，有效的课堂教学管理也是搞好教学的保证，它可以为教师的教和学生的学创造一个良好的氛围与环境，使师生关系趋于和谐，教学活动得以顺利开展，从而确保教学任务的完成和教学质量的提高。

**（二）有利于减少或清除学生的课堂问题行为**

学生的课堂问题行为可以分为外向性问题行为和内向性问题行为。外向性问题行为是直接干扰课堂正常教学活动的攻击行为，这些行为是容易被察觉的，主要包括粗暴、相互争吵、挑衅推撞等对抗性行为；交头接耳、高声喧哗等扰乱秩序的行为；出怪声、做怪相以惹人注意的行为；语言粗俗、顶撞其他同学及教师盲目的逆反行为；迟到、早退、随意离开课堂、随意走动等抗拒行为等。内向性问题行为是不容易被察觉，对课堂教学活动正常进行不构成直接威胁的退缩性行为。主要表现在课堂上心不在焉、胡思乱想、发呆、做白日梦等注意力涣散的行为；害怕提问、抑郁孤僻等厌恶行为；神经过敏、烦躁不安、频繁活动、胡乱涂画等不负责任行为等。外向性课堂行为直接威胁课堂纪律，干扰课堂秩序；而内向性问题行为虽不直接威胁课堂纪律，不直接影响他人学习，但对教学效果和学生学习质量的影响很大，对学生个人的人格发展也有较大的危害。课堂教学管理就在于促进学生产生有助于学习的行为，减少或消除学生的课堂问题行为，使教师能顺利进行教学，学生能专心学习，以达到教学的目的。

**(三)有助于促进课堂教学的持续性生长**

课堂教学活动的最终目的是促进师生共同发展。“教学相长”在今天看来，其含义就是指的教师与学生的相互影响和相互作用会促进彼此的进步。二者的进步当然离不开良好的课堂教学环境，只有课堂在生长，课堂中的人才能得到生长。课堂的生长是课堂中人的生长的前提，同时，课堂的生长又为人的生长创造了条件。促进课堂的生长是课堂教学管理的指向性功能，也是课堂教学管理的基本目标。课堂教学管理就是要调动各种可能的因素，开掘课堂的活力，发挥其生长功能。如果失去了这一生长功能，课堂气氛就会变得单调，课堂缺乏应有的活力，从而也谈不上促进人的发展。

## 第二节　课堂教学管理的特点

教师在课堂教学管理的过程中，是以管理者的身份参与到课堂运行中去，要创造各种条件以使学生对学习与实践感兴趣，然后要提供各种组织、策略与活动来激励学生进行有效的学习与实践。有效率的教师必须是有效率的管理者，必须了解课堂教学管理的特点。

## 一、教育性

课堂教学管理是一项管理活动，同时也是一项教育活动。其教育性主要包括以下两个方面的含义：第一，管理内容要有积极的教育意义。教师通过课堂教学管理，在使学生获取科学文化知识的同时，还要帮助学生树立正确的人生观和世界观，提高学生明辨是非的能力，促进学生的全面发展；第二，管理行为本身还应发挥其教育作用。课堂是培养人的场所，是学生学习、生活的基地，学生在校时间的80％是在课堂中度过的，课堂是学生获取知识的主要途径，而教师又是课堂活动的组织者和领导者，在教学过程中起主导作用，因此，课堂中教师的一举一动、一言一行都应当对学生产生较强的教育影响力。俗话说，教学无小事，处处关育人。在课堂教学管理中，教师要热爱学生，以身作则，为人师表，以模范行为感染学生、影响学生、教育学生。

## 二、及时性

课堂教学管理注重及时处理课堂中的各种事件。课堂教学是一种有组织、有领导的师生共同进行的教与学的双边活动。在教学活动中，有时难免会遇到一些问题或干扰。例如，有的学生精神不振、打瞌睡、开小差；有的学生上课玩游戏、发短信；有的学生做怪相、哗众取宠等。这些情况如果不及时处理，必将造成课堂秩序的混乱，甚至还会造成整个班级学习纪律的涣散。因此，这就需要教师给予及时的处理。处理的原则是：不干扰或中断教学活动的正常进行，既针对个别学生，又能顾及其他学生。课堂中偶发事件的出现，要求教师及时做出迅速、果断、准确的反应，以最少的时间消耗争取最佳的管理效果。

## 三、协作性

课堂是一个由教师、学生、环境组成的小型社会，因此，不应当由教师独自主宰，而应该让教师和学生共同参与、共同建构。传统的课堂教学管理常常是教师单方面地采用管、卡、压等办法来控制学生的问题行为，结果往往是问题行为越来越多、越来越严重。现代课堂教学管理理论认为：学生不仅是学习的主体，而且是课堂自我管理的主体，在课堂教学管理中，正确引导学生积极、主动地参与管理，能收到事半功倍的效果。因此，有效的课堂教学管理强调师生的共同参与、共同构建。

## 四、规范性

规范性是课堂教学管理的一个基本特点。真正有效的课堂教学管理，必然要求教师立足于长远的行为目标，让学生在不同的课堂情境，面对不同的教师，都能持续地表现出他们的适当行为。要做到这一点，除了需要对课堂环境进行构建和处理好师生关系之外，还需要形成相应的课堂行为规范。良好的规范可以对学生的行为产生积极的影响，可以使学生在内化规范的同时，认可规范，最终实现自我控制、自我调整和自我管理。

## 五、系统性

课堂是由教师和学生的行为构成的协作系统。这个系统是由组织系统、物质系统、人的系统和社会系统构成的一个具体的整体。物质系统是指自然环境、设备设施和材料等物质手段，它通过组织系统的有效管理而有效地运转，从而为课堂教学目标的实现提供物质基础。人的系统是由教师和学生组成的人的集体，它通过组织系统的组织与管理为组织目标的实现发挥作用。社会系统是指课堂系统同其他系统相互作用与影响的系统，它对课堂协作系统目标的实现具有制约作用。物质系统、人的系统和社会系统通过组织系统的作用而被组织所管理。由于组织系统的作用渗透于各个系统中，课堂协作本身也赋予了组织的意义。

我们既然把课堂视为一种协作系统，那么它就必然包含三个基本要素。一是协作的意愿。课堂协作系统由众多具有社会和心理需求的个人所组成。他们在进入课堂之前是自由的，其行为无须受课堂行为规范的约束；但在他们进入课堂而成为协作系统的一员时，他们就必须按照协作系统的规范要求来行动。二是共同目标。这是协作意愿的必要前提。如果没有共同目标，学生不知道应做怎样的努力，也不知道协作的结果会给他们带来什么满足，因而就难以产生协作的意愿。共同目标与个人目标常常发生冲突。个人之所以愿意为共同目标而努力，是因为他期望在实现共同目标的过程中能使他的个人目标得到满足。而且学生对共同目标的理解也常常出现分歧，他可以脱离个人立场而站在整体利益的角度客观地理解共同目标，也可以站在个人立场上主观地理解共同目标。这两种理解经常发生矛盾。同时，共同目标随着课堂组织系统的发展和环境的变化而改变。因此，协调个人目标与共同目标便成为管理的一个重要任务。三是信息沟通。这是课堂得以发展的基本因素。个人协作意愿和共同目标只有通过信息沟通才能联系和统一起来，信息沟通是实现共同目标的基础。而信息沟通涉及课堂中包括教师和所有学生在内的每个成员。他们都既是信息的发送者，又是信息的接受者，而不仅仅是由教师发出信息，学生接受信息。信息沟通是保持课堂协作和内聚的基本条件。

### 六、自组织性

课堂有自己的运行轨迹，随着特定的环境和条件而产生，又随着环境和条件的改变而变化。它处于不断的更新状态，并在持续变化的过程中形成相对稳定的课堂文化，从而产生具有特定目标与定位的自组织的实体。

课堂情境中形成的课堂文化对于维持课堂教学活动的继续进行是十分重要的。群体内聚力形成的这种文化力量使得课堂中的一些矛盾和问题会自动化解。这样，学生在不同的课堂情境下，面对不同的教师，都能持续地表现出他们的适当行为，把适当行为内化为他们的一种自觉行为，最终将实现学生的自我控制、自我调整和自我管理。

### 七、整体性

影响课堂教学管理的因素是多种多样的，主要包括人的因素和环境的因素两个大的方面。人的因素包括学生的文化与经历，学生的人格特质、学习态度、身心状况，教师的人格特征、教学态度，家长、学校领导及社会相关人士的态度、认同、鼓励等，所有这些都会对教师的课堂教学管理产生影响。环境因素主要包括物理因素、社会因素和教育因素。物理因素主要有活动的空间、座位的安排、资源的分配、光线的强弱、噪音的大小等；社会因素主要有班级大小、学生来源、课堂规范、师生行为等；教育因素主要有活动的类型、活动内容的难度、活动的方法等，这些因素与教师的课堂管理直接相关。课堂教学管理受到众多因素的影响，因而也是复杂而多变的。教师必须考虑所有的这些因素，并把这些因素置于整体框架中进行综合考虑，才能真正把握课堂教学管理的特性，收到课堂教学管理的真正效果。

## 第三节　课堂教学管理的理论基础

课堂教学管理虽然是一个实践问题，但却有着深厚的理论基础。如果能依据相关的心理学、社会学、哲学、生态学理论进行管理，那么会使管理行为更为合理、有效。

## 一、课堂教学管理的心理学基础

自冯特建立第一个心理实验室以来，心理学的发展为教育教学的科学化发展产生了积极的推动作用。在课堂教学管理环节中也不例外，不少人从组织行为学或管理心理学的角度探讨了课堂教学管理问题。把心理学作为课堂教学管理的理论基础，我们将更加关注课堂环境中师生心理现象及其规律，更加注意如何对课堂行为正确归因并作出合理的心理解释。心理学的研究为课堂教学管理确立了一种新的研究思路。心理学家桑代克在其《教育心理学》中确立了一种客观的研究精神，将课堂诸现象解释为刺激—反应的联结，以行为主义为代表的心理学对人的行为的关注这一理论研究范式的确立及其在课堂管理中的应用，使课堂管理在科学化的轨道上逐渐走向深入，并在以后的几十年中占据主导地位，成为课堂管理研究的主要理论来源。在20世纪60年代，由于认知心理学和人本主义心理学在教育理论及教育改革中优势地位的获得，课堂教学管理理论产生了一种新的范式的转换，如认知心理学强调从对人的认知分析入手，试图使学生了解课堂教学管理的一般规范，理解教师课堂教学管理行为的原因与方法，从而使学生形成自觉的课堂行为，并由认知逐渐形成积极的师生关系，维持与促进课堂秩序，如向学生说明行为的目标，使学生明了其行为与结果之间的逻辑联系，进而产生教师所期望的行为；而人本主义心理学则从对学生的需要、潜能的分析入手，对人的行为产生的原因和发生机制进行研究，进而将这种研究运用于课堂，如格拉舍(Glasser)的现实疗法就强调将课堂建设成一种积极的、富有启迪的教育环境，教师应向学生提供最好的机会去发掘隶属感、成就感和积极的自我认同。心理学的研究范式与研究思路也为课堂管理提供了方法论指导，使课堂管理有了自己的基本理论和研究范式。既然心理学是课堂教学管理的主要理论依据之一，课堂教学过程中的心理过程、心理特征及课堂中特有的心理结构必然进入课堂管理首要的研究范畴。教学活动包括人的智力因素和情感、意志、行为、个性倾向性(需要、动机、兴趣、理想等)和个性特点(性格、气质等)等非智力因素的参与，忽视非智力因素或者忽视智力因素都是片面的，都将影响课堂教学管理的操作，甚至严重影响课堂教学质量。就学生而言，课堂教学是对其进行知识传授，形成一定的情感、态度和价值观的最主要的活动。因而在课堂教学管理中需要同时注意学生的智力因素与非智力因素，从学生思想品质、学习热情、学习态度和学习风格等多方面形成学生完满人格。就教师而言，教师所掌握的专业知识、能力结构是课堂教学顺利开展的必要条件，然而心理学研究表明知识、智力因素超过一定的水平后就不再起显著用，而其他非智力因素开始对教学效果起着决定性作用，在课堂管理中学生对教师的信任和教师自身的威信更多的来源于非智力因素。按照心理学对非智力因素的分类，一般包括情感发展水平，如倾向性、深刻性、表达性、自控性等；意志发展水平，如独立性、自觉性、自制力、持久性等；个性倾向性，如需要、动机、价值观、兴趣、理想等；个性特征，如性格、气质、习惯等。就家长而言，家长对子女的抚养方式，家长的个性心理特征对学生在课堂中的表现都会产生影响，家长属于校外群体，家长的帮助在课堂教学管理中能起到辅助性的作用。在课堂教学管理的过程中最重要的一环是师生彼此的对话与交往，并通过交往达到师生互动。有研究者认为，师生在教育过程中的交往结构是相互影响、信息流、相互认识三个主要侧面和个性、角色、群体三个主要层面构成的"三侧面层面的三棱柱体"的心理交往模型；课堂教学管理的实质就是在这各个层面上展开的师生交往，是为实现这些交往而建构合适的条件以促成这种教学交往。

## 二、课堂教学管理的社会学基础

从社会角度看，课堂是一种特殊的社会系统，是一个微型社会，是社会大系统中具有特殊功能的一个小系统。在这个系统中，教师、学生和环境之间不断发生作用，常常也会产生生不可回避的矛盾和冲突。社会学的原理与研究对于课堂教学管理的启示是很有借鉴价值的。因为课堂亦是一个微型社会，教师与学生在其间彼此共生与互动。这一互动不仅促成了多种多样的课堂景观，而且使课堂呈现出复杂的社会特征。

### (一)功能主义理论

功能主义特别强调社会结构中的每一部分对于社会整体生存所发挥的作用，认为社会的组成及其生存方式同生物体非常类似。此外，功能主义认为，每一个社会都有一共同的文化，这是一种社会成员共享的价值或伦理准则。只有当社会成员之间具有共同的认识、共同的态度和共同的价值观，才能减少社会的冲突，社会才能维持其稳定和谐，才能发展。对于教育而言，就是要使个体社会化，培养人们具有共同的信念、共同的态度和统一的价值标准，使社会的共同价值内化于个体之中，促使社会成员对不断变化的社会在思想、态度方面能保持和谐一致。

功能主义对于课堂管理的启示在于：首先，教师在课堂管理中要注重课堂中的文化建设，建构共同的信念与价值系统，使课堂成为一个和谐的共同体。为此，教师要有意识地在学生中培植理想与努力方向，建立起明确的目标和共享的价值体系，并对学生如何获取这些价值体系给予足够的关注，对价值系统做持续不断的研究。教师还要善于在宏观背景下组织学生行动，并注重培植行动过程中畅通的交流渠道。通过交流让师生分享活动过程中的经验。这样不仅能够传达课堂中发生的事情，还有助于认识各自的角色及其关系，并最终形成团体的意义，使课堂中的所有成员形成共同的认识与信念。有了这一和谐的共同体，就能减少或避免课堂中的冲突与混乱，形成课堂中的内聚，促进课堂教学的顺利进行。其次，课堂亦是一种微型社会系统，包含着物理的、认识的、社会的、情感的等多种因素，这些因素都处于整个系统内复杂相连的各个环节中，任何一种因素的变化都将对整个系统产生影响。同时，其功能的发挥取决于这一系统结构的整体优化。因此，教师在课堂教学管理的过程中，就要对课堂教学环境进行积极的改造，对各种因素加以调适和整合，使课堂中各种因素结合成一个统一整体，并达成协调一致，从而适应课堂系统的整体而达到平衡。

**(二)冲突理论**

冲突理论兴起于20世纪60年代。它不像功能主义那样坚持现状、强调和谐的观点，而是把研究重点放在冲突斗争的社会历程及社会的不和谐、不平衡状态。

冲突理论认为，每一社会的每一方面都在变化，社会变化是普遍存在的。社会在变化过程中，每时每刻都会出现分歧和冲突，社会冲突亦是普遍存在的，冲突是社会生活中一种自然的和不可避免的现象。同时，冲突并不是统一和秩序的对立面。即使在高度凝聚的社会关系中也存在着潜在的紧张和间发性的冲突，冲突和统一都是正常的形式，是互动形式的不同方面。正是社会结构中大量的矛盾和冲突，才导致社会结构的不断变迁。冲突理论还注意到了社会关系中的强制性，认为秩序产生于一部分人对另一部分人的统治和支配，是强者对弱者、富者对穷者施以暴力或强制的结果，而不是他们之间的自然合作。华勒甚至把学校描绘成一种强制性的机构，认为教育就是一种驯服，教师高居于学生之上，由成人社会授予权威，而学生只能顺从权威，接受领导。师生关系是一种制度化的“支配与从属”“统治与被统治”的关系，他们之间经常有一种希望与欲求的冲突，即教师希望把学生当做一种材料来塑造，按照自己的意愿来培养学生；而学生则欲求依照自己的方式自动地求知。因此，教师为了维持纪律以增进学习效率，就要采取适当的控制方法，如命令、训斥、惩罚、监督等对学生严加管教。正是这种强制关系，才使课堂中的秩序得以平衡。①

### (三)符号互动理论

符号互动理论是20世纪70年代后兴起的一种注重对具体情况进行解释性分析的社会学理论。它强调对现实本身的剖析，并重视探讨日常现实的过程和存在于这一过程中的主观目的性与交互作用。这一理论认为人既是行动者，又是反应者，人对外界环境作出反应，不只是物理性的，而更多的是通过语言、手势、表情等这些表达思想的符号做出反应的。人总是生活在一个象征符号相交往的世界中。对于学校或者课堂而言，它们也都是由一个表达一定的社会意义的各种符号所组成的符号环境，学校生活或课堂生活的过程实际上是教师与学生之间以符号为媒介的社会互动过程。在这一过程中，学生了解和解释周围的环境，从而发展自我。

## 三、课堂教学管理的哲学基础

### (一)存在主义哲学

存在主义强调世界万物的存在只有一个基础，那就是人的存在。先有了人的存在，然后才有了对外界事物的说明和解释。人的本质不是预先给定的，而是偶然的，是人通过自己选择而创造的。也就是说，人首先存在着，然后通过自由地选择去决定自己的本质。每一个人都在他独特的存在与“有”中自我设计、自我创造，自己规定着自我。对于教育而言，人是教育的主体，教育者应该为学生创设一种生存环境，激发学生的生存意识，帮助学生认识“人的存在”，真正领会生活的价值，投入到有意义的生存中去，并实现“自我完成”。

存在主义在强调“个人的自由选择”的同时，认为这种自由只是个人的自由选择，即个人对自己所做的一切负责。因为人的存在是由他的行动构成的，人的本质取决于他的行动的意志的独特性。每一个人都有充分的行动和意志的自由，但每一个人都必须对自己的行动承担责任。对于教育而言，教育者应该允许学生“自由选择”，同时也要让学生承受自己行动的后果。教育的任务并不是要学生去接受一些永恒的法则，而是使学生学习有利于认识自

① 鲁洁．教学社会学．北京：人民教育出版社，1990

我和发展自我的原则，并使他们在自我发展中学会对自己的选择负责。

此外，存在主义在人与人的关系问题上，强调“我与你”主体对主体的关系。对于教育而言，教育应该把学生当做一个独立自主和自由发展的人而不是物来看待，应该与学生进行主体与主体间的“对话”，通过“对话”把知识“提供”给学生而非传授给学生。教师还必须通过自己真诚和负责的态度激励学生，建立民主平等和互相尊重的师生关系。

存在主义对于课堂管理的启示在于：首先，教师应为学生创设一种让学生“自我完成”的课堂环境，更多地赋予学生富有弹性与变化的空间，提供学生建构课堂生活意义的自由，而不应事先对课堂及其意义给予虚构或自行设定。其次，教师要为学生的自由选择提供机会和条件，鼓励学生思考，允许学生尽可能地自我表现和自我选择。教师还要培养学生的责任意识和负责的态度，引导学生对自己的选择及行为负责。再次，教师要破除“个人专制”，创造一种民主和谐的课堂气氛，以一种创造者和激励者的角色进行“生产性”而非“复制性”课堂管理，使课堂成为对话或交流的互动场所，而不是主体对客体的指挥控制，更不是教师把自己的价值观念和行为准则强加给学生或者迫使学生服从。

**(二)结构主义思想**

首先，结构主义强调，世界是由各种“关系”，而不是由各种“事物”所组成的。事物脱离了关系就变得没有意义。结构就是“一种关系的组合”。整体对于它的部分具有优先的重要性，只有通过对于对象各部分之间的关系的研究，才能适当地解释整体和部分。对于教育而言，就是要树立整体的观念，以一种“找出事物之间有意义的联系的方式去理解”。

其次，结构主义认为，结构具有“整体性、转换性和自动调整性”“是由具有整体性的若干转换规律组成的一个有自身调整性质的图式体系”。整体性说明结构有其组成规律、程序和过程；转换性说明结构是一个变动的体系，它遵循一定的转换规则而变动；自动调整性说明结构有自动变化的能力，在结构执行转换程序时具有自身的调节机制，而不会违反结构变化的法则和规律。

结构主义对于课堂管理的启示在于：首先，教师要把握课堂的整体结构，对于课堂中发生的事情，要从课堂各事件之间的关系中去考察，而不能武断地就事论事。同时，也要考虑对于某一事件的处理将对整体所要产生的影响和带来的变化。其次，教师要树立课堂的自组织观念。一个好的课堂是具有自组织的，具有自动变化的能力，而不需要教师时常的守护与管束。正是这一自组织能力促进课堂的不断完善与不断延伸。因而，教师应在整体性原则指导下，促进课堂随其关系的变化而不断转换，使课堂成为一个高度创造性的、高度交互作用的组织系统，并最终促成课堂的自组织。

**(三)后现代主义思潮**

后现代主义是20世纪后半叶流行的一种世界性的哲学、文化思潮。20世纪60年代的西方资本主义社会，由于科技和理性的极端发展，导致了两次世界大战的爆发，使人们承受着物质和精神双重的创伤；而工业文明的发展又带来了政治经济矛盾的加剧，人们的生存状态更加恶化；现代化对自然环境的破坏越演越烈，严重威胁着人们生存的自然家园。在失去了赖以生存的精神家园、自然家园之后，开始反思资本主义的危机和困惑，开始批判资本主义及其所信奉的意识形态。后现代主义就是在对资本主义社会现实的批判和反思，是对西方现代主义的片面化，极端化的思维方式的质疑和反叛中产生的。现代主义的核心是人道主义和理性主义，它提倡人道，反对神道；提倡理性，主张用理性战胜一切，衡量一切。它相信社会历史的进步和发展，相信人性和道德的不断改良和完善，相信人类将从压迫走向解放，而实现这一切的基础和力量就是理性。现代主义在推翻宗教神学和封建阶级，帮助资产阶级登上历史舞台，实现西方社会的工业文明和现代化等方面是功不可没的，但是，就是在实现工业文明和现代化的过程中，现代主义走向了极端，进而走向了其反面：理性变成纯粹的工具理性或科技理性，人道和人权服从于工具理性，人成为工具理性的奴隶。后现代主义是一股源自现代主义但又反叛现代主义的思潮，它和现代主义之间是一种既继承又反叛的关系。后现代主义又是一种源于工业文明、对工业文明的负面效应的思考与回答，是对现代化过程中出现的剥夺人的主体性、感觉丰富的死板僵化、机械划一的整体性、中心、同一性等的批判解构，也是对西方传统哲学的本质主义、基础主义、“形而上学的在场”“逻各斯中心主义”等的批判与解构，因而，是对西方传统哲学和西方现代社会的反叛与纠正。

从后现代主义思潮得到的启示是：首先，课堂教学中也存在着矛盾和冲突，这些矛盾和冲突常常因课堂成员相互间的不理解和难于交往或难于“对话”变得更加复杂。课堂管理就是要在课堂中建立一种自由开放的沟通网络，营造一种“话语”氛围，寻求课堂成员间不受威胁的合理交往与心灵对话，而不是动不动就下命令指使对方。通过对话和交往使师生间获得共同的价值观，通过理解达成交流的认同和普遍的共识，从而构筑课堂中的和谐的“新理性”图景。其次，纪律不是由教师从外部强加，更不是把所有的主体划归单一统整的大众，而是通过学生的自我监督来维持。此外，后现代主义为如何看待教师在课堂中的角色及权威提供了反思。它要求教师从外在的权威转化为内在的权威，从单一的供给者转向情景共存。课堂教学管理更多的是让学生得到解放而不是得到限制。①

## 四、课堂教学管理的生态学基础

课堂是一个特殊的生态系统，同样也是由生产者、消费者和分解者之间相互作用，通过食物(知识、情感、态度、价值观)关系构成食物链和食物网，它们之间及它们与环境之间进行着物质循环、能量流动和信息传递，以维持生态系统的稳定和繁荣。也就是说，持续不断的物质循环、能量流动和信息传递是一个生态系统长期生存和发展的基础，它自然也是系统管理协调系统的主要内容。在课堂生态系统内部，各种生态因素相互作用、相互影响，不断进行着物质的流动、信息和情感的交流，在这种不断地输入和输出过程中，通过涨落、自组织而实现系统在时间、空间与功能上的有序和稳定，最终实现它基本的内在功能——育人功能。

课堂教学管理创新的目的是实现课堂生态系统的自主管理，通过促进和维持课堂生态，发挥生态系统的基础性功能。其一，生态系统的物质循环，在自然生态系统内部，由生产者、消费者和分解者(还原者)构成生态系统的生物成分，其物质循环即组成生物体的基本元素在生态系统内部的生物与生物之间、生物与环境之间所形成反复的循环运动。课堂生态系统的物质流动指的是课堂环境中自然物质因素在课堂生态内的流动，它发生在课堂环境与生态主体之间以及生态主体与主体之间，包括教师与环境之间、学生与环境之间、教师与学生之间以及学生与学生之间等几个方面。这些自然物质因素主要指自然物理因素和设施设备因素，物理因素固然是课堂生态的重要环境因素，但它是相对稳定的。而我们更多关注的是师生在教学活动中使用的教具、学具、仪器设备、图书资料和教学媒体等设施因素。因为这些物质因素是知识信息的载体，它在教学活动中发生流动，从而实现课堂生态系统内的物质循环。课堂生态系统内的物质流动绝不是机械的，也不是自然发生的，它是建立在师生关系平等和生生合作的基础之上的。只有课堂生态内的各种

① 陈时见．课堂管理论．桂林：广西师范大学出版社，2004：4

环境因素得以优化，学生个人空间适宜而又能充分合作，班风正、学风浓，师生关系融洽，生生关系和谐，课堂气氛活跃，学生保持旺盛的精力和浓厚的学习兴趣，课堂生态系统内物质的流动渠道才会更畅通，作用才能得以充分的发挥，课堂教学的效果才会更好。

其二，信息交流是课堂生态中必要因素，有系统必有信息。教学过程中所使用的多媒体及其他教材教具是语言文字的载体，充分发挥着课堂信息交流、物质循环的作用。生物在信息的影响下作出相应的反应及行为变化。生态系统的各要素在信息影响下，各居其位，各司其职，按照控制论的观点，正是由于这种信息流，才使生态系统具有自动调节机制，以维持生态系统的平衡与稳定。课堂又是进行信息交流的主要系统，在课堂教学过程中，这种信息的交流不断发生在师生之间、生生之间以及师生与环境之间。教师在课堂教学的各个环节中，通过借助各种教学仪器设备等教学手段，伴随着有声无声的语言的形式，无时无刻不在给学生传递着知识信息；学生之间通过合作性互动，在不断的讨论、沟通、对话、启发、评价与帮助中，使个人对知识的理解更加丰富和全面；同时，学生的学习并不是简单机械的被动接收过程，而是一个积极探索、主动获取知识信息的过程，他们与课堂环境之间也不断地进行着信息的交流，通过这种交流，学生知识变得丰富，智力得以发展，能力得以培养。

其三，情感互动是课堂生态必须发挥的又一功能，课堂生态内的情感交流即课堂教学过程中各生态因子特别是师生和生生之间的情感沟通过程。在课堂教学活动中，教师、学生和课堂环境是教学中情感现象的三个源点，当课堂教学活动开始的时候，这些情感因素便在教学情境中被激活了，并以情感信息的形式，伴随着认知信息的传递、人际情感的交流，在课堂生态内部的各种生态因素之间发生流动，从而形成情感交流的良性循环的动态网络。课堂上教师的微笑、叹息、幽默，语调、语速等无不带有强烈的感情色彩。教师情绪良好，精神振奋，热情洋溢，通过这种情绪的感染作用，学生就显得轻松愉快，积极地参与课堂教学过程。相反，学生就会产生无所适从的压抑感、危机感和不满情绪。同时，学生学习积极性高，课堂气氛活跃，对教师的教学行为也有明显的影响。它可以促进教师更好地组织教学内容和调整教学方法，从而加快和提高教学的进度和效果。另外，学生之间也通过讨论、交往以及回答问题不断地相互影响，时时刻刻地进行着情感的交流。学生健康情感的培养既是我们教学的有利条件，更是我们教学的重要目的。只重视学生的认知过程，忽视学生的情感生活，正是传统课堂的最大弊端。注重和加强课堂生态的情感交流，让课堂充满着关爱和友谊、自由和民主、理解赏识和尊重信任，建立融洽和谐的师生关系、生生关系，形成团结奋进、积极向上的课堂气氛，通过感染和熏陶，学生就能形成积极的人生态度，获得丰富的情感体验，思想道德和情操水平也得以提升。

## 第四节　课堂教学管理的基本原则

课堂教学管理有其内在的机制与规律，要有效实现课堂教学管理的目标，就必须遵循课堂教学管理的原则。课堂教学管理原则不仅与课堂教学管理目标有关，而且与课堂系统的特征直接相关。

### 一、目标原则

课堂教学管理应当有正确而明晰的目标，它为教学目标的实现提供保证，最终指向教学目标。正确的目标本身具有管理功能，直接影响和制约师生的课堂活动，并起积极的导向作用。

为了有效地贯彻目标原则，教师在课堂上应当运用恰当的方式，使全体同学明了每堂课的教学目标，让师生双方都能明确共同努力和前进的方向。目标本身具有管理功能，直接影响和制约师生的课堂活动，为课堂活动起积极的导向作用。并且，目标使学生成为积极的管理者和参与者，这对于发挥学生自觉的求知热情，增强学生自我管理能力，也具有积极意义。

作为课堂管理者的教师，课堂上所实施的一切管理措施，包括组织、协调、激励、评价等，都应当努力服务于设定的教学目标：课堂教学管理的成败得失，也应当以教学目标的实现作为衡量的依据。有的教师忽视教学目标对课堂教学管理的制约作用，片面追求课堂教学管理的表面现象，如过分强调安静的气氛，一律的坐姿、划一的行为等，而当这些管理要求脱离了教学目标之后，却可能成为窒息学生学习各级性、抑制思维的不良影响因素。实际上教师在课堂教学管理中主动激发师生之间、同学之间的各种内外“冲突”，如分歧、争论等，不仅不会影响课堂教学的成功进行，而且会促成教学目标的实现。因此，我们只有在目标原则的指导下，才能避免课堂教学管理的形式主义，创造出真正优化的课堂教学管理。

## 二、系统性原则

课堂系统是由内在联系的特定要素构成的有机统一的整体。把课堂视为一个系统，其构成因素是较为复杂的，既有物质的，也有非物质的，即精神或是心理上的；既有有形的，也有无形的。这样一个多因素构成的系统，只有在各因素协调一致时，课堂才会产生整体作用。因此，教师作为一个课堂教学的管理者，应具备全局的观念，从系统整体上对课堂系统的各个方面进行规划与调整，以便把各种因素有机地协调为一个整体，发挥更有效的功能。出现课堂问题时，要从课堂的整体来分析与把握，从问题与环境，时间、空间与场合，得与失，利与害，个人与集体，社会、历史、现实与未来，自我与非我等多方面的关系中形成一个全面而正确的认识。

## 三、自组织原则

自组织现象，是指自然或客观事物本身自主地组织化、有序化的过程。对自组织的认识需要我们一开始就假定教师、学生、课程和原料一道进入的是一个全新的场景。对教师来说，课堂教学管理的目标是通过什么样的方法使学生能养成自我管理的好习惯，教师并不是在“转让”知识或技巧给学生，而是努力想让学生进入自己的世界，让自己进入学生的世界，因而和学生共享一个世界。

课堂的进展过程实际上就是在寻求新的信息，不断从事与创造有意义的对话，不断实现新的连接的过程。这种过程本身是自然发展着的。但在传统的课堂教学管理中，教师常常根据自己的臆断试图给课堂加上了一些人为的框架，于是课堂并不能很好地与之对应，而必须经常加以限制直至它能符合这些框架，因而在课堂教学管理中容易出现单向的专断性控制。在这种情况下，教师实际上是很难对课堂本身进行管理。有人说，“课堂是一个组织系统的外在现象，它并不能被‘管理’，只是在积极的建构下得到发展。”课堂作为一个开放的系统将由于对自组织的充分重视或自组织作用的充分发挥而趋向自我完善。

## 四、内在性原则

人们总是习惯从外显的、教师对课堂管理的外在行为上去看待课堂教学管理，而忽略了学生的内在管理作用。实际上，真正有效的课堂教学管理是学生自我学习的管理，教师起着一个引导者的作用，激发与促进学生对自我学习的管理。内在管理原则强调学生积极主动地参与，在参与过程中形成自主意识和责任感，从而激发其主动和创造精神。内在管理不仅能提高课堂教学管理的效益，而且能发挥学生的聪明才智，有利于他们的成长和发展。老师的外在管理容易抑制课堂系统中各要素的自主性和灵活性，因而不可避免地要同系统内、外各种情况的不断变化相冲突。如果学生感到自己只是老师意图的执行者，这种消极被动的地位，只会造成像石磨一样地一推一动，使课堂缺乏内在的活力。课堂教学管理要为学生的主体性和积极性的发挥规划目标，提供条件，激发和引导其内在动机，实现内在控制，这是现代条件下课堂管理的一个重大变革。

## 五、动态性原则

课堂教学管理并不是在既定框架下的静态管理过程，而是动态的、不断发展变化的过程。因此，要用变化的眼光看待课堂问题，以发展的视角进行课堂管理。对于课堂中的问题，要进行动态的考察。所有的存在都有其变动的流程。现行的状况虽然与过去有着逻辑关联，并对未来产生一定程度的影响，但它主要是对现在的反映，不能说明未来的必然状态。课堂环境时时都在变迁，课堂成员时时都在发展，影响课堂的因素总处于变化之中。因而，要从发展的角度看待课堂中的问题、冲突与矛盾，要从变化的视角认识课堂的进展、停滞与挫折。坚信学生具有潜在发展的可能，是可以获得完整发展的。当一切问题皆处于动态的审视之中，才能有效实施课堂教学管理。

## 六、激励原则

激励原则就是在课堂教学管理时，通过各种有效手段，最大限度地激发起学生内在的学习积极性和求知热情。贯彻激励原则，首先要求教师在课堂上努力创造和谐的教学气氛，创造有利于学生思维、有利于教学顺利进行的民主氛围，而不应把学生课堂上的紧张与畏缩看做管理能力强的表现。

课堂教学管理的任务之一是培养良好的课堂集体和学生课堂行为，但这并不是一蹴而就的事情，需要长期培育，而最好的方法就是通过不断地鼓励和强化手段，激励学生的进步，满足学生的心理需求，营造积极向上的课堂气氛。为此，在课堂教学管理中：一教师要鼓励和提倡积极的个人行为，如刻苦学习、遵守课堂纪律、尊敬师长、互帮互助、不耻下问等。对在这些方面有突出表现的学生应及时给予表扬，因为教师的表扬是对学生行为的肯定，这样，学生就会受到鼓舞，大大地增强信心；二教师要用发展的眼光对待每一位学生。现代心理学告诉我们，学生是发展中的人，其生理、心理、知识、能力、自律等都处在发展之中，处于不成熟、不完善的状态。每个学生不论其目前的状况如何，都存在着发展的潜能。教育的责任就在于使学生的潜在可能性向现实可能性发展。因此，教师应该时刻用发展的眼光期待学生，尤其是曾有课堂不良行为的学生，要充分相信他们经过教育培养都能成人成才；三教师要随时关注学生积极的变化，细心发现学生在原有基础上的每一点滴进步，不失时机地给予赞赏，让每个学生都有成功的喜悦，都有符合其能力的成功体验；四对学生的不良课堂行为一要宽容，二要正确引导，促使其自我克服、自我矫正、自我完善。现代课堂管理理论研究表明，教师对课堂的最大影响就是对学生发展的激励。激励是有效课堂教学管理的核心。①

## 七、反馈原则

运用信息反馈原理，对课堂管理进行主动而自觉的调节和修正，是反馈原则的基本思想。课堂教学管理的具体要求的措施只有建立在班级学生思想与学习特点的基础上，才能具有针对性和有效性。这首先要求教师在教学工作的起始环节——备课过程中，认真调查教育对象的具体情况，分析研究必要的管理对策。我们发现在一般的备课过程中，对课堂教学管理的设计是普遍忽视的，致使作为必须参与教学过程的课堂管理缺乏明确的意识导向，甚至影响教学进程或削弱教学效果。

课堂教学管理的反馈原则，还要求教师在课堂教学的过程中，不断运用及时信息来调整管理活动。由于课堂教学是在特定的时空内，面对着的是几十个活生生的学生，这是一个多因素彼此影响和制约的复杂动态过程，可能出现各种偶发情况。因此，教师应不断分析把握教学目标与课堂教学管理现状之间存在的偏差，运用自己的教学机智，因势利导，确定课堂管理的各种新指令，作用于全班同学，善于在变化的教学过程中寻求优化的管理对策，而不应拘泥于一成不变的管理方案。

① 张刘祥，金其生主编. 新课程理念指导下的课堂教学策略. 上海：华东师范大学出版社，2004：4

# 第二章　课堂教学的激发策略

课堂教学是教师和学生共同参与的活动，教师教学的效果不仅取决于教师本身“教”的质量，同时也从很大的程度上依赖于教师是否能够激发学生的学习动机，使学生真正走进课堂，主动参与课堂教学活动。

## 第一节　课堂教学激发的意义

课堂教学激发策略是教师在课堂教学中采取多种手段激发学生的学习动机，最大限度地挖掘学生潜能，促使学生能高效地进行自主学习，以获得全面发展的教学手段。课堂激发策略的运用对于更新教学观念，优化课堂教学，提高教学质量，开发教学资源，推进教学改革，实现教育创新，培养高素质的人才，具有重要的现实意义。

### 一、充分调动学生的学习兴趣，挖掘学生自身潜力

美国哈佛大学心理学教授威廉·詹姆斯在研究中发现：按时计酬的职工仅能发挥其能力的20%～30%，而受到充分激励的职工，其能力可发挥80%～90%。这表明，同一个人在充分被激励后所发挥的能力相当于被激励前的3～4倍。同样，在教学领域中教师也认识到，教学生不感兴趣的知识使教学将引向一潭死水，学生如果缺乏对某门课程的学习兴趣和动机，教学将会令学生感到厌烦。特级教师于永正曾说：“对于孩子们的学习来说，第一是兴趣，第二是兴趣，第三还是兴趣。当孩子们兴味盎然地投入到学习中时，学习就成为一种特殊的精神需要。无论什么理由，一个老师让学生不喜

欢自己所教的学科了，这个老师的教学就失败了。”诚然，学习兴趣的养成也是一个复杂的心理过程，它是在充满情趣、富有魅力的教学活动中培养起来的。在这个过程中教师起着潜移默化和桥梁纽带的作用，这也就要求教师在设计教学过程时，从教学内容的处理到教学方法的实施都要经过周密的考虑，要以创设具体的兴趣情境为中心，有效地提高学生的学习兴趣。

北京特级教师王文丽在给三年级的孩子上《锡林郭勒草原》时，刚上课不久，王老师叫同学们读课文，如果对哪部分感兴趣，就多读几遍。学生读后纷纷举手，王老师走到一位低着头、未举手的女生面前轻声地问道：“你为什么不举手？”小姑娘说：“我有点紧张。”“读书就不紧张了，能试一试吗？”小女孩望着老师不吱声。王老师扶着她的肩膀，轻声地说道：“我给你起个头，能读吗？”小女孩说：“能。”于是王老师起了头，小女孩开始小声地读，后来声音越来越大，越读越流利。待她顺利地读完后，王老师问她：“你现在还紧张吗？”小女孩答道：“不紧张了。”小女孩的脸上渐渐浮现出了自信笑容。①

从这个例子中我们不难看出教师在课堂上如果能把握好激励学生的最佳时机，适时地赏识激励学生，对其实施发展性评价，往往会收到意想不到的效果，会让很多不起眼的学生找到自信，看到宝贵的自我价值，从而点燃内心从未熄灭的希望之火，奋发努力。教育并不是居高临下的“恩赐”，也不是简单、机械地把知识从一个容器装入另一个容器。在以教师为主导，学生为主体的课堂活动中，教师一定要用自己的眼睛去观察和发现学生的每一点进步、每一处与众不同、每一次发展，并及时给予评价、鼓励和引导，让其在成功中体验喜悦，促使学生能发现蕴藏着的未曾被发现的巨大潜力，以此来实现动机的良性循环。

## 二、形成良好课堂教学氛围，使学生变被动接受为主动探索

早在两千多年前，柏拉图就说过：“强迫的学习不会在心灵中长久的保存。”课堂教学从本质上是一个教师指导下学生积极学习、主动参与和独立思考的过程。学生如何参与课堂教学，对于其身心发展具有不同的作用。在以学生为主体的课堂教学中如果缺少了学生的主动参与，那么这种课堂教学已经否定了其本真的意义，而只是把个体活生生的生命窒息于机械记忆、呆读死记之中，严重剥脱了学生在课堂教学中的主体地位、主体权利和反思批判意识。这种灌输式的课堂教学就像陶行知先生所批判的那样，是一种强迫

---

① 赵国忠．透视名师课堂管理．南京：江苏人民出版社，2007：170

“鸡吃米”的教育。也就是说，学生参与课堂教学的程度不同，课堂教学的质量和效果是不一样的：如果学生能够主动地参与到课堂教学中来，积极提前预习、提出问题、思考问题，那么他对学习内容的理解就会比较深刻，对知识的掌握就会比较牢固，学习兴趣、学习能力就会得到不断提高和发展；否则，课堂教学就无法取得理想的效果。从这个意义上讲，学生的主动参与是提高课堂教学质量的基础。

例如，在引导学生运用“谁在什么地方干什么”的句式进行练习说话时，有的学生说，“我在教室里读书”；有的学生说，“妈妈在厨房里做饭”，还有的学生说“姐姐在家里看电视”，应该说这些回答都是正确的，从某种程度来说也基本达到了课堂教学的要求。但是，教师并没有以此为终点，而是在肯定学生回答的基础上，进一步启发他们：“同学们能否再好好想想，把其中的地点和要做的事换成自己最想去的地点和最想做的事，看哪位同学的答案最有创意。”一时间，原本还安静的课堂骤时变得热闹起来，“我在月球上和嫦娥姐姐一起看月亮”“我坐在银河上看神仙们钓鱼”“我在美国的白宫和布什谈世界经济问题”等一系列有新意的答案脱颖而出，同时学生们也自觉地参与到课堂中，积极主动地思考，学生们强烈的表达欲望和丰富的想象力被激发起来了。①

不难看出如果这位老师在学生们按照常规思维而想出那样几句普通句子的时候就终止了这个训练，那么他们可能只会是被动地接受了这个句式的结构，课后不久他们就会迅速地遗忘，也就更谈不上培养其对语言的感知力了，也许不久的将来在他们的意念中，语言只是一堆乏味、单调词语的堆积品，同时也将在一次又一次平淡而缺乏趣味的学习和训练的过程中完全失去对学习语言的兴趣。而这位老师成功地激发了学生们的想象力，让他们能够在自己的领域尽情发挥，让他们感受到了语言的魅力，激发了他们对语言学习的兴趣。

### 三、有利于化解课堂中的问题行为，提高教学效率

教师所面对的教学对象是一群心智尚未成熟，个性差异较大的生命个体，首先学生的年龄特征决定了他们在课堂上注意力集中的时间是十分有限的，特别是一些小学生经常会出现一些开小差的情况，比如，看小说，做小动作，和周围的同学讲小话，甚至东张西望。这些情况都使得教师往往要花

---

① 赵国忠．透视名师课堂管理．南京：江苏人民出版社，2007：88

很大部分的精力来维持课堂纪律，同时也阻碍了课堂教学的有效进行。

小康，一个调皮多动的男孩，也是一个让每一个教过他的老师头痛的学生。他新来的班主任刘老师通过与他20多天的接触后，发现这个孩子头脑灵活、反应敏捷，表现欲望比较强烈，特别是在语音发音上比其他孩子标准，但是厌恶死板的语法学习。因此在刘老师的英语课上，她开始慢慢地、有意识地叫小康带领同学们读单词、读句子。刚开始时，小康表现出一贯的不以为然，甚至有时故意读错某些单词来引起同学们发笑。但刘老师却从不大声训斥小康，而是顺势一次又一次地纠正他的语音，直到他正确地把每个单词读准才允许其坐下。同时在小康读完后，刘老师会在所有同学的面前表扬小康，表扬他这种坚持不懈的精神和准确优美的读音。经过一段时间，她发现，小康在课堂上的表现越来越好，不管是听音直读还是同位互读，开火车读，自由读，小康都做得一板一眼，主动提问的次数也渐渐多起来，一节课下来，他经常被评为“最佳表现小明星”。慢慢地，在外语课堂上，小康养成了一种习惯，每当其他小老师领读单词时，他的声音比谁都高，每每这个时候刘老师都会给他一次自我表现的机会，他也总是大方地领读。①

很显然，该位老师对于课堂的管理是成功的，她没有运用传统的课堂管理方法，一味地对小康在课堂上的种种不良习惯进行批评，甚至把小康看做是所谓的“差生”而放弃小康，相反的是，她能细致地去发现小康的优缺点，并给予尊重和激励，使得小康慢慢地进入到浓厚的学习气氛中。这种方式既维持了课堂纪律和秩序，又使得一个孩子由此爱上了学习。是呀，如果一个孩子生活在鼓励中，那么他就学会了自信；如果一个孩子生活在批评中，他就学会了自暴自弃，与其选择批评一个人还不如选择表扬一个人，孩子需要鼓励，需要尊重，鼓励是孩子生命中的阳光。当一个孩子取得进步时，哪怕在别人看来是微不足道的点滴进步，我们都要表扬他们，给他们学习的信心和勇气。同样，在我们的课堂中，教师只要通过适时运用激发策略把学生的注意力吸引到学习上来，把花费在维持纪律上的时间减少到最小限度，教学的效率就会大大提高。

---

① 赵国忠．透视名师课堂管理．南京：江苏人民出版社，2007：56

# 第二节　课堂教学激发的心理学依据

人的任何活动都是由一定的动机所激发并指向一定的目的的。激发和维持学习动机是教学过程中的一个重要环节。了解影响学习动机的各种因素以及这些因素的作用机制，对于有效激发学生学习动机具有十分重要的意义。

## 一、动机与学习动机概述

### (一)动机的一般概念

在西方心理学中，“动机”(motivation)一词源于拉丁文“moveo”，而moveo这个词的原意则包括“开始行动”“活动”以及“促进活动”等含义。由此衍生出来的“动机”一词，自然也就喻示着机体活动的激发、维持与引导等过程。动机是以内驱力和诱导为必要条件而存在的。有机体的内驱力可以分为生理和社会的两种。生理的内驱力，如饥渴、休息、睡眠、性欲等，亦可称为第一级水平的内驱力；社会的内驱力，如认可、从属、爱情、独立等，亦可称为第二级水平的内驱力。无论哪种内驱力都与需要密切联系，都是引起有机体活动的激活状态。但需要和内驱力并非同一状态，内驱力是当需要缺失时有机体内部所产生的一种能量或冲动，以激励和组织行为去获得需要的满足。人的动机不仅可以由内部因素来激发，也可由外在刺激引起，而所有能引起个体动机的外部刺激，就称之为诱因。

### (二)学习动机

学习动机是指直接推动学生进行学习的一种内部动力，是激励和指引学生进行学习的一种需要。学生的学习受多方面因素的影响，其中主要是受学习动机的支配，但也与学生的学习兴趣、学习的需要、个人价值观、学生的态度、学生的志向水平以及外来的鼓励紧密相连。学习动机经常可通过外在的学习行为反映出来。当然，同一种动机可能会产生不同的行为及其结果，而相同的行为与结果也可能源于不同的动机。学习动机对学习结果的影响是通过制约学习积极性实现的。学习积极性是学习动机的一种直接的外在表现，是在学习活动中表现出来的认真、主动、顽强和投入的状态。有无动机及其动机强弱都可以通过学习的积极性水平反映出来，而不同水平的学习积极性又直接影响学习效果。

**(三)学习动机的种类**

学习活动中动机的作用是复杂的。对广大教师来说，了解和掌握学生学习动机的类型和特点，有利于进行有效的教学激励。

1. 外在的动机和内在的动机

根据学习动机的来源，可把动机分为外在动机和内在动机。外在动机是指人在外界的要求与外力的作用下所产生的动机。例如，某些学生为了得到老师或父母的奖励或避免受到老师或父母的惩罚而努力学习，他们从事学习活动的动机不在学习任务本身，而是在学习活动之外。内在动机是指由个体内在需要引起的动机，例如，学生的求知欲、学习兴趣、改善和提高自己能力的愿望等内部动机因素，会促使学生积极主动地学习。

内在动机与外在动机的划分不是绝对的。由于学习动机是推动个体从事学习活动的内部心理动力，因此，任何外界的要求、外在的力量都必须转化为个体内在的需要，才能成为学习的推动力。在外部动机发生作用时，个体的学习活动较多地依赖与责任感、义务感，或希望得到奖赏、避免受到惩罚的意念，这些心理过程同样属于需要的范畴。在这个意义上，外在动机实质仍然是一种内部动力。

2. 近景的直接性动机和远景的间接性动机

根据学习动机的作用与学习活动的关系，可以分为近景的直接性动机和远景的间接性动机。前者是与学习活动直接相联系的，来源于对学习内容或学习结果的兴趣。例如，学生的求知欲、成功的愿望、对某门学科的浓厚兴趣以及老师生动形象的讲解、教学内容的新颖等都直接影响到学生的学习动机。这类动机作用效果比较明显，但稳定性比较差，容易受到环境或一些偶然因素的影响。例如，小学 5 年级的某学生的英语成绩特别好，当旁人问他是什么让他这么喜欢英语这门课程的时候，他毫不掩饰地说是因为他喜欢这位英语老师的授课方式，使枯燥的一串串英文字母变成了美丽的音符，容易记忆。因此课后他愿意花时间去复习和预习。

远景的间接性动机是与学习的社会意义和个人前途相连的，例如，学生意识到自己的责任，为了不辜负父母的期望，为争取自己在班集体中的地位和荣誉等都属于间接性的动机。那些高尚的、正确的间接性动机的作用较为稳定和持久，能激励学生努力学习并取得好成绩。而那些为父母、老师的期望或是为了自己的名声、地位的动机，其稳定性和持久性相对比较差，容易受到情境因素的冲击。例如，在学习活动中遇到困难是常事，但受低级的、错误的间接性动机支配的学生，在这种时候容易出现情绪波动，缺少克服困难的勇气与力量，常常半途而废。

3. 一般动机与具体动机

根据学习动机起作用的范围不同，可将学习动机分为一般动机与具体动机。一般动机是在许多学习活动中都表现出来的、较稳定、持久地努力掌握知识经验的动机。该动机贯穿于学校生活的始终，甚至在以后的工作中或毕业都具有这类动机。具体动机是在某一具体学习活动中表现出来的动机，有这种动机支配的学生，常常只对某一门或某几门学科内容感兴趣，而对其他学习内容不予注意。这类学习动机多半是在学习过程中因学业成败或师生关系的影响而逐渐养成的。

## 二、学习动机的实质

对于学习动机的实质及其培养与激发的规律，心理学家提出了种种不同的理论，这些理论从不同的角度解释了人类的学习行为。

### (一)需要层次理论

需要层次理论是人本主义心理学理论在动机领域中的体现，美国心理学家马斯洛是这一理论的提出者和代表人物。马斯洛认为人的基本需要有五种，它们由低到高依次排列成一定的层次，即生理的需要、安全的需要、归属和爱的需要、尊重的需要和自我实现的需要。在人的需要层次中，最基本的是生理需要，如对食物、水、空气、睡眠、性等的需要；在生理需要得到满足之后，便是安全需要，即表现为个体要求稳定、安全、受到保护、免除恐惧和焦虑等；这之后是归属和爱的需要，即个体要求与他人建立感情联系，如结交朋友、追求爱情；随后就是尊重的需要；最后便进入自我实现的需要。自我实现作为一种最高级的需要，包括认知、审美和创造的需要，它具有两方面的含义，即完整而丰满的人性的实现以及个人潜能或特征的实现。从学习心理学的角度看，人们进行学习就是为了追求自我实现，即通过学习使自己的价值、潜能、个性都能得到充分而完备的发挥、发展和实现。因此可以说自我实现是一种学习动机。需要层次理论说明，在某种程度上学生缺乏学习动机可能是由于某种缺失性需要没有得到满足而引起的。如家境清贫使得温饱得不到满足；父母离异使得归属与爱的需要得不到满足；教师过于严厉和苛刻，使得学生安全需要和尊重需要得不到满足等。而正是这些因素，会成为学生学习和自我实现的主要阻碍。所以，教师不仅要关心学生的学习，也应该关心学生的生活和情感，以排除影响学习的一切干扰因素。

**（二）归因理论**

人们在做完一项工作之后，往往喜欢寻找自己或他人之所以取得成功或遭受失败的原因。这就是心理学家探索归因问题的客观依据。最早提出归因理论的是奥地利社会心理学家海德。他认为，人们具有理解世界和控制环境这样两种需要，是这两种需要得要满足的最根本的手段就是了解人们行动的原因，并预言人们将如何行动。行动的原因或者在于环境，或者在于个人。他人的影响、奖励、运气、工作难易程度都是环境原因。如果把行为的原因归于环境，则个人对其行为结果可以不负什么责任。人格、动机、情绪、态度、能力、努力等都是个人原因。如果把行为归于个人，则个人对其行为结果应当承担责任。在海德研究的基础上，韦纳对行为结果的归因进行了系统探讨，发现人们倾向于将活动成败的原因即行为责任归结为以下六个因素：即能力高低、努力程度、任务难易、运气好坏、身心状态、外界环境。同时韦纳认为这六个因素可归为三个维度，即内部归因和外部归因、稳定性归因和非稳定性归因、可控制性归因和不可控制性归因。归因理论是从结果来阐述行为动机的，它的理论价值与实际作用可以归纳为三个方面：一是有助于了解心理活动发生的因果关系；二是有助于根据学习行为及其结果推断出个体的稳定心理特征和个性差异；三是有助于从特定的学习行为及其结果预测个体在某种情况下可能产生的学习行为。正因为如此，在教学中运用归因理论以了解学生的学习动机，对于改善其学习行为，提高其学习效果也会产生一定的作用。

**（三）自我决定理论**

自我决定理论是由美国心理学家德西提出的，这种理论强调自我在动机过程中的能动作用，认为自我决定是一种涉及经验选择的人类机能品质，由它组成内在动机。自我决定是人的一种选择能力。人们行为的决定因素是自我决定，而不是强化序列、驱力或其他任何力量。在德西看来，“自我决定不仅是个体的一种能力，它还是个体的一种需要。人们拥有一种基本的内在的自我决定的倾向性，这种倾向性引导人们从事感兴趣的，有益于能力发展的行为，以便形成与社会环境的灵活适应”。

德西等人认为，人们形成了解释信息的不同因果取向，包括个人取向和非个人取向。个人取向指个体把自己知觉为行为的原因，有叫自主取向；非个人取向指个体的行为受外部因素的影响，又叫控制取向。采用哪种因果取向将决定行为的结果是自我决定还是非自我决定。在此基础上，自我决定理论将人类行为区分为两大类：自我决定行为和非自我决定行为。自我决定行为基于对人们需要的认识，其特点是设计和选择行为。这种行为在于满足人的需要；而非自我决定行为，没有真正的选择。它受外在刺激的控制，因而是无动机。

## 三、学习动机的激发与培养

动机是活动的原动力，学习动机推动着学生活动，可以认为是学习过程中的核心。我们知道成功的学习活动总是伴随有积极的学习动机，而无动机的学习活动大多是敷衍了事，一事无成。因此，作为教师的一项重要任务，就是对学生学习动机的激发和培养。

### (一)建立学习定向的课堂环境

所谓“学习定向的课堂环境”，指的是建立一种使学生倾向于学习活动的环境气氛。学习定向课堂的特征是：学生进入课堂即为学习活动或学习内容所吸引；建立起强烈的学习意向；在学习过程中通常都体验到成功，很少有焦虑体验。学生在这样的环境中具有高度的学习积极性。尽管有时他们也会体验到失败，但这种失败体验并不是一种惩罚，而是对努力不够的学生的一种反馈。欲建立这种课堂环境，需要注意以下几点：

首先是要集中学生的注意力，当学生进入学习情境时，教师应设法把学生的注意力集中于学习活动之上，排除分散学生注意的干扰；其次是要帮助学生建立学习意向，在把学生的注意力集中到学习活动或学生内容之上以后，必须设法帮助学生建立学习意向。建立学习意向，最初主要利用学生的认识好奇，同时对这种好奇的表现给予鼓励，使之形成习惯，从而建立起学习意向。最后就是要消除学生的高焦虑。在学生中常见的焦虑是测试焦虑，也就考试焦虑。这是一种担心考试失败的焦虑。这种焦虑普遍存在与成就动机高的学生之中。通常，适当的测试焦虑有助于考试成绩的提高，但是高度的测试焦虑将会使考试成绩降低，从而会挫伤学生的学习积极性。消除高焦虑的办法是教给学生应对考试的技巧，以及如何做好应考的心理准备。

### (二)充分利用学生的需要与内在动机

学生的各种需要与内在动机是他们从事学习活动的持久动力。倘若教师对学生满足自身需要的活动给予正确指导，对他们的内在学习动机给予适当的激发，势必激起学生的学习热情，保证学习活动的顺利进行。首先从学生的需要这个角度来分析，学生的需要是多方面的，教师应设法了解学生中普遍存在的需要，并把学习活动与内容以一定的方式与这些需要的满足联系在一起，就可以达到促进学生学习的目的。例如，把学习活动与集体荣誉感联系在一起，可使用班级间开展学习竞赛的方式实现。学生在这种竞赛中，既满足了归属的需要，同时也促进了学习活动。其次要善于利用学生的内在动机。兴趣是个人学习活动的潜在动力，唤起了学生的学习兴趣也就有助于解决激发学习动机的问题。唤起学生的学习兴趣的方法有很多，其中主要的是：第一要让学生认清学习目标；第二要让学生体验到成功的满足，教师要为学生提供获得成功的机会；第三利用直接兴趣产生间接兴趣，可使学生不感兴趣的学习内容变得有趣。

**(三)帮助学生确立学习目标和控制学习**

学习目标的确定和学习活动的自我控制是学生的一种强有力的动机过程。在学校里，教师对学生的目标确立与学习控制给予适当的帮助，将会极大地激起他们的学习动机。学习目标意味着建立一个奋斗的标准，一个在学习上要获取某种成功的意向，这个标准或意向将贯穿在随后的日常学习活动之中。它对学生的学习活动起指导作用，使学习活动成为一种明显的目标指向性活动。

学生对自己学习活动的控制与调节反映了学生进行学习的主动性。学生若能对学习活动进行自我控制和自我调节，则说明他自愿在学习活动上花费时间与付出努力，而不是为了外在的奖励。教师帮助学生做到对学习活动实现自我控制与自我调节，可从以下几个方面入手：帮助学生确立目标；帮助学生选择实现目标的活动；帮助学生为实现目标而承担个人责任；使学生变得有信心，相信自己具有实现目标的能力。

**(四)及时反馈信息和实施外部调控**

教师给学生的信息反馈，对他们的目标指向性活动起指导作用；而教师对学生的外部调控也在一定程度上影响学生的学习动机与积极性。

教师给学生提供的信息反馈包括学生的学习结果以及教师给予的一定评论和指导。一般来说，学生及时知道自己的学习结果，会产生很大的激励作用。无论这个结果是成功还是失败，均有激励作用。因为若是成功，学生会更好提高学习热情，加倍努力；若是失败，可从中看到缺陷所在，激起上进心、给予及时改正，也同样促进学习。许多研究结果都表明，反馈在学习上有显著效果。反馈越及时，效果越好。

为了激发学生的学习动机，教师应该对学生进行必要的外部调控，这种调控主要依靠对学生的表扬与批评、奖励与惩罚来实现。表扬和批评、奖励与惩罚对学生活动的影响问题，心理学家们做了大量的研究。一般来说，表扬与奖励象征着学习上的成功；批评与惩罚象征着学习上的失败。表扬与奖励一般都可以得到好的效果，但是，批评与惩罚如果使用不当，往往会产生与教师的愿望想违背的效果。因此，教师在使用批评与惩罚时应注意适当的方式。使用批评与惩罚的一种有效方法是设法把批评与惩罚的效果，由外部原因迁移到任务与学生自身。例如，为学生创设一种能及时提供反馈的学习情境，使学生明白他失败的过程以及原因。这样，他就能对自己的行为做出“自我批评”或“自我惩罚”，这种反映表明学生可以进行自我调节与控制，这就意味着教师对学生外部的动机控制转化为学生内部的动机控制。

## 第三节　课堂教学激发的基本原则

在课堂教学中对学生的激发，应遵循以下基本原则。

### 一、目的性原则

任何激励都是有一定的目的的。对学生的激励也是如此，只有明确的目的，激励才有价值。第一，激励的目的必须明确。课堂管理应倡导什么、反对什么，应当通过激励明确地反映出来。如果没有明确的激励目的，学生就很难领会教师的意图，达不到激励的目的；第二，某一时期的激励目的必须明确。对学生的激励是课堂管理工作中经常采用的手段。但根据不同的时机，不同的课内课外环境，应当确立不同的激励目的，从而分清主次，达到立竿见影的激励效果。如果激励的目的不明确，或目的单一，势必会因为目的模糊和陈旧而达不到激励效果。即使是同一激励目的，也应该在一定时间后做些方式方法上的改变，以引起和维持学生较持久的参与意识。

### 二、有效性原则

课堂激发的灵活性强，但也不能随意地进行。一切激发策略的运用都要服从于教学目标的达成，并以此作为检验激发是否有效的标准。激发在一定意义上就是“导”的意思，通过对学生情绪、注意力、积极性的调动，使得课堂教学沿着高效的轨道运行。这一原则要求教师在实施每个激发策略时，既要讲究高超的激发艺术，更要追求激发的实际效果，不能只求外在的激发形式，而忽视学生学习的实际效果。有效的激发往往具有以下几个特征：一是“准”，教师要能准确地抓进激发的时机，从而集中学生的注意力，使得学习活动朝着一定的发展方向步步深入；二是“新”，教师的激发手段要形式多样，常用常新，学生喜闻乐见；三是“活”，教师能随时运用自己的激发策略，优化教学环节，充分地调动起学生的学习欲望和学习的积极性，使学生学得轻松、学得活泼、学得扎实。

## 三、差异性原则

差异性原则，即根据不同的学生的具体情况而采用不同的激励方法进行激励的原则，也可称之为激励的个性原则。采用差异性原则主要是因为：第一，学生之间存在着较大的个性差异。对一个班级的每个学生来说其本身所具有的能力、气质、性格等不完全相同，有的甚至差异较大，这就决定了他们在学习中的表现有所不同，教师应根据他们的实际情况来决定是否激励以及怎样激励。例如，对于学习能力强的学生，他们完成某项任务是一件平常的事，可不予激励；而对于学习能力差的学生，他们完成同样的任务要付出更多的努力，这对他们来说是一个进步，可予以激励。第二，要坚持差异性原则，教师应采取有的放矢的办法进行激励。教师要从实际出发，根据不同的人，针对不同的事来权衡利弊，从而确保每项激励都能达到预期的效果。

## 四、整体性原则

整体性原则包括以下两层含义：一、教师进行激励时，应着眼于全局，争取在对某个人或某件事进行激励的同时，能够使全班学生都受到激励，从而调动全体学生的学习积极性，这有利于学校教育教学质量的提高；二、坚持整体性原则，还要求教师在进行激励之前，对课堂管理的各项激励措施有一个整体规划，并使各项激励活动都相互促进，形成整体效应。否则，就会出现某些活动相互抵触而削弱激励的效果。

## 第四节　良好课堂氛围的营造

课堂氛围是指师生在课堂教学过程中，通过情感的相互作用构成的心理环境的综合反映，它直接影响着师生的教学行为、教学质量以及学生的个性发展。在课堂教学中，由于师生双方的交往程度和合作水平的差异，会形成不同的课堂氛围，或欢乐、或沉闷、或高昂、或压抑等。它制约着教师和学生教与学的情绪，并对学习效果、动机、态度产生影响。同时教育心理学也认为，处在积极愉快的教学氛围中的师生，大脑皮层处于兴奋状态。教师精神振奋，思路开阔，授课艺术能得到最大限度的发挥，而学生也思维活跃，兴趣浓厚，注意力集中，学习能力显著增强。

### 一、课堂氛围的特点

#### (一)感染性和整体性

班级是一个由一定数量的学生组成的教学集体，其中，所有个体不仅从年龄上来说是不相上下的，而且他们也都有着同一个目的，同时他们一般都有着大体相同的经历，有着大致相近的心理感受能力。学生对周围环境、气氛的变化特别敏感，极易受到周围环境和情绪的影响。当部分同学中出现某种情绪时，由于心理感受的相似，这种情绪经常能较为迅速地感染周围同学。一旦大部分学生都有这种共同的心理体验时，便形成了某种课堂氛围了。课堂氛围是一种整体上的气氛与情绪，这种气氛与情绪又是相互感染、相互影响的。某种情绪，如果只产生于个别个体，不能影响到大多数学生，当然不足以形成一种氛围。一旦形成某种氛围，将对全体同学产生强大的感染力，如果处理得当，将使学生群体产生感情上的共鸣，并有效地集中学生注意力，因而达到提高课堂教学效果的目的。教师是这个群体中有独特地位的个体，他是课堂氛围的创设者与经营者，在课堂教学中应该正确发挥影响力，通过营造具有感染性的课堂气氛使得学生能真正从情感上找到共鸣，积极主动地参与到学习中。

### (二)个体感受的差异性

如上所述，课堂氛围是具有感染性和整体性的，但情感是一种比较高级的复杂心理感受，它与人的学识、经历、素养、情操、爱好乃至个性，有着千丝万缕的联系，是诸多因子在一定的情境中的综合体现，因此，即使同样的感受，每个同学也不可能一模一样。有的强烈，有的薄弱；有的深刻，有的肤浅；有的持久，有的短暂；有的侧重于此，有的侧重于彼。例如，学了《卖炭翁》以后，同学们都感受到了卖炭翁的生活之苦，都很同情他的不幸遭遇，但谈及具体感受，却不尽相同。有的认为卖炭翁满脸皱纹，身体病弱；有的却认为他身强力壮；有的认为他满脸横肉，行为粗野；有的却认为他们风度翩翩，举止潇洒。可见，教师的责任，绝不仅仅在于创设一定的课堂氛围，还应该更细致地了解学生的具体感受，针对不同的反馈信息，从中鉴别哪些是创见，哪些是误解，哪些嫌肤浅，哪些较深刻，做到去伪存真，补浅就深。

## 二、营造良好课堂氛围的意义

教学可以分为教师教和学生学两个方面，教学效果的好坏与这两方面的作用是分不开的，而良好的课堂氛围恰恰对教与学两个方面都起到了积极作用。一方面，良好的课堂氛围可以提高教师的教学积极性，老师望着学生一双双充满求知欲望的眼睛，深为学生的求知精神所感动，会更加认真备课，全身心地投入到教学中去；另一方面，良好的课堂氛围可以激发学生的学习积极性，在良好的课堂氛围中，学生被热烈的课堂气氛所感染，受教师灵活多样的教学方法，渊博的知识、精湛的授课艺术所吸引，为教师幽默风趣的谈吐、优雅的气质所倾倒。并在课堂上切身感受到知识的奥妙和无穷的力量，从而极大地激发学生的学习积极性和探求科学的热情。在良好的课堂氛围中，气氛既热烈紧张，又轻松团结，师生之间关系融洽，相互尊重，相互信任，畅所欲言，教师可以更好地了解学生并掌握学生的基本状况，使教学更有针对性。良好的课堂氛围还可以让“乐学型”的学生保持对学习的持续兴趣，进一步挖掘潜力；“苦学型”和“厌学型”的学生不断感受到成功的体验，增强学习兴趣和学习信心。总之，良好的课堂氛围可以激发教与学两方面的积极性，从而在教学的各个环节中形成良性循环，提高教学质量。

## 三、创造良好课堂氛围的相关因素

### (一)班级人际关系

团结友爱、和谐融洽的班集体，是搞好任何一项集体活动的基础。在课堂教学过程中，人与人之间发生着频繁的交往接触，因此，良好的班级人际关系显得更重要。相互协作、支持、谅解，能使人心情舒畅、配合协调，而且能够充分发挥潜能，为集体尽职尽责争先创优。

(二)情趣教学的设计

现代心理学、行为学一致认为，兴趣是学习中最活跃的因素，是激发人的动机的主要内在“激素”，它直接影响学生的学习情绪和反馈效果。因此，情趣教学的设计是创造良好的课堂氛围不可缺少的条件。理论和实践都一致证明，学习的愉悦性是调动学生兴趣的“激活剂”。从当前课堂教学的发展趋势来看，必须要完成多种观念的转变，其中重要的一点就是从枯燥学习向快乐学习的转变。情趣教学的设计，不但从教学内容的选择而且在方法手段上都应富于趣味性，要符合不同年龄、性别学生的生理、心理特点。

(三)教师的仪态服装

教师的个体形象，包括音容笑貌、举止风度以及服饰装扮，往往都会给学生带来强烈的影响。教师经常表现出的人格尊严、高尚的品德、坚定的信念对学生有很大的吸引力，常常成为学生效仿的目标。试想，当严冬寒风袭来时，教师以整洁的衣着、端庄的仪表立于学生面前时学生的情绪将会受到怎样的感染？教师上课时的态度真诚和蔼，耐心大度，学生便能在轻松愉快、热情活泼的情感鼓舞中学习。当学生畏惧新的困难或练习失败时，教师表现出亲切、信任和期待的神态，学生便会得到力量、勇气和信心。反之，将会加重学生的心理负担，降低积极性或产生抵触情绪。总之，教师应以一种健康的、热情向上的个体形象所体现出来的情感去感染学生，课堂就会更加生动活泼，学生也将身心受益。

(四)教师的教学作风

采取民主的教学作风，减少角色意识，是创造和谐、热烈的课堂气氛的重要因素，民主作风的形成，主要取决于师生关系的恰当处理。师生关系不是一个固定不变的模式，应根据不同的教学对象而有所不同。一般说来，从小学到大学，随着年龄的增长和生理、心理的日趋成熟，学生的行为，逐步由被动到主动，师生关系逐步以从属到平等、合作。那种故意制造紧张气氛的操练式教学是对青少年活泼天性的压制，不利于学生个性发展。另外，教师每节课都要感情充沛，精神振奋，这将对学生的情绪产生强烈的感染作用。

(五)教学语言

语言是教师进行教育教学的载体，在教学中，教师的语言和课堂氛围密切相关。苏霍姆林斯基说："教师的语言修养在极大程度上决定着学生在课堂上的脑力劳动效率。"同时语言也是教师重要的基本功之一，语言对鼓励学生、渲染气氛可起到立竿见影的作用。教学语言可分为文字语言和非文字语言(即体语)两种。文字语言既要准确精练、生动形象又要富有启发性和幽默感。要设计好哪些地方需要强调，哪些地方需要启发，哪些地方需要诙谐、幽默等。还要设计好语言的感情基调、语气变化，使教学内容和师生的情感合拍。非文字语言是一种有声或无声、动态或静态的传播信号，一般常用的有动作、表情、音响、物件等。巧妙地使用这些非文字语言，在渲染气氛、调动积极性方面，有时往往能取得文字语言无法达到的功效。

**(六)偶发事件处理**

课堂教学具有复杂性。在教学过程中常常会发生一些难以预测的事件，诸如学生故意扰乱课堂、损坏器材等。如对偶发事件处理得不妥当或者教师毫无心理准备，显得手足无措，将会给课堂气氛罩上一层阴影，甚至中断教学过程。因此，当出现偶发事件时，教师最重要的是要情绪稳定，态度冷静，及时进行恰当的处理。要想法将事件对学生引起的不快缩小到最低限度。一般不要中断教学过程，并对学生进行因势利导，将坏事向好事转变。

一位教师正准备上莫泊桑的《项链》，不巧，前一节数学课进行单元测验，直到打了预备铃数学老师才让同学们交卷。教室里一片人声鼎沸：有的因难题做对了而高兴，有的因偶尔的疏漏而叹息；有的在和同桌对着答案，有的仍独自检验自己答卷的正误……看得出来，同学们的情绪仍沉浸在刚才的数学测验之中。在当时的课堂氛围中，如果一味地责备学生没有做好上语文课的准备，那必然是徒劳的，因为可以说并不是某个个体存在什么问题，而是刚才数学测验所形成的一种渴望得到信息反馈的氛围笼罩着整个群体，这样的一种氛围显然是不利于当时的语文教学的。这位老师走进教室，仿佛是随意地问了一句："刚才考得怎么样？""不好！""糟极了！""还可以。"人声一片嘈杂。她随之又说："有的同学也许是偶然的疏忽。"不少人回答"是"。她又接着问："有人说'一件偶然的小事往往会成全或败坏一个人'，你们说对吗？"学生纷纷回答。大家对这个问题的积极反应，说明这种氛围已经产生了微妙的变化，因为教师的问话已经引起了同学们的普遍注意了。于是她接着简述"路瓦栽夫人的遭遇"，讲完后问大家："你们说，路瓦栽夫人的悲剧，是一件小事所败坏的吗？"同学们纷纷发表自己的看法，不知不觉中，课堂上已经弥漫着一种研讨、探究问题的氛围了。这位教师的因势利导，机智而得体，收到了较好的教学效果。

## 四、创设良好课堂氛围的策略

### (一)善于运用表扬

表扬是对学生好的行为给予肯定的评价，并使其得到进一步的巩固和发扬。适时的表扬，常常是氛围的强化剂，因为它总是让学生得到成功与满足的心理体验，从而形成积极向上的课堂氛围。一次，某老师到一所县区中学借班上课，刚开始师生之间很陌生，学生也很紧张。讲课前，为了调节课堂气氛，他先问全班有多少学生，当了解到有 72 人时，他便说："孔老夫子的三千弟子中，只有 72 个贤人，没想到这'72 贤人'原来在这里。"全班同学哈哈大笑，课堂氛围一下子变得轻松了。

### (二)强化情感因素

高尔基说过"谁爱孩子，孩子就爱他，只有爱孩子的人才可以教育孩子"。师爱是教育的润滑剂，是进行教育的必要条件。正因为有了师爱，教师才能赢得学生的信赖，学生才乐于接受教育，教育才能收到良好的效果。要创设良好的课堂氛围，必须要活化情感因素，以学生发展为本，建立新型师生关系。这种关系旨在本着尊重学生自主性的精神，使学生的人格得到充分发展。教师以实际行动关心全体学生的成长，深入了解他们的生活习性、学习特点和兴趣爱好，与他们建立深厚的师生感情。教师热爱学生的情感，常常会提高学生学习的有效性。教师对学生越是关心爱护，上课时学生就越信赖老师，自然而然产生和老师合作的动机，努力学好老师所教的课程。有的学生说，他喜欢那位教师，就能把这位教师教的学科学好。师生相互信任，做到心理相容，教师输出的各种信息就会在学生头脑里畅通无阻地出现一种"易接受"的心理优势，使学生"亲其师，信其道，学其理"。而学生反馈的各种真实信息能使教师更好地调控，从而取得更佳的教学效果。

### (三)采用科学的、适合学生特点的教学方法

教学改革倡导自主探究、实践体验、合作交流的学习方式，培养学生的创新精神，实践能力和积极的情感，变"学会知识"为"会学知识"。在教学方法上应以学生的最大参与作为选择的目的，为学生提供学习经历，丰富学习经验，要注意展现学习思想发展的脉络，激发学生亲身经历学科建构的过程，变"被动学"为"主动学"。

### (四)精心设计教材

首先应注意知识的梯度，精心设计"最近发展区"。教师在对教材的处理

中要突出重点，分散难点，既有一定的知识梯度、难度，又能让学生通过自己的努力能学会掌握。根据教材特点，提出对一节课起关键作用、富有挑战性的、而且学生经过努力能解决的问题，把问题作为教学过程的出发点，以激起学生已有知识结构与学习新课题的认知冲突，唤起学生解决问题的欲望，进而激发学生的学习兴趣和迫切性.

此外，要注意每门学科知识的实际应用。在设计教学内容时，教师要从学生所熟悉的生活、实践中提炼出具体问题，这样才能极大地激发学生的兴趣，形成良好的课堂氛围。正是因为这些问题来自实际，能让学生感受到的所学到的知识有用，让学生感到亲切，学生才会主动地参与到课堂学习中。

**(五)创设良性竞争的氛围**

适度的竞争是强化课堂氛围的有效策略之一。竞争中，课堂氛围紧张而活跃，为思维活动创设了良好的外部环境。有一个平时少言寡语的学生，上课从来不发言。在上《夜走灵官峡》时，为一个“走”字和同学争得面红耳赤，老师便及时点他上台。不想他竟侃侃而谈，语惊四座，一时掌声雷动。在竞争的氛围中，他的能力得到了超水平的发挥。从这个例子中，也能看出教学中个体与群体之间的相互联系、相互作用的微妙关系。总之，学生是知识获取过程的主要参与者，科学地创设竞争氛围对激发学生学习的积极性、提高课堂教学效率，无疑是十分重要的。

**(六)讲究教学艺术**

教学是科学，也是门艺术，课堂教学只有达到艺术效果，才能营造良好的课堂氛围。教师在教学中，板书要工整美观，布局合理，层次分明，书写规范，适时而写，唤起学生的美感；语言表达要清楚、准确，要善于运用联想、比喻、口诀等方法，形象、贴切、生动还要富于哲理，感情真挚，有条有理深入浅出；要善于运用身体语言，即用表情、动作、手势等进一步加深意思的表达；要适时运用幽默，它可以使人产生一种亲切感和轻松感，又可使人产生兴奋感，从而使学生的大脑处于亢奋之中，消除了学生的疲劳，增强了学生的学习能力。当学生感到听课是一种艺术享受，那么他们就会地沉浸在课堂的艺术氛围中，教学也就会取得更好的效果。

# 第三章 课堂教学的交流策略

教学即交流。没有交流的课堂犹如一潭死水，缺乏应有的生机与活力。在课堂教学活动中，教师和学生作为参与这一活动的主体，都应该积极而又主动地进行交流。只有这样，我们的教学活动才能顺利展开，教学目标才能得以完满达成。

## 第一节 交流与课堂教学管理

课堂教学交流既与一般交流有共同之处，也有其自身的特点和类型。交流的顺畅与教学管理的有效密切关联，而两者对于课堂教学目标的达成具有不可忽视的意义。

### 一、课堂教学交流的过程与类型

#### (一)课堂教学交流及其过程

“交流”这一活动的展开，一般需要两个有联系的主体同时存在，并且这两个主体之间存在着相互的信息传递。即当其中的一个主体把信息传递给另一个主体时，接收信息的这一主体就会对收到的信息加以吸收并进行加工处理，同时把处理结果以信息的形式反馈给发送信息的那个主体。

在我们的课堂教学交流中，教师和学生都是作为信息交流的主体而存在。为了达到良好的教学效果，师生之间应该进行广泛而深入地交流，从而实现一种我们所期望的“教学相长”的目的。

在交流的过程中，我们一般将发送信息的那一主体称为信息源或发送者，而把接收信息的这一主体称为受众或接收者。为了说明问题的方便起见，在此我们将发送信息的那一方称为发送者，而把接收信息的一方称为接收者。事实上，光有发送者和接收者的存在，信息的交流也是不能顺利进行的。发送者发出的信息必须借助于信道才能实现高效而可靠的传递。同时在整个过程中会受到噪音的干扰。

在课堂教学交流中，教师和学生都可以作为信息的发送者，但主要的发送者是教师。众所周知，我们的课堂教学不是一种杂乱无章、漫无目的的活动，而是一种在一定目标指引下的有序活动。教师作为信息的主要发送者，需要对自己发送的信息承担一定的责任。因此，教师在发送信息前需要考虑以下的几个方面的问题：学生想要接收哪些方面的信息？学生拥有多少与教学内容相关的背景知识？本次教学活动的主要目标是什么？所教教学内容的重点以及可能的难点在哪里？该教学活动能够在哪些方面促进学生的发展？只有统筹兼顾以上的几个方面，教师发送的信息才会有的放矢。

当教师在权衡了上面所述的几个方面以后，就会产生一定的思想认识。这时教师可以对这些思想认识加以编码来形成信息。于是我们会问是不是随意使用一种方式对其进行编码就可以了呢？显然是不能这样做的。虽然这样组织起来的信息能够充分代表教师的思想，但是这种编码方式呈现出来的信息却不能为学生所认同和理解。如果教师发送的信息采用了不恰当的编码方式，那么发送的信息所代表的思想与学生接收信息后处理得到的意义之间会存在很大的偏差，甚至截然相反。这样看来，教师发送给学生的信息不仅要体现教师的思想，同时还要以学生能理解的方式编码。只有这样，师生双方之间的交流才能顺利进行，教学目标才能得以实现。

在交流过程中，信息是一种能够激发人们思想的言语的或非言语的行为。单词或词语可能会形成信息。在我们的教学活动中，大量的信息以言语的形式而存在。其实，除了言语可以作为信息的载体以外，信息也可以以非言语的形式呈现。甚至有时候以非言语形式表现出来的信息有更好的表达效果，让人感受到“此时无声胜有声”之妙。

信道是指从发送者到接收者所经过的渠道。一般说来，人们的最基本感觉可以作为信道。我们能够通过光波和声波使他人看到或听到我们的信息。电子和印刷的交流媒介可以作为信道。例如，你可以通过阅读报纸或书籍来获得别人要传达的信息。人们本身同样也可以作为信道。如果我把一些信息告诉了你，而你又把这些信息告诉了他，那么你就在这一信息传递过程中充当了我和他之间的信道。作为信息的发送者(教师)需要选择合适的信息，并对这些信息以接收者(学生)能够理解的方式进行编码，以便将这些经过编码的信息通过各种途径传达给一个或更多的接收者(学生)。

接收者指的是发送者为其发送信息的人。在课堂教学交流中，虽然教师和学生都是信息的接收者，但是学生是主要的信息接收者。无论是教师，还是学生，一旦接收到信息就必须对其进行解码。解码一般包括四个过程：听—看，解释，评估，反应。其中，听—看是解码过程的第一步。在教学交流中，学生通过听来接收教师发送的言语方面的信息。对于教师发送的如面部表情、声调、姿态等非言语信息，学生要通过看来加以接收。在实际的教学中，有时候学生对教师发送的信息，不是"熟视无睹"，就是"充耳不闻"。为了避免这种情况的发生，需要我们的教师在进行教学设计时花足心思，用学生喜闻乐见的形式呈现需要传递的信息，这样才能引起学生对这些信息的充分注意。

解释是解码过程的第二步。指的是学生对接收到的信息的加工处理过程。一般说来，学生接收到的信息会与其大脑中原有的与之相关的背景知识之间会发生相互作用。当新接收到的信息与其认知结构中的背景知识相一致时，就会对这些信息进行同化处理；如果不一致时，就会对认知结构中的知识进行改造，使其顺应接收到的新信息。由于学生在其认知结构中背景知识、教师信息编码方式等因素的限制之下，学生对接收到的信息加以解释得来的意义会与教师要传达的思想之间可能会存在一定程度的偏差或失真。同时学生会自以为是地认为这种存在偏差或失真的解释是正确的。在以后的考试中遇到相应的试题就会胸有成竹地将这种解释以答案的形式展现在答题纸上。这样教师可以通过答案来了解学生对自己所传递的信息在理解上有多大程度的偏差或失真。

评估是第三步。学生对教师传达的信息进行解释以后，就会对这些信息的价值进行评估。他们就会认为某些信息对自己有用，而有些信息对自己毫无用处。一般说来，学生对知识价值的评估存在很大的主观性。学生会从自身的需求以及外在的情形来评判信息的用处大小。例如，学生会从今后职业发展的角度来评估从教师那里接收来的信息。如果有利于今后职业的发展，认为其价值重大；如果与以后的职业发展相关性不大，就会认为其不重要。事实上，从学生素质的全面提升以及教育的终极目标来看，无用的知识往往是对人的全面发展是最有利的。

第四步是反应。一旦评估结束后，学生会开始对他们所接收到、解释的、评估的信息有所反应。这种反应有时候以外显的形式表现，而有时候又以内隐的方式存在。在课堂教学交流中，反应可以帮助教师决定教学进程的何去何从。如是快速前进还是放慢进度？是增加相关背景材料还是删除部分不重要或无关紧要的内容？如果教师一味地按照自己预先设定的教学进程安排教学，不考虑学生的反应所表现出来的反馈信息，那么我们的教学交流就会陷入一种教师在唱“独角戏”，而学生却“不知所云”的境地。更不要说体现教学的生成性了。为了让更多的学生跟上教师的教学步伐，获得充分发展，需要教师以敏锐的眼光来捕捉学生的每一个细微的反应，及时得到反馈信息并作出相应的教学调整，使自己的教学回到与学生相适应的正常轨道上来。

在课堂教学交流中难免会出现影响课堂交流的“噪音”。它可以发生在交流过程的任一环节——在发送者中，在接收者中，以及在信道中。它可以先于交流过程而存在，甚至交流过程结束后仍未终止。然而，噪音并不是教学交流过程的一个基本组成部分。但是，噪音几乎总是存在的。因此，我们应尽最大的努力将噪音造成的干扰降到最低程度。

教师作为主要的信息发送者会产生两种类型的噪音。第一种情况就是，教师本身对教学内容的理解存在模糊性。这种模糊性可以表现为教师不能对众多信息进行取舍，选择出适合大多数学生并能实现教学目标的最优信息组合，这样会导致只有部分学生达到对知识的掌握程度。也可以表现为教师把自己认为正确的，而事实上却是被歪曲了的或教师自己也是部分理解的信息传递给了学生。在这种情况下，所能出现的最好情况就是学生只能部分地理解教师传递的信息。

和教师相关的第二种噪音存在于编码过程中。教师在对信息进行编码的时候，会存在对编码过程、学生的心理需求或者学生对于学习内容的认知和情感立场等方面不了解的情形。在以上的任何一种情况下，信息都可能变得不适合学生接收。

噪音在信道中可能存在于电子媒介中，表现为静电干扰或闪烁，这样会使得交流的信息变得模糊。在我们的教室中，与教学内容无关的声、光、味会吸引学生的注意力，从而使得课堂教学交流变得困难重重。而教室本身也会把一些噪音因素带入交流过程，例如，不合适的温度，不舒适的(或太舒适的)座位和分散注意力的黑板展示。对于任何人来说，教室中的其他学生也会给自己带来噪音的干扰。

在接收者中的噪音因素对于交流的干扰，就像发送者中的一样。学生中的噪音表现为他们的态度、信仰、价值观、早期学习经验、愿望、动机、需要等因素对接收信息的干扰。一般情况下，当学生接收到信息时就会产生一定的反应。由于在上面所述的一个或几个因素的制约之下，学生产生的反应会与教师的期望相去甚远。因此，在课堂教学交流过程中，学生的心理很可能是一个影响很大的噪音因素。

**(二)课堂教学交流的类型**

不管是对于课堂中的教学性交流，还是生活中的人际交流来说，交流的方式是非常多样的。然而我们却可以按照一定的标准对其进行分类。例如，我们可以按照交流的效果如何，将交流分为有效交流和无效交流；也可以按交流信息的载体来分，把交流分为言语交流和非言语交流。当然，我们还可以依照别的标准，将交流加以分类。在这里我们主要介绍按照上述两种分类标准划分出来的四种交流形式。

1. 有效交流和无效交流

教师的课堂教学是一定要讲究效果的，甚至可以说要一直在不断地追求效益的最大化，要知道谁都不愿意“劳而无功”。对于教师课堂教学的重要部分——教学交流来说，也是要达到一定的效果的。这也许是我们置教学交流于应然状态下的一种美好的理想追求。但是在实然状态下的教学交流更多的时候表现为一种无效的状况。我想原因应该是多方面的。在课堂教学中出现了较多的无效交流，教师作为主要的信息发送者应当承担主要的责任。比如，有的教师不综合考虑学生的心智发展水平、原有的知识基础等因素的制约，一味地以不适合学生接受能力的方式向学生传递在教师本人看来所谓非常简单的知识；而有的教师在上课的使用的交流方式比较单一，于是很难长时间地保持学生的注意力；还有的教师不注意锤炼自己的语言，教学语言不生动、有趣，缺乏激情与活力，导致教学效果不好。当然还有其他方面的原因，在这里就不一一列举了。教学中出现了太多的无效交流是谁也不愿意看到的。作为“闻道在先”的教师应该积极主动地做出多方面的努力，尽可能地减少无效交流，增加有效交流。

2. 言语交流和非言语交流

我们所理解的交流时的言语，既可以表现为口头言语的形式，也可以表现为书面语言的形式。而非言语交流则表现为面部表情、声调、姿态等形式。在课堂教学交流中，言语由于能直接表达信息发送者的思想观点，而成为师生交流的主要载体。然而只有言语的交流是远远不够的。因为人类是富于情感的高级动物，表达人类喜怒哀乐的众多情感单凭言语是无法达到的。要想把人们内心的情感淋漓尽致地展现出来，更需要非言语信息的帮助。例如，为了表达我们的喜悦心情，我们可以将“我很高兴”这几个字写在纸上或从口中说出来让别人知道；但是我们也可以通过迷人的“笑”来表露我们的喜悦之情。我想绝大多数人一定会更愿意接受我们第二种表达喜悦的方式，因为这样会比言语信息更具有感染力，让接收信息的人感同身受，甚至会产生共鸣。因此，教师要善于灵活运用言语信息和非言语信息，使它们恰到好处地为我们的课堂教学交流服务。

## 二、交流对于课堂教学管理的作用

缺乏管理的课堂犹如一盘散沙，会不时地出现一些影响课堂教学活动顺利进行的突发事件。在这里我们把这种课堂中出现的干扰教学活动有序进行的突发事件统称为课堂事件。针对课堂中的突发事件，不同的教师会采用不同的策略使课堂教学回到正常的轨道上来。正如“教学有法，但无定法”一样，我们不能简单地评判这些策略，认为何种策略优，何种策略劣。要知道处理课堂事件的方法没有最好的，只有最合适的。事实上，真正高明的管理不是课堂事件发生时采用最优的措施加以应对，而是“不管理”。这里所说的“不管理”不是真的不加管理，而是防患于未然，以使课堂事件发生的几率降到最低程度。交流作为课堂管理的有效方式之一，能达到管理，也能达到“不管理”的目的，其在课堂教学管理中的作用表现在如下几个方面。

### (一)交流可以处理课堂上的问题事件

课堂上的问题事件可以说是种类繁多、形式多样。就其程度来说，有的严重，有的轻微；就其范围来说，有的波及面广，有的影响范围小；就其表现方式来说，有的外显，有的内隐。不管是针对课堂中的轻微的或波及面小的课堂事件，还是严重的或波及面广的课堂事件，教师完全可以凭借自己的聪明才智通过交流来加以应对。就拿课堂中有两位同学在说小话、不认真听讲这一事件来说吧。教师要想制止两位同学说小话可以采用不同方法。例如，教师可以把自己的课停下来，当着同班同学的面，点出两位同学的名字，并指出“请你们不要讲话了，这样会影响其他同学听课”。教师也可以把课停下来几秒钟，双眼凝视着两位正在说话的同学。这时眼神和安静会让学生感受到老师对他们的说话行为强烈地“不满”，他们因此也会收敛很多。事实上，教师也可以不把课停下来，针对当前的讲课内容提出一个与之相关的并只有听了课的同学才能容易回答出来的问题，让两位在说话的学生中的一位站起来回答。如果被抽到的那位同学回答错误或答得不完整，就接着请那位与他说话的同学来回答或加以补充。要是这两位同学都不会回答或回答得不完整，这时教师可以请一位认真听课的同学来回答。这样的做法也会让两位同学感受到老师在暗示他们“上课请认真听课”。

前面叙述了三种处理诸如有个别同学在课堂上讲小话这类轻微的课堂事件的方式方法。与其说是三种管理课堂教学的方法，倒不如说是课堂教学交流的方式方法。可以说这些不同形式的交流是为了管理课堂教学，使我们的课堂教学顺利进行。虽然三种交流方式都达到了管理课堂教学的目的，但是在成效方面差异却非常显著。在花费时间方面，第一种、第三种方法花费时间较多，第二种方法花费时间较少。但从浪费时间的角度来说，第一种方法纯粹是为了管理而放弃教学，花费宝贵的教学时间来处理如此轻微的事件是得不偿失的。公开地点名批评两位同学，会让他们在同学们面前感到很难堪。这样虽然达到了管理课堂的目的，却以浪费宝贵的教学时间和牺牲学生的自尊为代价，因此是不可取的。第二种方法不会浪费什么时间，而且对学生的自尊不会造成什么伤害，因此也是一种有效的管理课堂的交流方法。第三种方法的优势表现在管理课堂的同时也在实施着教学，而且不像前面的两种方法那样使课堂出现断裂。这样会使整个课堂浑然天成，实施了课堂管理却又找不着管理的痕迹，同时也保护了学生的自尊。

从上面的例子中，我们知道交流对轻微的或波及面小的课堂事件的处理的确非常有效，那么在出现严重的或波及面广的突发事件时，是否会仍然有效呢？现以课堂中出现大面积的讲话，不认真听课的现象为例。在课堂中出现了这样的严重事件，授课教师一定会非常生气，乃至气愤。显然这个时候不应该把教学继续进行下去，停下课来整顿课堂很有必要。也许有些老师会用黑板刷在讲台上重重地敲几下，然后警告“请同学们不要讲话了，等下还有哪位同学讲话，下课后给我留下来”。然而有些教师却不会如此大发雷霆，他们也会把课停下来，面向所有学生并双眼凝视着他们，站在讲台上一动也不动。学生会知道这时老师“生气”了，他们就会停止讲话。这样课堂又回到了安静，老师可以继续接着讲课。这里我们只列举了两种处理该课堂事件的方式方法。虽然两种方式都能够使课堂归于安静，但成效却存在显著差异。第一种方式让学生感受到是教师的权威让他们停止讲话，但以损害教师的良好形象为代价；第二种方式向学生传达了教师的“不满”，同时也维护了教师自身的良好形象。也许有人会问除了这两种方法以外，还有别的方法吗？毫无疑问，肯定有。这里列举的两种交流方式只是起到抛砖引玉的作用，针对具体的课堂事件需要教师们仔细斟酌，找出最佳的交流方式加以解决。

总之，针对同一课堂事件，管理课堂教学的交流方式有很多。教师要做的就是选取一种最优的交流方式达到管理的目的。然而教师在选择时需要考虑以下几个方面：尽量避免浪费宝贵的教学时间；尽可能不要损害学生的自尊；尽力保持教师的良好形象。

**(二)交流可以减少课堂事件的发生**

教学中出现了课堂事件，原因是多方面的。事实上有可能是学生的内在原因，还有可能教师的教学本身就存在一定的问题。特别是课堂中出现了大面积不认真听课的现象，教师应该承担主要的责任。为了减少课堂事件的发生或将课堂事件消灭在萌芽状态中，教师在不能改变学生的情况下，只能改变自己了。教师可以通过与学生的充分而有效的交流来优化教学以避免课堂中出现事件。例如，在小学低年级的数学课堂上，教师把一位同学请上讲台在黑板上计算一道数学题。从心理学的角度，我们知道小学生保持注意力的持续时间非常的短暂。教师请一位同学上台计算数学题，其余的同学就会觉得“事不关己，高高挂起”，于是各做各的事，甚至有的同学思想的野马跑到遥远的地方去了。就算等上台的同学把题做完了，有很多同学还是很难尽快回到课堂上来。为了避免这种情况的发生，老师可以在请同学上台计算之前向全体同学说明要求。比如，可以要求他们认真看上台的那位同学计算，并且能够判断这位同学做对还是做错。如果认为该同学做错了，要求说出错误出现在哪里。等到这位同学做完题后，认为计算正确的同学可以把右手举起，并把除大拇指和食指以外的三根手指弯曲并合拢起来，同时把拇指和食指伸直组成一个“勾”的形状；认为计算错误的同学可以把两只手放在胸前并交叉做成一个“叉”的形状。教师可以边说这些要求，边给同学们做示范。这种有趣的方式不仅可以将学生维持在教学中，同时也给教师创造机会来了解学生对教学内容的掌握情况。可见，通过这种有效的课堂教学交流，可以将很多课堂事件“防患于未然”。

# 第二节 课堂教学交流的基本要求

课堂教学交流是否顺畅受多种因素的影响，了解这些影响因素，才能更好地遵循基本要求，采取有效措施。

## 一、影响课堂教学交流的因素

在课堂教学交流中，师生之间的交流要有序地进行，需要综合考虑各方面的制约因素。一般来说，影响课堂教学交流的因素主要有以下几种：

### (一)学生的个体差异性

不同个性的学生在课堂上表现出不同的行为，他们的智力、学业能力倾向、兴趣、学习方式以及阅读和数学方面等基本知识存在明显的差异。在这里我们最关心的是与教学交流有直接关系的心理方面的差异。

1. 智力差异

(1)认知发展的个别差异

这突出地表现在人的思维差异上。从皮亚杰所说的前运算到具体运算的过渡，和从具体运算到形式运算的过渡，在不同个体身上存在显著差异。例如，多数 6～7 岁的儿童能进行 10 以内的整数加减运算，但少数发展快的儿童能进行 20 以内甚至 100 以内的加减运算，而一些发展较慢的儿童，还未掌握 10 以内的数概念，更不能进行加减运算。思维越是发展到高级水平，学生之间的差异也就越大。甚至是同一个人在某一学科领域的思维可能达到形式运算水平，但遇到新的困难时，其思维又会退回到具体运算水平。而且，个人在某门经验较丰富的学科能进行形式运算思维。有研究表明，青少年一般在自然科学领域中出现形式运算思维，在社会科学领域的思维发展较慢。

(2)认知风格的差异

认知风格的个别差异，也许是与教学关系最为密切的个别差异，它本身就是学生学习的一个重要方面，影响着师生的相互作用。认知风格一般指两个基本方面而言：一是指个体在学习中处理信息的方式；二是指个体在对事物做出反应时所使用的策略。它总是与人如何处理学习中的信息或解决问题有关的。心理学家经过研究，确认在不同的个体身上，有着不同的认知风格：注意刺激的整个特征与考察刺激的细节相对；区分刺激为几个大范畴与区分刺激为许多小范畴相对；直觉的归纳思维与逻辑的演绎思维相对；快速冲动的反应行为和缓慢会导致学习结构在速度和精确性方面及在品质方面的差异。

(3)智商的差异

仅就智力测验而得到的智商而言，可以看到，人在智力发展上是有一定差异的。心理学家们把智商100看做常态标准，经过测量发现智商在90～110范围之内占总人口数的一半。处在高端和低端的是特殊的人，分数在120以上的可视为天才，而分数在70以下的则为智力迟钝者，并且这两种人在总人数所占的比例极小。

2. 性别差异

由于男女两性在生理和社会生活环境，特别是社会对他们的期待上的不同，形成了男女心理上的差异。从在校学生的情况来看，男生和女生主要在以下几个方面有差异：

(1)兴趣

在小学阶段，由于学科比较单一，兴趣分化不明显，到中学以后，男女兴趣就有了明显的变化。研究表明，男生喜欢科学，喜欢读各种书报，参加航模、无线电等科学实验性质的课外活动。女生则多对小说、电影、电视、音乐等感兴趣。朱智贤教授指导的全国十省市在校学生的兴趣调查发现，男生对理科的兴趣大于女生，而女生对文科的兴趣稍大于男生。

(2)成就动机

在中小学阶段，男生和女生在学业成绩上没有一致性的明显差异。但是，如果考察一下他们的动机就会发现是有差别的。考夫曼的研究指出，男生的成就动机是内因激发的，即求知欲，或渴求活动本身的成功；而女生的成就动机是由外因激发的，多数想获得父母、教师或同学的赞赏。

(3)抱负水平

一般情况是，男生的抱负水平，即期望自己接受教育的水平(上大学、考研究生等)高于女生。这个特点是随着学生的年龄的增大、年级增高而逐渐呈现分化的。

(4)智力

男女两性在智力有多方面的差异。感知能力上女生优于男生。注意力方面，男生多定位于物；女生多定位于人。这也是男生多喜欢自然科学，而女生多喜欢人文科学的原因。记忆方面，男生理解记忆和抽象记忆很强；女生的机械记忆和形象记忆较强，对具体事物的记忆较精确，短时记忆也优于男生。思维方面，男生倾向于抽象思维，其水平高于女生；而女生倾向于形象思维，其水平高于男生。正因为男生倾向于分析、比较、抽象、概括以及逻辑意义，所以男生一般对自然科学感兴趣，而女生倾向于直接印象的鲜明性、生动性、表象记忆、想象的直观性和思维的形象性等，所以女生一般对语言、文学、艺术、社会科学等领域表现出更大的兴趣。言语方面，女生偏向于言语的形象性和感情色彩；男生则偏向于言语的抽象性。女生较男生言语流畅，但在言语逻辑和推理上不如男生。

(5)情感和意志

在情感、意志、人际交往等方面的性别差异从来都受到研究者的重视，心理学家就男性气质和女性气质做了大量的研究。所谓男性气质和女性气质，是指与男女两性生物学上的差异密切相关的个性差异，例如，富有进取心、有支配欲等被认为是男性的特点；而温和、能容忍，有些忧郁则被认为是女性的特点。由于女生在生理上比男生早熟，所以表现出对社会、生活和人生等方面更关心，情感成熟度高于男生。在中小学生中同年龄的男生总是显得比女生幼稚。

以上讲到的这些性别差异特征，仅仅是指性别的群体倾向性，具体到一个学生的发展过程，可能表现出性别的典型特征，也可能在某些认识能力上偏离群体特征，而表现出自己的个性特征。

3. 自尊程度的差异

自尊程度强的人，对自己评价很高，对别人的评价往往偏低；自卑的人，对自己评价很低，认为自己什么都不行，处处不如人，而对其他人往往评价较高，在与他人交往中力求让他人接受自己。自尊心强的学生很注意教师对自己的评价，大多主动地按照教师的要求去行动。教师纠正他们的不符合要求的行为时，一般不需要有严厉的批评。而教师一旦伤害了他们的自尊心，他们就有可能向教师挑战，和教师对着干，以此来维护自尊。还有一些学生表面上很自尊，但事实上，他们是由于学业上的失败而非常自卑，于是虚张声势掩盖自己的自卑。

由于个性不同，坐在同一个教室里，面对同一个教师的教学行为，学生做出不同的反应是很正常的，而学生如果做出完全一样的反应倒是不正常的了。学生的个性是学生行为的一个决定性的因素，但它并不是唯一的决定因素。正如我们在日常生活中看到的，一个学生在一种情境下做出的一种行为，在另一种情境下又做出另一种行为。这就是因为个性并不直接决定一个人的行为，行为还受到其他因素的影响。决定行为的因素除了个性以外还有环境。而教师则应努力为学生提供利于学生产生适当行为的环境。

#### (二)教学目标

教学目标是否明确影响到课堂交流与教学效果。在传统课堂教学观中，教学目标是指教师为贯彻和落实教育目的、完成具体的课堂任务所预设的一些具体的教学要求。它强调大纲和教材的规定性和教学效果评价的直接性。新的课堂教学观认为，课堂是主体与主体之间的理解和合作，是主体与客体之间的沟通和对话，是个体主动建构的过程。教学目标更强调学生的学习目的性，“它简短地陈述了学生在接受学习后，应该是在自己的行为和能力上表现出来的预期成绩或进步”，并注重教学目标的生成性。

#### (三)教学规则

课堂是教学活动的主要场所，课堂教学是教学的主要形式，完善教学管理，建立课堂教学规范，对于优化育人环境，维护正常教学秩序，保证和提高教学质量，都是十分必要的。为了达到这些目标，不同的学校或教育机构都制订了一系列的课堂教学规则。比如：迟到者进入教室前，应先在教室门口立正，向教师喊“报告!”，待教师点头同意并说“请进”后，学生方可进入教室入座。未经教师许可，迟到学生不得随意闯进课堂。合理的教学规则保障了课堂教学交流的顺利进行。

### 二、课堂教学交流的基本要求

#### (一)公平地对待学生

教育公平一直是人们议论的敏感和热点话题之一。事实上，要保证教育公平，就是要达到教育起点和教育过程公平。教育起点公平就是要让每一位适龄儿童有学上，而教育过程公平就是让孩子们上质量有保证的学。在九年义务教育基本普及的今天，我们所提倡的教育公平更多地表现为教育过程的公平。课堂教学作为教育过程最重要的组成部分，应该成为体现教育公平的主阵地。因此，教师在与学生进行课堂教学交流时，应该让更多的学生参与进来，从而能够促进尽可能多的学生的全面而充分的发展。然而，在实际的课堂教学交流中，情况却不令人乐观。就拿教师课堂提问来说，有些教师会经常抽学习成绩好的、性格活泼开朗、表现积极的学生回答问题，而那些学困生、性格内向者一学期下来几乎“无人问津”。从教育学以及教育公平的角度来说，教师提问时避开学困生、性格内向者是不允许的。因为这样会造成优者更优、劣者更劣，从而使教学陷入无止境的恶性循环之中，两极分化现象越来越严重。这样虽然能够保证培养出一部分优秀人才，但是这却以牺牲大多数学生的发展为代价。要知道学校培养出来的学生最终要走向社会，成为建设国家的各行各业的劳动者。学校培养出来的那部分优秀学生能够为国家社会作出很大的贡献，这是毫无疑问的。但是他们却占总人数的比例太小，因而对社会的贡献也是有限的。一个社会、乃至一个国家要实现其健康快速稳定的发展，就需要学校为其提供尽可能多的高素质的合格公民。因此，教师在进行课堂教学交流时，不仅要关注学习成绩优异、性格开朗的学生，而且更要特别照顾那些学困生、性格内向者，从而使我们的课堂中不存在处于“边缘”位置的学生，每一个学生都能实现其自身的充分发展。

**(二)保护学生的自尊心**

在日常生活中，人与人之间的交流是以相互尊重为前提的。同样地，在课堂教学交流中，教师与学生之间的交流也需要彼此尊重对方。然而，在实际的教学中，有相当一部分教师却不能懂得这一点，在一定程度上伤害了学生的自尊心。这里同样以教师请学生回答问题为例。如果教师请了一位基础较差或性格较内向的学生来回答，而这位学生由于种种原因不能回答出来。这时性格急躁的老师也许会说“就知道你答不出，给我坐下”。相信任何一位学生听到老师在同学们面前这样说自己，都会受到一定程度的打击。尤其是那些学困生或性格内向者，他们平时就认为自己比别人差，显得很不自信。老师这样一说，他们就更加坚定地认为自己是一个“破罐子”。在以后的学习、生活、工作中，他们会“破罐子破摔”就不觉得奇怪了。事实上，在教师看来一句微不足道的话，而在学生心目中比千金还重，甚至会影响学生的一生。因此，即使教师知道学生回答不完整或者答不出来，也要真诚地对学生给出的回答给以肯定的评价，或当着同学们的面说“老师知道你上课认真，一定能回答得出来，只不过一时紧张，暂时回答不出。你先坐下来，再思考一下，同时看其他同学怎么回答”。教师这样对学生一说，学生心里会认为自己在老师心目中是一个好学生。为了不辜负老师对自己的期望，在以后的学习中，该学生会表现得更积极、更努力，以崭新的姿态对待学习。随着他学习态度的转变，他的学习成绩也会有明显的提高，这样会使他的自信心大增，相信自己并不比别人差，只要自己肯努力，就是可以成功的。老师这样的几句话，却把学生的学习，乃至人生引向一种良性循环。

**（三）倾听学生的心声**

在课堂教学交流这一活动中，教师和学生都是作为主体而存在。由于教师“闻道在先”，在课堂教学交流中是主要信息发送者，但这并不能成为剥夺学生作为信息发送者的权利的理由。事实上，教师作为信息发送者所体现出来的“教”是为了促进学生更好的“学”。教师向学生发送各种信息是以教师心目中所理解的学生为依据的。由于教师对学生的理解存在一定的主观性，教师心目中的学生与现实中的学生会存在一定的差距。为了实现师生之间的有效交流，就必须尽力缩小差距。一种有效的办法就是让学生实施其作为信息发送者的权利，让他们通过“说”来向教师展现他们真实的自己。因此，教师在课堂教学中要为学生创造尽可能多的机会，来让学生说出自己的心声。同时，在学生说的过程中，教师要认真倾听学生发言。不要觉得这样会浪费宝贵的课堂教学时间，这是教师了解学生，获得教学反馈信息的良好机会，同时也是锻炼学生口头表达能力的有效办法。

**（四）明确课堂教学目标**

课堂教学活动是为了实现一定的教学目标而组织起来的。因此，课堂中教师与学生之间的交流需要有明确的教学目标。在实际的教学中，有很多教师往往顾此失彼，要么紧扣了教学目标却不能很好地与学生交流，要么与学生展开了充分而有效的交流却偏离了教学目标。两者之间的关系应该是：教学目标统领教学交流，而教学交流要为实现教学目标服务。教师作为教学交流的主要信息发送者应该承担主要的责任，尽力在教学目标与交流之间取得平衡，尽可能地实现教学设计时预先设定的教学目标。这里并不是说我们的教学活动要始终按照预先设定的进程来进行，教师可以根据与学生交流获取的反馈信息，及时地对教学进程进行调整，但是这种调整也是为了能够实现整堂课的教学目标。而且在课堂教学交流中，当学生作为信息发送者时，由于对授课教师整堂课的教学目标不是很清楚，加上本身的学识和能力相当有限，就不能很好地围绕教学目标来组织自己向老师和同学发送的信息。这时教师应当发挥自己作为课堂教学中的主导者的作用，在学生发送的信息偏离课堂教学目标时，及时地将他们引导回正常的教学轨道上来。

**（五）注重发展学生的能力**

无论是教学内容的选择，还是教学进程的安排，目标只有一个，那就是要促进学生各方面的发展。教学交流作为课堂中的重要组成部分，应该成为促进学生能力发展的有效推动器。教师可以通过提问、探究等方式引导学生分析问题、解决问题，以便发展他们的思维能力。教师也可以通过营造一种开放的课堂交流氛围，让课堂成为批判性思维、创新精神的发源地，从而培养学生的创新能力。这样学生的学习更多地表现为发现学习或有意义的接受学习，更少地表现为机械的接受学习。

## 第三节　课堂教学交流的方法

课堂教学交流不仅能够保证将教学内容有效地传递给学生，同时也有利于把学生吸引在教学中，使他们不偏离课堂教学，达到管理课堂的目的。因此，我们可以说我们的课堂不能没有交流。然而，为了使我们的课堂教学交流更有效，教师和学生进行交流时需要采用一定的方式方法。下面我们将从两个大的方面来对教学交流的方法进行探讨。

### 一、运用言语信息进行交流的方法

在课堂教学中，教师传递知识、交流思想感情用得最多的是口头语言。教师在与学生运用口头言语进行交流时需要采用一定的方式方法，常用到的有以下几种：

#### (一)运用提问进行交流

提问是一项具有悠久历史渊源的教学技能。我国古代教育家孔子就常用富有启发性的提问进行教学。他认为教学应“循循善诱”，运用“叩其两端”的追问方法，引导学生从事物的正反两方面去探求知识。古希腊哲学家苏格拉底也是一位提问高手，他使用“精神产婆术”的方法进行教学，通过不断地提问让学生回答，找出学生回答中的缺陷，使其意识到自己结论的荒谬，通过再思索，最终得出正确的结论。

提问是课堂教学交流的主要方式，无论是教学活动开始时，还是在教学活动进行过程中或是在教学活动结束时，提问都会经常用到。它对学生来说，可起到引发学生学习动机，激发思维，考查理解程度的作用；对教师来说，可起到检查教学目标，重新组织教学等作用。

事实上，对于学生来说，学习过程实际上是一种提出问题、分析问题、解决问题的过程。教师巧妙地提问能够有效地点燃学生思维的火花，激发他们的求知欲，并为他们发现、解决疑难问题提供桥梁和阶梯。在引导学生去探索达到目标的途径，获得知识的同时，也增长了智慧，养成勤于思考的习惯。实际上，提问可以活跃课堂气氛，促进师生之间的情感交流，吸引学生的注意，有助于课堂教学活动的顺利进行。因此，提问是进行课堂教学管理，维持良好课堂秩序的常用手段之一。

1. 课堂教学提问的主要类型

有研究发现，教师在教学当中提出的问题，较为常见的是较低水平的认知问题，大概占60％～80％，这种问题多属于回忆性质，而少见的是高水平的带有激发创造思考性质的问题。实际上，从教学的要求和学生身心发展来看，这两类问题都是需要的。

教师设计的问题在不同的领域有着不同的类型，单一从认知领域来看，至少可以参照布卢姆的分类法提出这样一些问题：

(1)知识性问题

主要是考察对所学内容，如名词、概念、原理等的记忆。如中国的四大发明是什么？这类问题要求学生从记忆中找出答案，几乎不必加以思考。也被称为低智性问题。

(2)理解性问题

主要是考察对一些原理、原则的理解程度，可用语言、文字、符号、数据等来表达。如A＞B代表什么？这类问题要求对所问的事情有所认识，并做出描述，在智力活动上比记忆性问题要求略高。

(3)应用性问题

主要是考察能否将所学知识、技能应用于其他新情境，实现学习的迁移。如让学生设计图表，或示范正确的步骤、过程。如为防止煤气中毒，热水器应该装什么位置？这类问题要求学生利用已有的知识或技巧来解决问题，可促使学生巩固所学知识，并作为深入的思考。

(4)分析性问题

主要是考查学生能否将各种概念加以分解，找出各要素之间的相互关系。如某地区倾盆大雨之后，常出现水土流失现象，为什么？这类问题比应用性问题的思考程度更深，要求学生具备一定的分析能力，对智力活动的要求又再高一层。

(5)综合性问题

主要考查学生能否将不同的要素等归纳、组合成一个整体。它与前者的思维过程正好相反。这类问题需要学生做出创造性的思考，并且不一定有标准答案。如假如你所在的地区处于地震带上，若遇到地震，你如何处理？这类问题要求学生具有较强的处理和组织材理和组织资料的能力，重在促使学生对问题做出逻辑性思考。

(6)评价性问题

主要考查学生能否对问题的判断以及自身的价值观念。它所处的层次最高，综合了上述五个问题。如你认为一个良好的社区应具备什么样的条件？这类问题对智力活动的要求最高，它建立在分析、综合的智力活动之上的，要求学生对问题作出理性的评判。

2. 提问的基本要求

在课堂教学中，教师如果要向学生提出高质量的问题，需要注意以下几点：

(1)备课过程中要对课堂上所提问题有所准备，并写进教案，以免临渴掘井。

(2)问题能激发学生思考，最好包含“为什么”“如何做”以及要求解释、比较、批判或找出因素、关系、用途等内容。

(3)问题要适合学生的能力、兴趣、教育程度与学习经验。

(4)问题中所用的文字语句，要简要明晰，避免引起学生模糊纷乱的感觉。教师一般不要一次提问太多，如一次提出两个或更多的问题，会影响学生对问题意义的认识。

(5)提出问题后，需有一定的候答时间。有研究发现，一定的候答时间(3～5分钟)对学生来说，意味着更多的自发、更多的思考和更恰当的回答；对教师来说，则意味着增加灵活性和问题的多样性。

(6)提问要注意贯彻先易后难的原则，比如，先提知识性问题，再提理解性问题，最后提创造性、批判性问题。

(7)提出问题要面向全体学生，使大家都有回答、参与的机会。

一般让全班学生举手，然后个别提名要求作答。但注意对思维能力较强的学生，可将问题的难度加大，借以促进其迅速进步、深入发展；而对于思维能力较弱的学生，则可将问题的难度减小，使之有尝试回答的可能性，引起他们的学习兴趣。

(8)对于学生的回答，应当面反馈，但对回答不当的学生，不可责备、讥笑，而应指出线索，促使其进一步思考。

(9)教师要注意听学生的回答，和颜悦色地对待学生，有时要点头微笑表示赞许。如果教师对学生所提的问题一时不能回答，应诚恳地、实事求是地告诉学生，表示课后查阅有关资料后再来作答，不可敷衍、恼怒。

**(二)运用讲授进行交流**

讲授是指教师以口头语言向学生呈现、说明知识、并使学生理解知识的行为，是教师向学生传授知识的重要手段。在讲授中，教师借助口头言语呈现教材，阐明知识的联系，促进知识的理解。教师的职能是详细指定学生将要学习什么，向学生提供学习材料，分析和讲解材料，并力图使这些材料在速度和内容上适合于每一个学生。同时，教师还要负责诊断学习者的困难，为他们提供适当的补救。

讲授至少有两种功能：一是说明是什么或怎样做，使人明白、理解某个概念、程序或规则；二是解释原因，如分析某个概念产生的原因，告诉学生为什么必须要按某些程序去做，给出制订某些规则的理由等。

由于讲授所用时间和简繁程度不同，主要有正式讲授和非正式讲授两种。正式讲授要占一节课的大部分或全部，专用于中学高年级或大学；非正式讲授一般持续5～10分钟。从讲授内容的差异看，讲授法主要有三种表现：即诠释性讲授(介绍概念或术语的含义)、描述性讲授(说明一个过程、一种结构或一系列步骤)和说明性讲授(说明为什么做某件事或某件事发生的原因)。

在运用讲授进行交流时，要达到以下基本要求：

(1)语音准确，语词恰当，语流连贯，语速适中

教师语音应以普通话为准，保证学生听清楚每一个字。教师讲授中应使用普通话词汇，避免使用方言词汇。教师也要适时、恰当地使用本学科的专业词汇，避免使用日常生活词汇。为准确表达自己思想和教学内容，教师应选择精确的词汇，防止使用笼统和容易引起歧义的词汇。教师讲授时尽量使用短句子，戒除说话带口头禅和多余语助词的不良习惯。教师讲授时的语速要稍慢于日常生活中讲话速度为宜，大致在每分钟200～300字。

(2)加强新旧知识的联系

讲授学生不太熟悉的新内容时，教师要向学生讲清新旧知识之间的联系。说明学生已有旧知识和新知识之间的联系，增进学生对新材料的理解。

(3)讲授内容分阶段展开

一般的说，讲授大体可分三个阶段进行：第一阶段：介绍讲授纲要。在讲授一章、一节或一课时，用很短的时间，介绍一下这一单元的主要内容或基本概念，并略加说明。这样做的目的，是使学生对所要讲授的内容有一整体了解，能够在学习过程中知道各部分内容的联系，也能抓住学习的重点。第二阶段：详述内容。介绍完纲要后，按纲要所罗列的内容顺序逐一讲解。讲授的内容要尽可能地与学生原有的知识基础发生联系，符合学生的授受能力。同时，讲授要注意带有启发性，在讲授过程中，可不断地提出问题解决问题，为学生提供科学地认识、解决问题的范例。尤其注意的是，在这一阶段，要结合运用其他方法，如讨论、问答等，让学生参与到学习过程中来。第三阶段：综述要点。教师将本单元的主要内容或结论再次展示给学生，使学生能够加深对这些问题的认识，形成对本单元的完整印象。

**(三)运用讨论进行交流**

讨论是学生根据教师所提出的问题，在集体中交流个人的看法，以达到相互启发、相互学习的目的。由于讨论需要学生具有一定的知识和经验基础，所以在高年级使用比较多。

课堂教学中的讨论有其特点：讨论活动是以学生自己的活动为中心，参加活动的每一个学生都有自由表达自己见解的机会；每个学生都要听取他人的发言，都要准备个人的发言，学生在活动中处于主动地位，这能很好地发挥学生学习的主动性和积极性；讨论中的发言固然要围绕讨论的中心，但发言的内容，可以不受教材的限制，有利于发挥学生的独立思考和创造精神。

讨论也是一种信息交流活动。这种信息交流，既不同于讲授法的单向信息交流，也不同于谈话法的双向信息交流，而是讨论集体成员之间的多向信息交流。学生的发言可以及时获得反馈信息，改正自己的缺点。多项信息交流中，每个同学的发言各有自己的看法和讲法，学生可以在听取各种不同的发言时进行比较，相互取长补短，共同提高。

讨论不仅要发表自己的看法，同时对他人的不同看法，要提出事实和论据，有效地说服别人。这种讨论发言，单靠能牢记学过的死知识是不成的。因此讨论活动过程，有利于促进学生灵活地运用知识和提高分析问题、解决问题的能力。

为了能够很好地发挥讨论对促进师生课堂教学交流的作用，教师在讨论之前，要有适当的布置，以引起学生乐于参加讨论的动机。在讨论全过程中，教师要起到指导作用。开始时，教师要说明所要讨论的问题，引起学生进行讨论；讨论中，如有学生的发言离题太远，教师须唤起他的注意，解释所讨论的主题；如有两个或更多的学生意见不同而发生争执，教师则须为他们调解，使大家和平友好地交换意见；如有学生垄断讨论，教师则须婉言相劝，使大家发言的机会均等；如有学生畏缩不前，不愿在讨论中发言，教师亦须劝告，鼓励其发言；如有学生说话词不达意，教师也要帮助他表达清楚；如有学生提出疑问、教师可作简要回答，也可提示线索，促进学生深入思考；当讨论完毕时，教师应作总结，归纳大家发言中的重点，以使学生所讨论的知识具有系统性，或解决所研究的问题，得出结论。

## 二、运用非言语信息进行交流的方法

教学中的非言语信息是教师对自己声音和身体语言的综合运用而形成的。美国心理学家艾帕尔·梅拉列斯的研究表明，在人际交往中，通过语言文字传达的信息仅占信息总量的7%，通过语调传递的信息占信息总量的38%，而通过脸部表情传递的信息占信息总量的55%。通过非言语交流的信息竟占了信息总量的93%，足见其在教学中的重要作用。一般说来，课堂教学中教师常用到的非言语信息交流主要有以下几种：

### (一)停顿

停顿是一种特殊的声音变化，它是指在讲课过程中，声音突然消失。停顿在课堂教学中发挥着独特的作用。第一，停顿能够吸引学生的注意力；第二，停顿能够给学生提供足够的思考时间；第三，停顿可以为学生提供回味、品味知识的时间；第四，停顿能够增加课堂教学的节奏感；第五，停顿能够增加课堂教学的空灵感，起到虚实结合，以虚衬实的作用。此外，停顿有时还能够传递语言所难以传递的信息，达到“此时无声胜有声”“于无声处听惊雷”的效果。当然，停顿时间也不宜过长，一般以3秒为宜，停顿的时间太长会令人以忍受。

在实际教学中，有经验的教师总是非常善于运用停顿，如当课堂非常嘈杂时，老师短暂的停顿并配以适当的目光，能使课堂教学安静下来，其效果远胜于大声喊叫“请不要讲话了”。

### (二)脸部表情

脸部表情是人类沟通的重要方式，是课堂中师生之间传情达意的有效途径，它由眉毛、眼睛、嘴形、脸部肌肉等要素构成。

1. 眉毛

眉毛是脸部表情的重要组成部分，在人际交往中起着重要的作用，成语“眉飞色舞”“扬眉吐气”“眉开眼笑”“挤眉弄眼”等就是最好的佐证。在课堂教学中，双眉上翘，双眉舒展可以传达教师满意、欣慰之情；双眉向下、双眉紧锁可以传达教师失望、愤怒之意。

2. 眼神交流

眼睛是脸部表情中最为活跃的组成部分，人们常常把眼睛比作“心灵的窗口”，用“眼睛会说话”来形容眼睛在传情达意中的重要作用，成语“眉目传情”“暗送秋波”“眉来眼去”“含情脉脉”等也都形象地说明了眼睛的功用。有研究表明：人在兴奋时，瞳孔比平时放大4倍；人在生气时，瞳孔比平时缩小。

在课堂教学中，教师和学生的目光不时地发生碰撞，传达着极为丰富的教学信息，是教学信息交流的重要途径。在课堂中，眼神交流主要表现在以下几个方面：

(1)注视学生的身体部位

在课堂教学中，教师通常注视学生的脸部，但教师注视学生脸部的不同部位，具有不同的含义和效果：如果教师注视学生的两眼和额头中间所组成的三角区域，表示对学生的严厉；注视学生两眼与下颌所组成的三角区域，表示对学生的亲密。此外，当学生做小动作时，教师把目光移向学生的手时，以示提醒。

(2)眼神内容

教师的目光既可以传递赞扬、鼓励、满意、喜悦等正向的情感，也可以传递失望、不满、反感、愤怒、厌恶、警告等负向的情感。为了达到良好的课堂教学效果，在课堂教学中，教师正向的目光应多于负向的目光。

(3)注视范围

在上课时，教师注视对象应该不断地变化，教师可以时而注视全班学生，时而注视部分学生，时而注视个体学生，目的是将教师的目光公平、均匀地分配给每位学生，让每位学生能“沐浴”在教师温暖的目光中，让每位学生都感受到他们在被教师关注，让每位学生在整堂课保持较高的兴奋水平和警觉状态，让每位学生的思维始终在高速运转。

(4)注视时间

教师可以长时间地注视学生，也可以迅速扫视学生。有研究表明，如果你对对方的注视时间超过全部谈话时间的三分之二，表示你对对方的谈话感兴趣，你是自信的，值得信任的；如果不到三分之一，表示你对对方的谈话不感兴趣，或你是紧张的、羞怯的，难以被信任。

3. 嘴形

嘴形在脸部表情中起着十分独特的作用，如果教师嘴形上翘，嘴唇微启，即表示对学生的赞许、首肯；如果教师嘴角向下，嘴唇紧闭，或者齿紧咬下嘴唇，即表示对学生的愤怒、不满。

4. 脸部肌肉

当教师生气、愤怒时，脸部肌肉僵硬；当教师高兴、满意时，脸部肌肉松弛。微笑是一种常见的教师脸部表情，它由眉毛、眼睛、嘴形、脸部肌肉等因素有机组合而成的，在课堂教学中扮演着重要的角色。教师的一个微笑能够传递对学生的信任、赞许之情，拉近教师和学生之间的距离，消除师生之间的矛盾，缓解师生之间的紧张关系，营造支持、宽松的课堂气氛。

**(三)声音**

语言是进行课堂教学最主要的工具，教师和学生正是借助于语言来传递思想和表达感情的。教师的语言包括文字和声音两部分，在言语交流中，文字内容固然重要，声音也会在很大程度上影响语言表达效果。古今中外的许多著名演说之所以能够打动人心，除了演说家扎实的语言文字功底、良好的文学艺术修养和深邃的思想之外，他们对声音的驾驭能力功不可没。听过美国民权运动领袖马丁·路德·金《我有一个梦》演说的人肯定会对他高超的声音驾驭能力留下深刻的印象。

声音包括音量、音调、语速、语气等要素。

1. 音量

教师的音量应该根据教学的需要和自身情绪的变化、时大时小，抑扬顿挫，错落有致，以此增加声音的吸引力。但在实际教学中，有的教师讲课的音量缺乏变化，要么一直很大，要么一直很小，时间一长，就难以吸引或维持学生的注意力；有的教师认为，只要音量大就能吸引学生的注意力，其实不然，有时，教师突然减小音量，学生反而会更加专心地听讲；有的教师，特别是女教师，讲课的音量太小，影响了后排同学的听课效果。考虑到我国的班级规模大、学生人数多的特点，教师应该保证自己的讲课声音能被学生听清楚，教师可以通过观察最后一排同学的表情来判断自己的音量是否够大。

2. 音调

教师讲课的音调应该时高时低，高者如行云流水，高亢激昂，低者如暗潮涌动，低沉浑厚，这样可以大大增加教师声音的表现力。

3. 语速

教师讲课的语速应该时快时慢，时而密不透风，时而疏可走马，时而慢条斯理，娓娓道来，时而排山倒海，咄咄逼人。在实际教学中，新教师由于紧张、生怕内容讲不完等原因，语速往往偏快，事后又生怕学生没有听清楚，再重复一遍前面讲过的内容。这样不仅费时，而且效果也不理想，倒不如语速适中，清清楚楚地讲一遍。

4. 语气

教师讲课时的语气更是丰富多彩，可以是幽默诙谐的，也可以是庄重严肃的；可以是崇敬赞扬的，也可以是讽刺鞭挞的；可以是充满同情的，也可以是幸灾乐祸的；可以是感激涕零的，也可以愤愤不平的；可以是自豪的，也可以是内疚的；可以是欣赏的，也可以厌恶的，等等。

上述要素的不同组合能够产生千变万化的效果，如教师增大音量、放慢语速，就表示这部分内容是教学的重点。需要指出的是，声音固然重要，但教师的专业知识、文学修养、哲学功底等同样不可或缺。如果一位教师讲课词语单调、内容苍白、思想贫乏，纵使他的声音千变万化，也难有好的效果。

**(四)手的运动**

手的运动也称手势，它是师生之间非言语交流的一条重要途径，传递着丰富的教学信息。手势运用得当，能够使教师如虎添翼，使课堂教学锦上添花。首先，手势是语言讲解的重要辅助手段，手势配合言语，能够帮助学生更好地理解某一教学内容。借助于手势，教师可以比划物体的大小、形状，暗示运动的方向、降调或升调等；其次，手势能够准确地传达丰富的信息；最后，手势还能够指明教学的重点，表示强调。

由此可见，手势是一种重要的教学资源，但令人遗憾的是，许多教师并没有意识到这一点。在课堂教学时，教师的手势不多，有的教师干脆将双手放在口袋中上课，这无疑是一种教学资源的浪费。

**(五)头部运动**

尽管头部运动没有声音、脸部表情和手势那样重要，但它也在师生交流中发挥着特殊的作用。例如，教师点头表示首肯、赞成；教师摇头表示反对、失望；教师低头以示沉思；教师仰头表示叹气；教师侧耳倾听以示对学生的关注；教师扭头表示对学生不屑一顾等。当然，教师头部运动不可过分频繁，否则会给人摇头晃脑、不够稳重之感。

**(六)教师走动**

教师走动是指在课堂教学中教师身体位置的移动，是教师非言语信息的有机组成部分。教师走动具有以下作用：

1. 教师走动能够维持学生注意力。如果教师长时间不走动，学生的注意力就可能下降，即便学生的注意力能勉强维持在一定水平上，也往往需要付出更大的意志努力，容易产生疲劳。

2. 教师走动能够使学生看到黑板的各个部位，避免教师长时间停留在教室前面的某一区域而挡住学生的视线，使学生看不到板书。

3. 教师走动，特别是教师走到学生中间去，能够缩短教师与学生的空间距离，从而缩短教师与学生的心理距离。教师不再是高高在上、脱离学生的人，而是融于学生的一份子，台上台下，合为一体，促进师生之间的情感交流，改善师生关系。

4. 教师走动能够使凝固、沉闷的课堂气氛变得活跃起来，增加课堂教学的活力。

5. 教师走动，特别是走到学生中间去，有助于教师及时了解学生的学习情况，进行个别辅导，答疑解难，督促和检查学生完成学习任务。

6. 教师走动能够改变课堂压力分布，加强对所有学生特别是中后排学生的监控，使中后排学生能与前排学生一样享受到同等的教育机会。

7. 教师的走动还可以向学生传递其他信息。如教师漫步，表示思考；教师急速来回走动，表示不耐烦等。

教师走动应注意以下问题：首先，教师走动的步伐应稳重自信，姿态自然大方，速度不宜过快，否则会给人紧张、不自信的感觉；其次，教师走动也不宜过于频繁，不停地走动容易扰乱学生的视线，加速学生的视觉疲劳；再次，教师不宜长时间在教室后面走动，这样会影响教师和学生的非言语交流；最后，教师不宜长时间在某位学生附近走动，这样会使学生长时间处在高压下，情绪紧张，影响正常思维，而其他学生由于受教师的关注减弱，有可能出现注意力不集中的情况，还容易使其他同学觉得老师偏心，只关注小部分学生，从而影响绝大部分学生学习的积极性。

**(七)教师仪表**

教师的个人仪表包括发型、服装、装饰和化妆等，是构成教师人格魅力的重要组成部分。学生特别是小学生往往对教师的个人仪表非常兴趣，而且学生也总是先看到教师的形象，再聆听教师讲课，所以，教师的个人仪表不可小视。

教师的工作性质决定了人们对教师个人仪表有特殊的要求。教师的个人仪表应该素雅、大方、端庄，切忌发式怪异、奇装异服、披金戴银、涂指甲油、浓妆艳抹(如果确需化妆，最好是略施淡妆)，力求通过个人仪表来体现教师的优雅气质和良好修养，使教师成为学生心目中真、善、美的化身。

# 第四章　课堂教学的纪律实施策略

自学校产生以来，人们就一直关注着与学校教育密切相关的纪律问题。夸美纽斯在《大教学论》中设专章论述了学校纪律。他认为，“如果你给学校去掉了纪律，你便算是去掉了它的发动的力量……但是，大家不要以为我们是在希望我们的学校充满呼号与鞭挞的声音。我们所要求的只是教师与学生的警醒与注意”。自从夸美纽斯对班级授课制进行了系统论证后，班级授课制成为学校教学的主要形式。因此，学校纪律客观上就不可能不关注课堂教学的需要，并成为课堂教学管理的重要力量。

## 第一节　纪律在课堂教学管理中的作用

课堂纪律是指在课堂教学情境中，教师为了维持班级秩序、保证教学顺利进行而要求学生必须遵守的一系列行为规范。良好的课堂纪律对于实现教学目标、促进学生知识和能力的获得和健康人格的发展都具有重要意义。

### 一、纪律和课堂纪律概述

#### (一)关于纪律

纪律的内涵较为丰富，就目前的研究文献来看，关于纪律内涵的限定有不同的表述，在不同的表述中又有共同的内容。目前较为常见的定义如下：

观点一认为，所谓纪律，是指政党、机关、部队、团体、企业等为了维护集体利益并保证工作的正常进行而制定的要求每个成员遵守的规章和条文。①

观点二认为，所谓纪律，从一般意义上说，是一种规则和规范。纪律依据规范所规定的标准与要求制定，遵守纪律，可以形成规范；纪律具体体现在规则之中，执行规则就是遵守纪律。强调纪律就是强调规则、形成规范。②

观点三认为，所谓纪律，有三种基本含义：惩罚；通过施加外来约束达到纠正行为目的的手段；对自身行为起作用的内在约束力。③ 这三层意思概括了纪律的基本内涵，同时也反映出良好纪律的形成过程是一个由外在的强迫型纪律逐步过渡到内在纪律的过程。

观点四认为，所谓纪律，是一定的集体为了维护集体的利益并保证工作的顺利进行而制定的，要求每个成员遵守的各种规范和规则。首先，纪律是为维护集体利益所制定的，是正常教育秩序所必需的，主要指向集体生活和活动的领域。其次，纪律以规范和规则的形式存在，是外在约束。④

蒙台梭利的纪律更接近于自律，她认为，人必须是自己的主人。当一个人是自己的主人的时候，当他自动遵守某种生活准则的时候，就有自我控制的能力了。“人的这种自我控制能力我称之为纪律。”⑤

也有观点认为，纪律是一种影响：为了维护令人身心舒畅的课堂环境，教师必须不断影响学生，引导他们对行为负责并且积极地相互交往，这种影响常常被称为纪律。纪律在教育领域中的两种主要定义：一是“学校违纪行为”；二是“教师帮助学生规范行为的所作所为”，纪律(教师的所作所为)是用来预防、抑制和改正违纪行为的，亦即没有违纪行为，纪律也没有存在的必要。⑥

陈桂生在《“纪律教育”引证》中认为：纪律是一种习惯行为体系和一个命令体系二者的统一。“实际上纪律就是使行为符合规范”“纪律意味着在确定的条件下重复的行为”。

---

① 中国社会科学院语言研究所词典编辑部．现代汉语词典．北京：商务印书馆，1996：598

② 成尚荣．新课堂需要什么样的纪律．课程·教材·教法，2004(7)

③ 苏丹兰．课堂纪律管理刍议．山东教育科研，1997(1)

④ 叶平枝．关于纪律与自由的理性思考．早期教育，2002(9)

⑤ www.qboabei.com/bb/xiaribnischa/gsshsow.asp? idd=4200&id xiaribnischa

⑥ [美]查尔斯．建立课堂纪律．李庆译．北京：中国轻工业出版社，2003：3

《辞海》中纪律被解释为纲纪法律和社会的各个组织(如政党、政府机关、军队、团体、企业事业单位、学校等)规定其所属人员共同遵守的行为准则[①]。这些规则包括履行自己的职责、执行命令和决议、遵守制度、保守国家秘密等，以巩固组织，确定工作秩序，完成该组织所承担的任务。纪律有强制力和约束力，对违反者可以实行制裁。它同自由相辅相成。在西方，与纪律相对应的词是"discipline"，含有"训练""风纪""规定""教养""惩戒"之意，是通过训练使个体服从某些规范。

莫勒斯(Moles)从心理学角度指出，纪律是学生遵守与成人主流社会相一致的行为规则。他强调成人主流社会的价值观和规则对学生的规范作用。[②]

在管理领域，人们一般认为，纪律是各种组织为维护其整体利益和保证有序活动而要求其成员必须遵守的行为规则，以规章、制度、守则、规范等形式表现出来，对人的行为起着约束、组织、协调和控制等作用，是维系组织存在、统一组织思想、促使组织有效活动不可缺少的条件，也是管理的一种重要手段，起着积极的管理作用。[③] 纪律注重整体利益的维护和满足，侧重为了整体利益而约束个体。

综合上述各种观点，我们可以看到各种研究对于纪律的定义虽有不同，但均有共同关注之处，具体来说主要集中在以下六个方面：适用范围、利益指向、制订主体、作用群体、作用方式和表现形式。所谓适用范围，都指向某一特定群体或组织；所谓利益指向，即多数定义都强调了纪律的目的性，表明纪律的目的即为维护集体利益和组织活动的有序，是维系组织存在、统一组织思想、促使组织有效活动不可缺少的条件，少数提到其他公民的利益；所谓制订主体，一般都限定为组织；所谓作用群体，特指本组织的构成人员；所谓作用方式，多数指向引导、教育和惩罚；所谓表现形式，即都强调了纪律的具体表现形式，如规则、规章、条文、制度、守则、规范等。此外，有观点强调了纪律是从外部对组织成员产生作用的。

总之，纪律是组织维护其利益，形成组织活动秩序而制订的要求其成员遵守的一系列行为规范，它是一种应然性的规范。纪律存在于活动之中，通过一系列的行为规范来呈现，其直接目的是形成组织活动的某种秩序，根本

① 辞海编辑委员会．辞海．上海：上海辞书出版社，2000：1392

② 王桂平等．国外关于课堂纪律问题的研究述评．外国教育研究，2005(1)

③ 教育管理编委会．教育管理辞典(第二版)．海口：海南出版社，2002：295

目的是实现组织活动的目标，维护组织的利益。

**(二)关于课堂纪律**

课堂纪律是指在课堂教学情境中，教师为了维持班级秩序、保证教学活动和学生学习活动顺利进行而要求学生必须遵守的一系列行为规范，是指对学生的课堂行为施加的外部控制与规则。具体在课堂情境中，是指在课堂教学情境中由教师促成的、学生参与的间接指向学生学习活动的旨在维护正常的课堂秩序和促进学生学习活动顺利进行的一系列行为规范，实质上它是一种有序学习环境的创设，旨在使学生在这种环境中进行有效的学习，表现为课堂中学生的行为准则与秩序。它反映课堂中师生之间、同学之间的关系，受教学任务要求的制约。它不仅包含既定的一系列规范，还包括教师在课堂情境中对学生课堂行为的期望和对这些规范的运用。它具有约束性和导向性，在对学生进行约束的同时也引导学生的思想和行为。课堂纪律包含四个构成因素：目标、内容、条件、评价标准。课堂纪律的目标指课堂纪律所要达到的教育目标；课堂纪律的内容指课堂纪律所指明的具体内容，它标明对学生行为的期望和具体要求；课堂纪律的条件指课堂中学生行为所需要的前提和背景；课堂纪律的评价标准指学生的行为发生后适用的各种奖惩方式，它也是衡量学生行为的基本标准。

课堂纪律是一个由对学生的课堂行为施加外部控制到逐步过渡到学生内在自制与自律的过程。课堂纪律的内容是多种多样的，几乎涵盖课堂的所有方面。依照适应纪律的活动性质而言，主要有出入课堂纪律、点名纪律、上下课纪律、课间纪律、值日生纪律等内容；依照适应纪律的项目性质而言，主要有道德方面的纪律、秩序方面的纪律、人际关系方面的纪律、安全方面的纪律和学习方面的纪律等内容。

依照课堂纪律的成因而言，主要可分为四类，即教师促成的纪律，集体促成的纪律，任务促成的纪律，自我促成的纪律。

教师促成的纪律。这是在学生从幼儿园到小学，各种行为习惯和思想观念还没有转变过来时，教师通过利用入学教育、开学典礼、班团会等多种形式培养班级凝聚力，从而形成的一系列课堂纪律。一般来说，如果课堂纪律仅仅是靠教师促成的，还没有内化为学生的自觉行为，这样的课堂纪律有很大的可变性和不稳定性。这种类型的纪律多出现在初、高中起始年级和小学，它只是对班级管理外部改造的完成，接下来要做的事情还很多。

集体促成的纪律。这是教师促成的纪律内化的一种表现形式，是当遵守课堂纪律成为全班同学的自觉行为时形成的一系列课堂纪律。它具有较强的稳定性，一般不会因任课教师的不同或学科的难易产生大的变化和波动，对个别学生的问题行为的改造作用也十分明显。对班级而言，这是比较理想的纪律形式。

任务促成的课堂纪律。它的形成和学生面临的任务有直接的关系，随着任务的出现而出现，可能会随着任务的结束而减弱，甚至消失，但也有可能会保持下去。学生有很强的好胜心和求知欲，也有一定的自觉性和可塑性，好胜心一旦被点燃，自觉性一旦被激发，可塑性一旦被利用，班级的潜能就可以被挖掘出来。

自我促成的纪律。这也就是人们常说的自律。自我促成的纪律其形成过程是比较漫长和缓慢的，但一旦形成就能受益终身。

## 二、纪律在课堂教学管理中的作用

凡是有目的地从事社会实践活动的地方，都需要管理来协调行动、维持秩序、提高效率。纪律作为学校教育中不可或缺的要素之一对于维护学校教学秩序、促进学生知识的有效获得和健康人格的发展都具有重要意义。良好的课堂纪律直接影响着教学秩序、教学进度及教学质量，是建立良好的教学环境、组织和控制学生行为以保证教学目标顺利实施和实现的一种活动方式。学校纪律因而成为课堂教学管理的有力保障。在课堂教学管理中起着育人与管理的作用。所谓育人功能，就是纪律对学生自律、参与、民主意识等方面素质的养成价值，其指向首先是学生发展；所谓管理功能，就是纪律所具有的约束、调节、督促等方面的价值，其指向首先是组织的正常秩序。具体来说，纪律在课堂教学管理中主要发挥着以下几个方面的功效：

### （一）优化课堂教学管理环境，保障课堂教学活动顺利进行

良好的课堂纪律是有序的学习环境创设的根本保障。课堂作为教师教学、学生学习的物理空间，其中蕴涵着复杂多变的情境和互动。课堂纪律正是通过对课堂中各种教育因素的协调，影响着学生的发展。学校纪律不仅是一种旨在保证课堂生活的平静与有秩序的方法，同时也是保障课堂教学活动顺利进行以实现教育教学目的的重要手段。课堂作为师生活动的集中空间，不可能没有适当的控制。没有控制，就没有秩序。然而，学习终究是学生的发展过程，这个过程不是机械的运动过程。不恰当的控制又必然导致学生的发展受到阻碍。因此，控制与自由的协调，成为课堂生活中必然面对的张力。课堂纪律正是对这一张力的现实处理。良好的课堂纪律是保证课堂教学

活动顺利开展，促进课堂不断生长的动力。

首先，课堂纪律通过创设良好的课堂环境来保障课堂教学活动的顺利进行。良好的课堂环境既包括了课堂中的秩序，也包括课堂中学习资源的合理分配和利用。加思科尔(1997)在《明智的纪律》一文中曾指出，只有在学生被允许对学校和课堂规则具有适度的兴趣时，才能控制课堂和形成一个良好的学习环境。

其次，良好的课堂纪律会让学生感到安全，有自信心。有效的课堂纪律能帮助学生在焦虑过度而威胁纪律之前稳定情绪，产生情绪安全感，降低焦虑的强度。如果老师放任自流，班级课堂纪律混乱，学生就会感到不安全，会对老师失去信心，从而导致学生对学习失去信心，影响学习成绩。那样，后果将不堪设想。课堂是传道、授业、解惑的地方，课堂纪律就可以保证课堂处于一种安静、严肃的氛围中，促进学生的学习。因此，教师只有抓住课堂纪律，才能顺利实施课堂教学。可以说，良好的课堂纪律是教师实施课堂教学的保证。

**(二)增强学生集体凝聚力，提高课堂教学管理效率**

学生集体的教育影响力是教学效率和学生健康发展的重要保证。客观上，纪律不仅是对学生行为的一种制约，更应表现为是集体行为的一种认同，是一种维护集体基本利益的有效保证。首先，纪律是以集体利益为基础的。在倡导尊重学生个性发展的今天，强化纪律主要是使每个学生的权利得到保障，得到自由和发展。对学生强化纪律不是一种负面强化，而是从学生发展的实际要求出发，帮助学生在平时的学习生活中能依照学校的规章制度对照自己的言行。其次，纪律是帮助学生在长期的学习生活中，达成集体目标逐步形成学习认同。通过纪律教育使得学生在学习生活中对自己的行为习惯进行有效的教育调适，使自己的学习生活目标与集体目标趋于一致，积极寻求与集体共同发展的平台，实现集体和个人高度的纪律化。强化学生的纪律意识，可以帮助学生自觉养成良好的行为学习习惯，形成一种良好的学习氛围，可以克服在学习生活中的浮躁，促其相互合作，正确处理好学习与其他活动的关系，努力提高学习效益。在某种意义上，纪律是改善学生行为的有意识、有目的的行动，制订纪律的目的是提高学校效率。它通过详细的规定约束学生的行为，使学生的行动具有一致性，来解决学生的合作和交流等问题，并维护集体和个人的利益。因此，它是达到集体目的的最好方式，也是良好的教育集体的外部表现形式，还是每个人充分发展的保障。[①] 研究显示，有效的课堂管理者都会在学年的开始花一定的时间来制订课堂规则和程序，以便顺利进行课堂教学和减少课堂上的捣乱行为，从而增加教与学的时间，提高课堂教学的有效性。在课堂环境下，纪律实践还可以促进人们更有效地利用教学时间，完成教学任务，促进学生知识的获取。心理学家弗雷法利克·琼斯研究认为，正常的情况下，教师会因学生的违纪失去50%的课堂教学时间。[②] 对于特定环境而言，纪律总是为了提高团队效率、维护组织利益的，是被导向改善组织行为的有意识、有目的的行动，它被用来应付“不确定性以及无法预见的意外事故”。良好的纪律可以引导学生养成良好的行为习惯，可以增强集体荣誉感，促进学生的身心健康发展。

**(三)规范课堂行为，维持课堂秩序**

课堂纪律是课堂成员应该遵守的保证课堂秩序和效益的基本行为要求和准则。它通过规约学生的行为，逐渐深化学生对纪律所体现价值的认同，加强行为的自我控制，并进而养成良好的行为习惯。在学校教育范围内，纪律具有存在的必然性和必要性。即便把教育仅仅理解为知识传递，纪律也是一种不可忽略的维系教学秩序的工具。首先，增强学生间的互动机会，凸显人文关怀。学生间的交往互动有利于学生之间的沟通交流，有利于学生学会遵守集体生活中的基本要求和行为习惯，对自己的言行进行有效控制，对要求有一定的适应，规范自己的言行举止。课堂纪律赋予课堂行为以一定的意义，具有规范、约束和知道课堂行为的效力，使课堂成员明了行为所依据的价值标准，知道应该做什么，不应该做什么。从一开始就约束规范课堂成员的行为，有助于维持良好的课堂秩序和及时纠正问题行为，建立良好的课堂内部环境。实践证明，及时而适宜地将一般性的要求固定下来，形成学生的课堂行为规范，并严格监督执行，可以避免课堂混乱，维持课堂的良好秩序。相反，如果教师不注意课堂纪律的建立，只凭着不断提出的各种要求、指令维持课堂秩序，就容易造成管理效率低下、时间的无益消耗和问题行为的产生。

**(四)培育良好行为，促进课堂学习**

学生正处于成长阶段，很多方面都还不够成熟，需要正确的引导，促使

① 吴式颖．外国教育史教程．北京：人民教育出版社，1999：619～621

② ［美］查尔斯．建立课堂纪律．李庆，孙麒译．北京：中国轻工业出版社，2003：4

他们经过不断的学习，逐步做到自我控制和自我调节，养成自律的品质。首先，课堂纪律作为一系列明确的具体要求，使课堂中学生之间的互动有了依据。课堂纪律一旦被学生所接受，就会逐渐内化为学生的自觉性行为，就能唤起学生内在自主的要求和自我管理的欲望，激发学生自我管理的动机状态，形成心理上的稳定感，使学生自律，养成良好的习惯；其次，课堂纪律通过促进交流和互动，来促进课堂教学活动的有效展开；再次，恰当的课堂纪律可以提高合作程度。纪律可以帮助人们在分工协作中的利益达到合理的分配，把阻碍合作因素减少到最低限度，从而使课堂成为活动主体之间相互作用、相互制约、遵守社会规范而形成的稳定的、连续的、有机的统一状态，保障课堂教学活动的顺利进行。适宜的纪律，使学生之间目标一致、相互合作、和谐相处，容易建立起良好的情感，形成愉快和谐的群体生活，从而形成和谐、活跃的课堂气氛，引发学生的成就动机和进取心，建立良好行为的积极的正向强化，促进发展良好的课堂行为。因此，课堂纪律对课堂教学管理的课堂行为和课堂学习具有导向和激励的作用。

**(五)培养学生良好个性品质，促进学生全面发展**

如果把教育理解为人格养成，纪律更是一种无法回避的载体。在与人交往的过程中，学生会逐步明确自己个性品质中优秀的一面，扬长避短，改正不良的行为习惯，从而形成良好的个性品质。课堂纪律有助于学生道德准则和道德义务内化，使学生把外部的行为准则与自己的自觉要求有机地结合起来；同时，课堂纪律有助于学生人格的成熟，使学生在对持续的社会要求与期望作出反应的过程中，形成独立、自信、自我控制、坚持忍受挫折等成熟的人格品质。良好的课堂纪律的形成需要班中每一位成员的自我约束，这也是一个锻炼意志品质的过程。

课堂纪律有助于学生的社会化，它使学生了解在各种场合受赞同或默认的行为准则，也有助于学生人格的成熟。课堂纪律为学生的行为确定界限，它使学生了解纪律是通过一系列的规则为人的活动划定界限，告诉人们能做什么和不能做什么。这种界限的划分包括人体本身各种机能的“训练”，也包括权利和义务的明晰、活动空间和活动范围的确定。在班级这个大环境中，每个学生的个性都会得到老师和同学的评价和认可，学生的个性会因为老师和同学的评价而发生改变，从而使学生的个性社会化。从学生需要的基本素质上讲，符合教育要求的纪律及其实践活动，可以帮助学生形成规则意识、公平意识、平等交往的意识等。

总之，课堂纪律是正常开展教学活动的根本保证。无论在我们所批判的过去传统教育中还是在我们目前正在开展的素质教育及新课程改革的课堂里，关注纪律、建立良好的课堂纪律，都应该是我们矢志不渝追求的。只是抓课堂纪律也要注意方式方法，考虑它有哪些类型，它和问题行为有什么联系，它和任课老师又有什么关系？然后再本着对学生负责的态度去认真管理。

## 第二节　纪律与课堂常规的建立

有效的课堂教学管理需要通过明确有序的课堂常规来实现。一套行之有效的课堂常规，能保障课堂教学有条不紊地展开。教师在教学中注重纪律与课堂常规的建立，有助于学生形成课堂行为规范，提高课堂管理效率。

### 一、课堂常规及其特点

所谓“常规”，顾名思义，就是经常实行的规则。这种规则是人们正确认识客观事物的规律性的反映，也是人们适应规律、按规律办事的有效依托。在教学过程中，按照教育教学一般的规律形成的合理规章制度，让每一个课堂成员都必须遵循的、保证课堂秩序基本行为的要求或准则，我们把它称作为“课堂常规”。

课堂常规是每个学生遵守的最基本的日常行为标准，是维持正常的教学秩序，协调学生的行为，以实现课堂教学目标而要求学生共同遵守的行为规范，是教学过程中师生互动、生生互动所形成或遵循的一种习惯性、制度化、合法化的规则；课堂常规是在课堂语境中，为完成课堂教学管理任务而作出的一些具体规定和采取的一些行之有效的做法。它是一个系统，是一种存在于课堂中的微观制度，具有管理学生、保证课堂教学顺利进行的功效。它赋予学生的课堂行为以一定的意义，使学生明白行为所依据的价值标准，懂得应该做什么，不应该做什么。当课堂规则一旦被学生所接受，就会逐渐内化为学生的自觉行为，可以唤起学生内在自主的要求和自我管理的欲望，激发学生自我管理的动机，形成心理上的稳定感，并养成良好的自律习惯，从而使学生课堂行为规范化。

课堂常规具有如下一些特点：一是基础性。课堂教学是教师引导学生按照明确的目的，循序渐进地以掌握教材知识为主的一种教育活动。从学校全部工作的比重看，教学工作所占的时间最多，涉及的知识面最广，对学生发展的影响最全面，对学校教育质量的影响最大。因此，教学是学校的中心工作，而课堂是开展教学的主要阵地，课堂常规理所当然成为课堂教学管理工作的基础；二是普遍性。由于是常规，不论什么类型的学校组织教学活动都应遵循。课堂常规中、小学校要讲，大学也要讲；三是继承性。课堂常规是人们在长期的课堂教学与管理实践中逐步形成并沿袭下来的，因而它有继承性；四是整体性。教与学和管之间是一种相互影响的关系，共处同一管理系统中，课堂常规既有教的常规，还有管和学的常规，管、教、学三位一体，缺一不可；五是制约性。课堂教学管理是一种全方位的群体性的实践活动，“不以规矩，不能成方圆”，离开了“规”，教学一定乱套。因此，这种“规”必然具有制约性，且常常作为检验教学的一种尺度而发挥其导向作用；六是动态发展性。课堂常规的“常”是相对的，课堂是一个不断变动的组织，因而课堂常规也是动态发展的。

## 二、纪律与课堂常规的建立

经常实行的规则称为常规，它是一种指导或约束。从一般意义上说，纪律是一种规则和规范。纪律依据规范所规定的标准与要求制订，遵守纪律，可以形成规范。纪律具体体现在规则之中，执行规则就是遵守纪律；强调纪律就是强调规则，形成规范。从范围来讲，纪律是课堂常规的组成部分。课堂常规一般包括课堂教学管理制度、学生守则、教师和学生的日常行为规范等。常规在课堂语境中实际上可以理解为课堂纪律。

### （一）加强纪律与课堂常规建设的重要意义

课堂从传统的安静有序转变到热闹有序，给教师组织课堂教学带来极大的挑战，适宜而有效的课堂规则会给教师增添一臂之力，但这需要教师在课堂教学中进行实践、反思、总结，才能建立一套适合自己课堂的课堂规则。

纪律与课堂常规对课堂教学管理的顺利进行起着非常重要的促进作用，但并非所有的课堂纪律都能发挥正向的促进功能，这取决于教师对学生的估价。如果教师对学生持正向估价，相信学生在课堂上的行为和学习表现，所确定的课堂纪律与常规就会起到积极的促进作用；如果教师对学生持负面估价，认为学生懒惰散漫，所确定的课堂常规与课堂纪律就会侧重于控制与维护，甚至采取一些强加措施或追求一些消极的涟漪效应。事实上，主要指向惩罚的纪律与课堂常规常常会引导学生关注消极方面，反而淡化学生的积极动机与态度，从而进一步强化低水平的道德发展，无助于发展学生高水平的、具有社会价值的道德水准。可见，消极、负向的课堂纪律与课堂常规不利于课堂行为和课堂教学；而积极、正向的课堂纪律，不仅具有维持功能，而且更能激发课堂的正向气氛，促进课堂行为与学习。建立积极、正向的课堂常规无疑是课堂教学管理的正确选择。建立课堂常规的目的，是要使课堂中的教学活动得以顺利进行，使学生享有愉快、和谐的群体生活。要达到这一目的，就必须认真细致地对待课堂常规的建立工作。

有效的课堂管理，实际上是在建立有序的课堂规则的过程中实现的。教师每天面对的是几十个性格各异、活泼好动的孩子，如果没有一套行之有效的课堂程序和常规，就不可能将这些孩子有序地组织在教学活动中。实践证明，教师加强课堂程序和常规的建设，适时将一些一般性要求固定下来，形成学生的课堂行为规范，不仅可以提高课堂管理效率，避免秩序混乱，而且一旦学生适应这些规则后会形成心理上的稳定感，增强对课堂教学的认同感。例如，音乐课要求学生上课时随着教师的琴声一行行列队轻轻走入教室，在音乐声中向老师问好、坐下，下课后仍按小组队形跟着音乐节奏轻轻退出教室。这样的要求一旦成为学生的行为习惯，就可以长久地发挥作用，产生积极的管理效益和教学效果。相反，一个教师不注重这些课堂程序和常规的建设，而在上课时只凭着不断提出各种要求、指令维持课堂秩序，这样不仅浪费时间，管理效率降低，而且往往因要求不当引起新的课堂问题行为。

**(二)建立课堂常规的依据**

课堂常规的建立受多种因素的影响。一般来说，课堂常规的建立主要依据以下四个方面。

1. 法令与规章

有关的法律法规和相关国际公约的基本规定以及学生守则、学生行为规范条例、学校规章制度等，在很大程度上可以说是课堂教育教学活动的根本指导原则，其中也反映了学校教育目的的培养目标，是建立课堂常规的重要依据。《中华人民共和国教育法》规定，学校可“依照章程自主管理”，须“依法接受监督”。这表明学校的自主管理权必须在法律的约定下行使，遵守我国法律的约定是学生纪律最基本的要求。教师在制定课堂常规时，要特别注意《教育基本法》《教师法》《未成年人保护法》等相关法律的规定，也要注重各种地方性法规文件，还要注意学校自行制定的校规，尤其要考虑与学生有关的条文与规定。一方面，这些法律规章和制度措施，是学生必须遵守的，教师应该把这些相关的规定融入课堂常规之中；另一方面，课堂常规要考虑这些规定所赋予的权利，绝对不能与法律相悖，绝对不能侵犯学生的人身权利和损害学生应有的利益。在我国正在逐步走向法治的今天，衡量学生纪律好坏的标准，已不仅仅是管理效率的高低，同时还要看其能否实现对权利的正当保障，这样的价值导向才是完整的。① 因此，在建立课堂常规时，教师特别要明确哪些要求是学生必须遵行的规定，哪些是绝对禁止学生违反的，并说明学生违反规定所伴随的后果。

2. 学校及班级传统

学校和班级长期以来形成的那些对课堂教学活动起着保障与促进作用的优良传统，是经过实践检验并被证明是行之有效的。这些传统虽然并非都适宜于新的课堂，但可以提供一种经验、借鉴或参照。一位优秀的教师，总是能够从班级传统中寻求合理而有效的课堂常规，因为这些常规一般是经过长时间的实践，并在实践过程中表现出积极的倾向。纪律与课堂常规要根据班级纪律的整体状况和学生的性别、年龄、个性等灵活制定。

3. 学生及家长的期望

学生是教育活动的主体，学生的期望自然应该受到重视。只是学生尚不成熟，而且不同年龄或来自不同背景的学生，期望并非完全相同，甚至有可能互相冲突。因此，在考虑学生的期望时要进行选择，并要特别注意正向的、积极的期望。家长往往对其子女有特定的期望与要求，学校虽并非以满足家长的要求为目标，但家长合理的期望对实现学校教育目标是有意义的，家长期望学校及教师予以加强或消除的行为也应该受到重视。

4. 课堂风气

课堂风气即课堂成员间持续而稳定的互动所形成的某些占优势的态度与情感的综合状态。不同课堂往往有不同的风气，有的课堂积极而活跃，有的课堂拘谨而刻板，有的协调而相辅相成的，课堂常规是否妥帖，直接影响课堂风气。反之，课堂风气的状况也影响着课堂常规的制定与建立。例如，如果课堂中存在着学生上课时不认真、吵吵闹闹，课前课后很少预习和复习等

---

① 夏民等．论高校学生管理工作的法治介入．江苏大学学报(高教研究版)，2003(6)

风气，在制定课堂常规时就要求侧重学习生活方面的常规，改善学习风气；如果学生太重学业成绩，形成恶性竞争，就要求侧重友爱、合作、互助等道德方面的规则，改善学生间的人际关系。

**(三)制定纪律与课堂常规的原则与要求**

1. 课堂常规应明确、合理、必要和可行

为保证课堂常规的科学性、适应性和合理性，课堂常规应描述清楚、指向明确，还应正面措词。对于做不到的规则，暂时可以不定，或将其分解成数个层次规则。课堂常规如果以“合理”规范为特征，则不仅可以保证规范的真正落实，而且能使教学管理更为有效。课堂常规明确、具体、可操作，既能控制、调节教师的教学行为，同时又不过分地约束、限制他们的主动性和创造性。校规应该是保护学生权利的工具，但如果其中的规定不明确，就有可能导致侵犯学生权利的后果。因为模糊的规定使得教职工和学生难以清楚地认识学生的权利，不能为校园生活提供指导，进而使得纪律条文不可能达到完全的明确而不产生任何歧义。如类似于“注重自己的行为”这种规则对于学生而言显然是不明确的，难于起到约束与指导作用。又如“上课要坐端正，两手要放在背后”，这种规则既不合理，也无必要，而且是消极、负向的，不利于学生的学习。再如“上课期间禁止上厕所”，这种规定不但学生很难做到，而且不利于学生的身体健康。

课堂常规不仅应该是教职工的行为准则，也应该是学生的行为准则。各项纪律规定之间应该统一协调，不得相互抵牾。纪律与课堂常规的制定考虑学生的可接受性。如果用语含糊，则应做出对学生有利的解释。它应该明确告诉学生：什么事情不能做，否则会有何种后果，只要不做这些事情，就享有不受干涉的自由。[①] 在此，我们建议把师德规范与教学规范相分离。如“按时上下课，不得自行调课、停课”“上课不能使用手机”等有关内容应纳入师德要求，与教学要求相区别。这样不仅能避免因课堂常规面面俱到却又不易解决问题产生的尴尬，还能更有效地引导教师提高教学水平。课堂常规不是要把人管死，而是要把人管活。只这样，才能通过课堂常规的制定，真正走出教学工作高效率的新路。

2. 课堂常规应体现民主原则，通过师生的充分讨论来共同制定

课堂常规不可由教师凭个人好恶独断设立，而应经过学生的讨论与认

① 丁静．新课程背景下对课堂常规的反思．全球教育展望，2005(7)

同，应是教师指导下学生积极参与制定的结果。有研究指出，规范既可自上而下地规定，更需通过学生集体的约定而形成。学生通过参与讨论，共同磋商制定的课堂常规会更易于被学生认同和内化，更易于学生自觉遵守并乐于承担责任，教师执行起来就会顺利得多。因此，教师制定课堂常规时应该提供机会让学生参与制定课堂常规，给予学生更多的参与权，将学生吸纳进来，让学生成为纪律的主人，来与教师共同制定规则，并让学生明白这些常规的必要性和严肃性。这样，让学生感觉这不是一种外在的强加之物，而是与自身利益密切相关的东西，是经由自己的意志来制定的规则，纪律就有可能变成他们自愿向往的东西，学生遵纪就会逐步由外在转向内在，由被动转向主动，由暂时转向持久。这将不仅使学生成为规范的履行者，而且使学生承担某种规范执行的监督者，从而把对学生行为的“管理”与教育变成学生自我“管理”(相互监督)与自我教育(相互影响)，达到从小培养他们自我管理、自我协调、自我控制、自我改进等能力的目的。教师作为“平等中的首席”，作为规则的指导者参与进来，立足于民主平等的师生关系，与学生进行沟通、磋商，引导、促进规则的实施。例如，可以在充分了解班级的特点之后，先由班主任有针对性地根据班级的情况制定相应的规则，再经过全班同学的共同讨论和协商进行修改补充，认可之后，由全班同学在规则上签名，作为承诺，表示愿意遵守自定的规则。这样的规则更容易使学生接受，并且容易实行。

让学生制定、修改他们必须遵守的规则具有重要育人价值。陆有栓教授指出，这种方法的价值在于，它可以促进儿童智慧、情感和意志的发展，从而导致自觉的行为。在讨论过程中，儿童能够学会从不同角度来看问题，逐渐克服自我中心的思维。讨论可以增强学生对道德问题的分析能力和对纪律的理解，也就是说，同教师的直接规定相比，学生会更加明了纪律在保证他们合作的活动中的价值。在讨论的过程中，自己的意见得到了表达和说明，同时必须容纳他人的意见。这可以培养互相尊重的情感，而这正是自觉纪律所不可缺少的动力之一。此外，同学之间意见的交流，增进了相互之间的了解，加强了他们的团结，这种过程本身就是一种生动活泼的“纪律教育”。总之，由儿童自由讨论而决定的纪律规则，在儿童的心目中不是作为外来意志的产物而感到“必须”这么做，而是作为协调同学之间平等关系的准则而感到“应该”这么做。这种纪律获得了道德意义，有利于儿童主动性、积极性和创造性的发挥。[①]

民主的好处还在于它能够把尊严转嫁给每一个学生，而不是由学校和教师单独承担。如果纪律的制定出了问题，将由学生来承担部分责任，而让学生承担自己力所能及的决策风险，让他们主动承担责任，对于学生的发展肯定是大有裨益的。[②]

当然，民主绝不是无法无天，也绝不是抛弃任何权威，而是改变权威产生的方式和权威发挥作用的方向，以认同为基础的权威是最坚实的。[③] 最后要说明的是，一些规则是不可以通过民主的方式改变的，比如，人的尊严以及对学生作为人的尊重都是不可以通过民主的程序损害的，学生的基本权利也不是多数人的意见可以剥夺的。如果取决于多数人表决，那么学生权利就有可能遭受损害，尤其是那些不遵守纪律的所谓差生的权利更是如此。

3. 课堂常规应少而精，内容表述以正向引导为主

课堂常规的制定应简化数量指标，简化操作程序，使教师容易掌握，也使课堂气氛较为宽松，课堂人际关系较为和谐。教师要对所讲的课堂常规进行归纳、删改，避免那些不相关或不必要的规则，制定出尽量简明的、最基本的、最适宜的规则。一般以 5～10 条为宜。如尚不够全面，也应等学生学会一些规则后再逐步增加。如果一次制定得太多，学生一下子难以把握，教师也难以控制。同时，纪律约束的适当范围必须是一种有节制的限制，还基于如下考虑：第一，有规则就有例外，纪律一定有漏洞，各种纪律之间必然有缝隙。学校不可能将所有的问题全部罗列清楚，而且，要给学生保留充实个人日常经验的情境，给学生保留主观能动性发挥的空间，而不能将学生经验的建构完全寄托在学校给定的纪律条文上；第二，虽然人们无从逃离规则之网，每个人的行动都是受制于各种规则的，但是，这绝不意味着，学校教育可以或者必须把所有的规则都做出明确的阐述，并使之形式化。大量的规则是不可能也不必要明确阐述的。而且，纪律虽然明确、具体且可操作，但是，由于特定的规则仅限于调节特定类型的学生行为，一套规则无论多么细致入微，都不可能涵盖所有的学生行为；[④] 第三，当人们的权利互相冲突时，就需要规矩加以调节。在正常情况下，任何机构和团体都不能为了提高效

① 陆有栓．皮亚杰理论与道德教育．济南：山东教育出版社，1984：153

② 贺卫方．撑起中国宪政的九大支柱．法律思想网，2000

③ 徐冬青．走向民主的班级生活．思想·理论·教育，2004(7～8)

④ 黄向阳．德育原理．上海：华东师范大学出版社，2000：102

率、建立良好环境或者其他美好目的侵犯个人权利。因为限制某些权利是为了保护其他权利，所以限制越小越好，只要能够解决权利之间的冲突就行。学校管理者在制订规矩的时候必须遵守这条规矩。

规则制定的目的不应仅仅使儿童听从，更主要的还应该使学生的生命活力得以张扬。课堂常规内容的表述应采用生动、活泼的语言，内容应该具有正面、肯定、引导性的特点，而非抽象枯燥的成人化语言，多用积极的语言，多规定"做什么"，少采用"不准或严禁做什么"之类的词语。传统的课堂规则往往包含过多对行动的禁止，由此便不可避免地限制着学生的自由，压制了他们的生命活力。新课堂常规的制定要采用儿童的视角，也就是说，对于任何一条规定，都应让学生不觉得是对他们的禁止，而是行动号召，是在鼓励和帮助他们，给他们以充分的自由，鼓励他们去活动，为学生的课堂生活营造一种充满生命活力的环境。应该尽量用"你应当怎么做或者怎么做会更好"，避免"不准或者禁止做什么"等语言。例如，用不着教训孩子说"不许摘校园里的花"。而应当对他们说"你们每个人都应当在校园里栽一株花，精心地去照料它"。这种积极、正面的语言既便于儿童切身理解，又能表现出教师对学生的尊重与期望，容易产生良好的心理效应，为学生提供积极的行为目标，产生积极的强化作用。

4. 课堂常规应及时制定和不断调整，实施发展性纪律与课堂常规

课堂常规不可能一开始就尽善尽美，一旦建立起来，就完全符合课堂的各种情境和学生的实际状况，而且学生也不可能真正完全明了课堂常规的基本要求。教师在实施过程中要不断进行检查，并根据各方面的具体情况，加以补充、修改或调整。通常情况下，可以采用活动式的，即每过一两个星期对规则进行修改，并与学生共同讨论，在学生共同参与的情况下对课堂常规予以更新。在需要调整或修改的规则较多时，应先从最重要的一两项开始。

随着新课程在全国的广泛推行，教育关注学生的内在发展已成为人们的共识。新课程的基本宗旨是以生为本，根本目标就在于促进学生的整体性发展。在这一背景下的纪律理念也应该发生转变，纪律与课堂常规应由规范学生行为、束缚学生成长的外在工具转变为促进学生内在发展的教育因素，实现从工具性纪律向发展性纪律转变。工具性纪律是外在、静止、被动和暂时的纪律，发展性纪律则是内在、活动、主动和持久的纪律。因此，教师应抓住学期开始的机会制定课堂常规。在开学之初就与学生共同讨论，了解学生的状况和学习方式，征求学生对课堂常规的意见，与学生共同分享教师的需

要与要求。在开学之初就建立课堂规则与课堂常规，主要也是基于学生与教师双方的共同需求。从教师的角度而言，就是要把他所期望和设想的规则传递给学生，让学生从一开始就明了教师的意图和行为期望。从学生的角度而言，学生需要从一开始就获得关于他们行为的规范，以顺利地适应课堂的学习生活。在这一过程中，教师应保持弹性和折中性，以保证课堂常规得到学生的认同、确认或支持。但教师可以保留最后的否决权。

5. 遵循儿童身心发展的规律，尊重并保障学生的正当自由

不同年龄阶段的儿童在思维特点及社会性发展水平方面各不相同，对规则的理解与内化方面也会各不相同。因此，规则的内容要符合儿童的年龄特征、紧贴学生的实际、切合学生的体验、符合学生的思维特点。

纪律约束的适当范围必须是一种有节制的限制，即“有节制的自由”。着眼于学生自由的纪律，是对学生自由的保障。从这种纪律观念引申出来的规范，势必以多数学生不成问题的行为为基点，它只约束少数可能违规的学生的自由；反之，若把不致妨碍别人自由的行为，也置于纪律的约束之中，势必使多数学生丧失必要的自由活动的空间，从而把纪律推向学生“自由”的对立面。由这种纪律观念派生出来的学生行为规范，必然陷入“规矩越多，越有秩序”的逻辑。以学生自由为出发点的纪律，导致规矩简单、要求有限的“弱化”的纪律；以学校、教师期待的学校秩序为出发点的纪律，按照“规矩越多，越有秩序”的逻辑，很容易形成规矩密集、要求偏高的“强化”的纪律。①

从某种意义上来说，纪律与课堂常规育人与管理价值的发挥也更多地取决于其与中小学生特点的匹配程度。学龄儿童和少年处于独特的发展阶段，其身心发展的特殊情况必须被重视。纪律必须适应学生的心理发展阶段。总之，课堂规则只有建立在尊重儿童生命、尊重儿童成长发展的基础上，才能充分发挥课堂规则在课堂管理中的作用，充分体现课堂规则的价值，从而营造出人性化的管理环境，让课堂焕发出生命活力。

6. 关注学生的独特文化，让学生明确学习任务

学生的独特文化是指学生个体所具有的价值取向和思想观念等，是课堂师生、生生互动的文化基础。只有了解学生的独特文化，才能确立相应的课堂常规。同时，教师要明确课堂任务，使学生感知和理解它，认识到学习于

① 陈桂生．从“上课不举手就发言”谈起．河南教育，2000(8)

自己、于社会的重要性和意义，学生就会以当前的任务来要求自己，在学习自由“度”的范围内自我约束，并将课堂纪律内化为自我意识和自觉行为。学生接受学习任务并积极投入学习的过程，也就是接受纪律约束的过程。只有当学生认识到课堂教学任务的完成需要有相应的课堂常规来保证，认识到课堂内的任何喧闹、骚动都会直接或间接地对其他同学的学习产生影响时，他们才能有正确的思想观念，肩负起维护、管理课堂的责任，从而自我约束，共筑自由课堂秩序。

## 第三节　课堂问题行为的类型与原因分析

课堂规则并非一劳永逸，经常会出现失范，从而使教师不能积极有效地实施课堂管理和激发学生兴趣，导致学生的迷惑、不满，甚至消减学习兴趣，从而造成问题行为。事实上，无论什么课堂，问题行为都是难以避免的。而分析和了解课堂问题行为产生的原因，对于我们采取针对性的策略来减少或控制问题行为具有非常重要的现实意义。

### 一、课堂问题行为及其类型

#### (一)课堂问题行为的界定

20世纪中期以来，国内外教育心理学家和教育社会学家就问题行为这一领域进行了许多有价值的实验研究和理论探索。仅以概念作审视对象，与之相近的概念有：反社会行为、行为失常、不当行为、不良适应、破坏行为、偏差行为、违纪行为、异常行为等，对概念理解的角度不同，对它的界定也就有所不同。

关于问题行为，美国心理学家林格伦下了一个比较经典的定义：“从广义上讲，‘问题行为’是一个术语，它指任何一种引起麻烦的行为(干扰学生或班级集体发挥有效的作用)，或者说这种行为所产生的麻烦(表示学生或集体丧失有效的作用)。”[①]因此，他将“对教师和其他权威人士长期的对抗”“极端的羞怯”“过度的白日梦”“旷课”“长期的不愉快和抑郁”等症状都看做是问题行为的多种表现。

国内学者由于各自的研究目的、对象、内容和研究方法不一样，为问题行为下的定义也不一样，如我国学者孙煌明认为：“儿童的问题行为，是指那些障碍儿童身心健康、影响儿童智能发展，或是给家庭、学校、社会带来麻烦的行为。”[②]《中国教育大百科全书》对于问题儿童的界定则是：“通常指品德上存在严重缺陷且经常表现出来的儿童。”[③]问题行为(problem behavior)指的是个体身上出现的妨碍其社会适应性的异常行为。[④] 即不能遵守公认的正常儿童行为规范和标准，不能正常与人交往和参与学习的行为。

关于课堂问题行为概念的界定，中外学者从不同侧面、不同角度给出了定义。在《心理学大词典》中课堂问题行为解释为课堂中的问题行为(problem behavior in classroom)，指的是妨碍课堂教学—学习过程的行为。[⑤] 国内学者周润智认为，课堂问题行为是指由学生发出的影响教学正常进行的一切举止和言行。[⑥] 施良方，崔允漷等人认为，课堂问题行为是指在课堂中发生的，违反课堂规则，妨碍及干扰课堂活动的正常进行或影响教学效率的行为。[⑦] 孙璐，叶珊认为，课堂问题行为是学生在师生交互作用中产生的影响学习或教学的问题行为。[⑧] 张人认为，课堂问题行为是指学生在课堂上违反公认的行为规范和道德准则，使教学活动不能顺利有效进行的行为。李志等认为：“课堂问题行为就是学生在课堂上表现出来的与课堂教学目的不一致，影响自己或干扰他人学习的行为。”[⑨]马彦宏认为：“课堂问题行为是指妨碍自己的学习，有时还干扰教师的教学和其他同学的学习，直接影响课堂教学的质量

---

① [美]林格伦．课堂教育心理学．昆明：云南人民出版社，1983：187

② 孙煌明．试谈儿童问题行为．南京师院学报，1982(4)

③ 陶然等．中国教育百科全书．北京：中国国际广播出版社，1994：110

④ 林崇德等．心理学大词典．上海：上海教育出版社，2003：1317

⑤ 同上，689

⑥ 周润智．学生课堂行为归因分析．光明日报，1993(6)

⑦ 施良方，崔允漷．教学理论：课堂教学的原理、策略与研究．上海：华东师范大学出版社，1999：290

⑧ 孙璐，叶珊．课堂问题行为心理分析及应对策略．现代中小学教育，2004(10)

⑨ 李志．课堂问题行为及控制．中小学教师培训(中学版)，1997(4)

的提高的行为。”①

以上概念在相当程度上揭示了课堂问题行为的含义，但它们或是从学生的角度或是从教师的角度单方面进行了探讨，往往容易导致重视对学生课堂问题行为的研究而忽视教师的课堂问题行为。众所周知，课堂是由教师、学生及环境组成的复杂的社会体系，师生在课堂中是通过交互影响来完成教学，达到教育目标的。事实上，学生课堂上的许多问题的产生和加重都是由于学校的影响，甚至是教师本身行为的影响。因此，我们在研究课堂问题行为时，既应考虑学生的因素又应考虑教师的因素。

综上所述，课堂问题行为是指学生或者教师在课堂环境中，受一定刺激所引起的、经常发生的、违反课堂规则、程度不等地妨碍及干扰课堂教学管理活动的正常进行或影响教学效率的行为。课堂问题行为是和课堂正常行为相对应的，其基本性质是与课堂目标不一致并影响正常课堂秩序和教学质量的消极课堂行为。

**(二)课堂问题行为的类型**

中小学生的课堂问题行为较多，同时不同年龄阶段的学生表现出不同的问题行为。以中小学课堂中常出现的与正常的课堂秩序发生冲突的行为为标准，根据学生行为表现的主要倾向可将课堂问题行为分为以下两类：

1. 外向性问题行为

外向性问题行为主要包括与同学相互争吵、挑衅、推撞等攻击性行为；课堂上自言自语或高声喧哗，如无病呻吟、唉声叹气、与邻座同学交头接耳、议论与教学内容无关的事等扰乱秩序的行为；做滑稽表演、扮演课堂小丑、口出怪调等故意惹人注意的行为，如做鬼脸、做怪动作等；以及故意顶撞班干部或教师、破坏课堂规则的盲目反抗权威的行为等。外向性问题行为扰乱别人，具有煽动性、捣乱性和破坏性，它直接干扰课堂纪律，影响他人学习，影响正常教学活动的进行，经常惹麻烦，为同学、教师所厌恶，容易被觉察并引起教师重视，教师对这类行为应果断、迅速地加以制止，以防在课堂中蔓延。

2. 内向性问题行为

内向性问题行为，主要表现为在课堂上沉默寡言、心不在焉、神情呆滞、胡思乱想、做“白日梦”、发呆等注意涣散行为；逃避、害怕提问、情绪

① 马彦宏. 中学生课堂问题行为的调查与思考. 普教研究(沈阳)，1993(3)

低落、抑郁孤僻、不与同学交往等退缩行为；看小说、翻杂志、不认真听讲、胡涂乱写、作业马虎、抄袭作业等不负责任的行为；迟到、早退、中途逃课等抗拒行为。内向性问题行为以消极、服从、依赖成人的形式表现出来，对集体和纪律的干扰不明显，不易为教师察觉。虽不对课堂秩序构成直接威胁，但它对学生身心健康和品行发展的影响并不比外向性问题行为的危害性小。因此，教师在课堂管理中不能只根据行为的外部表现判断问题行为，只控制外向性问题行为，对内向性问题行为也应认真防范、及时引导矫正。

**(三)课堂问题行为对课堂活动的影响**

1. 课堂问题行为影响教师的教

自学校存在以来，学生在课堂上的问题行为一直就困扰着教师。当一个学生的问题行为波及他人甚至全班时，教师往往会中断或中止课堂活动，通过训斥学生的问题行为来维护课堂秩序，而这种做法本身就干扰了正常的课堂教学，有时则可能导致与有关学生的更激烈的冲突，从而引起更大的课堂混乱，使课堂教学活动无法顺利进行。同时，教师也因耗费过多时间在学生问题行为的控制上而变得灰心和没有成就感。

2. 课堂问题行为影响学生的学

从心理学角度来看，有课堂问题行为学生的存在，本身就已构成其他学生学习的干扰源。一个学生的课堂问题行为可能诱发另一学生不听课，产生问题行为，也可能把问题蔓延开来，诱发许多学生产生类似的课堂问题行为。可见，学生在课堂中的问题行为影响的不仅是自己的学习活动，也会干扰其他同学的学习活动，使其他同学无法在课堂内有效地进行学习。

3. 课堂问题行为影响学生个性社会化的发展

学生在课堂上出现问题行为得不到及时矫正，不但会影响其本人和同学的认知效果，更重要的是，一个缺乏良好纪律性和自控能力的青少年极易在外界不良刺激的诱惑下出现有害社会的越轨行为。

4. 课堂问题行为影响师生关系的融洽

课堂里的人际关系主要包括教师和学生、学生和学生之间的关系。而这些人际关系在相当大的程度上决定于教师和学生的个人行为。当课堂问题行为出现，师生双方或各自的期望值无法得以满足时，师生之间将发生冲突，在这种状态下，课堂秩序混乱，教学活动根本无法正常开展。特别是新教师，由于缺乏课堂管理的经验，对学生的问题行为常常忧心忡忡，不知如何控制以致处理不当而影响了师生之间的关系，从而阻碍了课堂教学的正常进行。

## 二、课堂问题行为产生的主要原因

课堂问题行为产生的原因是复杂的，它涉及学生认识、情感、行为和人格等多个维度，也涉及教师的教学及环境和家庭等多个方面，是各种问题的综合反映。

### (一)学生因素

中小学生的行为表现受到年龄、年级水平、性别、家庭背景等学生自身特征的制约，可以说，课堂中大量的问题行为与课堂教学主体之一的学生的身心状况直接相关，中小学生的身心发展是课堂问题行为产生的重要因素。学生的课堂问题行为在一定程度上与其个性心理特征如能力、性格、气质、情绪等有联系。以下主要从中小学生的性别、生理、性格类型、认知水平、基本需要五个方面进行分析：

1. 学生性别方面的因素

学生的性别特征对课堂问题行为也会产生一定的影响。一般来讲，男生的问题行为比女学生多一些，这在低年级尤为明显。有研究指出，相对女孩而言，男孩精力旺盛，活动量大，又喜好探究，多性格开朗，勇敢果断，而他们的自我控制能力相对较低，集中注意的时间相对较短，在课堂上常不拘小节、好动，甚至简单粗暴、任性好强，在很小的年龄阶段就显示出较强的侵犯性行为，因而课堂上有碍教学进行的外向性问题行为多发生在男同学身上，特别是外向性问题行为。而女孩的活动多定向于人，她们喜欢交往，富于感情，显示出文静、细腻等特点，且容易自卑、自弃，对人与人之间的关系很敏感，容易获得社交技能；并且她们易受暗示，缺乏果断，较少自行其是，而且集中注意的时间相对较长，因而在课堂上反映在女同学身上的问题行为有较强的文饰性，易于引发内隐性问题行为，外向性问题行为相对男孩而言要少一些。一般而言，男孩较多外向攻击性行为，女孩较多内向退缩性行为。

2. 学生生理方面的因素

不同的青少年儿童具有不同的身心发展速度与水平，具有不同的个性心理特征和心理过程特征，也会表现出与之相适应的行为特征。处于学龄期的少年儿童，生长发育呈现出比较平稳的状态，活动量增大，智力活动处于蓬勃发展时期，他们容易对所学的内容感兴趣，但集中注意力较为困难，且情绪不稳定，易冲动任性，很容易受偶发事件的影响，引发问题行为。进入到青春期的学生，求知欲旺盛，但情绪有着较强的极性特点，或强烈粗暴，或细腻温和，如果教师在教学活动中无视这些差异，或重视不够，都会导致各种问题行为的产生。学生生理上的障碍(无论是短期的还是长期的)也使学生容易产生问题行为，如有些学生在视、听、说等能力方面的障碍，会减弱学生学习的能力和动力，妨碍学生活动的正常进行，易使学生在课堂上出现敏感、不专心、退缩、消沉，甚至烦躁不安、自行其是等问题行为；疾病也是导致学生在教学活动中出现妨碍教学正常进行的问题行为的原因之一，例如，头痛、发烧，或失眠、疲倦等都使学生很难集中精力参与教学活动，易产生课堂问题行为；学生发育期的紧张、疲劳、营养不良等也会引起学生在课堂上精神不振、担心害怕、神志恍惚，进而产生问题行为。此外，神经发展迟缓或神经功能障碍也会造成学生的“多动症”，这种现象容易导致学生注意涣散、活动过度、冲动任性，这类学生易出现活动过多、情绪不稳、大声怪叫、注意力不集中等多种课堂问题行为。

3. 学生性格方面的因素

从心理学的角度看，性格有外向型和内向型之分。外向型性格的学生往往喜欢人际交往活动繁多的环境，能够忍受强烈的噪音和捣乱行为。如果教师坚持要求教学时保持绝对安静，他们在持续一定时间之后必然会感到厌倦无聊，原因可能是没有适应现有的课堂学习环境导致情绪失落及渴望在学习过程中有多样的变化却未得到教师重视，一旦超越了他们的忍耐限度，就会突然爆发，直至做出些捣乱或挑衅的举动。而干扰不断、充满全新体验的课堂学习环境虽然显得十分有生气，但性格内向的学生认为这样的环境会扰乱思维，损害学习效果，甚至有可能对他造成过分的刺激，使他应对乏力，因此也可能突然间大发脾气或是趋于自闭。

4. 学生认知方面的因素

课堂问题行为的产生总是和学生的学习密切联系在一起的，而学生学习状况的优劣与其认知发展水平密切相关，因此，认知能力发展问题成为课堂问题行为产生的原因之一。皮亚杰(Jean Piaget)认为，到了13～15岁，青少年的思维能力超出了只感知具体事物，表现出能进行抽象的形式推理，进入了形式运算思维阶段，但还属于经验型，他们的逻辑思维还需要感性经验的直接支持。因此，如果教师的教学不能适应这种变化，在学生需要更加生动、形象的例子、材料或操作活动来理解某一个问题时，教师却想当然地以晦涩、抽象的讲授代之；在学生已经开始有能力理解那些抽象概念，需要通过独立思考进一步提升思维品质时，教师却一味地灌输，让整个课堂变得索然无味，那么这时课堂问题行为的产生自然在所难免。另外，班级当中学生认知水平的参差不齐，往往会让教师在教学中顾此失彼，而处在两个极端水平的学生则最容易成为问题行为的“源头”。一些学生可能早已进入形式运算思维阶段，能够独立思考和解决问题，一般的课堂教学要求往往无法满足其需要。于是，他们可能总喜欢在教师提问时未经允许就抢先说出答案；在课堂作业完成后用剩余时间“关心”其他同学。而另一些学生则始终停留在具体运算阶段，对每一个知识点都需要反复讲解和练习才能够接受。由于班级授课不可能完全满足其需要，因此课堂中难免遭受挫折。一再受挫后，学生不但会产生对课堂和教师的不安全感和对学习的焦虑，降低自我评价，也会对自己的能力产生怀疑。遭受挫折的学生，易产生紧张、焦虑、惧怕甚至愤怒等情绪反应，在一定条件下这些情绪反应就可能演变为课堂问题行为。

5. 基本需要方面的因素

需要时刻获得他人的关注是人类的天性。美国心理学家马斯洛认为，人的基本需要是有层次的，低层次需要一般要在高层次需要前面得到满足。马斯洛理论的出发点是，人的本性向善，天生就有一种有所作为、被人赏识的需要。课堂中的学生也会通过各种方式引起其他同学和老师的关注。通过努力能够获得成功的学生，会用自己学业的成功获得其他同学和教师的赞赏；而认为通过自己的努力不能获得成功的学生，则会以学习以外的其他方式获得老师和同学的关注，为了在全班同学面前赢得地位，满足自己的自尊心，他们敢于在课堂上满怀敌意地反抗教师，以引起教师对自己的关注。因次，学生的消极行为不能看做是一个坏学生的标志，而应看做是对没有满足他的基本需要的环境做出的一种反应。马斯洛进一步指出，不借助他人就无法满足这些基本需要。最后，他推论说，只有个人的基本需要得到满足后，才可能具有自我实现的动机，或者具有冒险、学习、充分发挥潜力等需要。

**(二)教师因素**

课堂问题行为的产生与课堂教学的另一主体——教师的教育教学失策也是有关的，甚至有些问题行为可能就是由教师直接造成的，因而绝不能把课堂问题行为完全看成是学生自己的问题。

1. 错误的教育观、学生观

个别教师由于缺乏正确的教育理念，在很大程度上容易导致偏态教学行为的产生，从而引发学生的问题行为。如教师将升学率作为指导思想，把分数作为判定学生好坏的唯一指标，因而在教学上搞题海战术，对学生进行超负荷的灌输，学生会因频繁的考试、课业负担过重、同学间的激烈竞争而产生巨大的心理压力，从而滋生厌倦情绪、逆反行为，甚至产生较严重的对抗性行为。这些压力累积到一定程度，就容易导致学生出现问题行为。如果教师缺乏正确的教育观，就会伤害学生的自尊心，使他们产生消极情绪，甚至会导致对抗行为，直接干扰课堂活动的正常进行。

此外，教师的学生观也对学生的行为起重要的制约作用。有的教师认为整个教育教学过程是以教师为中心的，学生是被动地接受外来影响的客体，是被管辖的对象，装知识的"容器""口袋"。持这种学生观的教师常采用"我讲你听"的注入式，习惯于对学生发号施令，利用所谓的"课堂纪律"来维持课堂秩序，而未仔细考虑问题的前因后果，通过纪律约束来树立自己的权威，忽视学生的需要，使学生长期处于紧张、压抑、被忽视的课堂环境和氛围中，隔断了师生间交流的机会，疏远了师生的关系，从而使学生产生了逆反情绪，导致心理上与教师对抗，久而久之就会使学生产生一些寻求发泄、引起他人注意的不良行为。

2. 教学的失误

教师由于受到水平、学识等因素的影响，备课不充分、不恰当，在课堂上讲授时，只顾讲解教学内容，而不讲究教学方法和教学艺术。这种单一的"注入式"知识传授的教学方式使课堂显得枯燥无味，以教师为中心的课堂模式无视学生的存在，有的学生就以问题行为来证明自己的存在，来打发无聊的上课时间。此外，还有诸如教师对学生缺乏了解，教学内容过难或过易，讲课速度过快或过慢；表达能力较差，语言和要求含糊不清；对教学不负责任，懒懒散散；对学生的要求不一致，提出要求也不检查；向学生随意许诺，但总不兑现；软弱无能，缺乏魄力；缺乏自我批评精神，明知错了也要强词夺理；讽刺和训斥学生等教学偏差行为都可能导致教师威信的降低，引发学生问题行为。

3. 课堂管理的行为失范

教师在课堂中缺乏适当的管理，也是引发学生课堂问题行为的重要因素。许多教师过于将注意力放在教学内容的科学化处理上，忽视自己在课堂管理能力方面的锻炼和提高；或是强横专制，一味地追求纪律、接受和服从，却忽视民主，都会导致学生中问题行为的出现。放任自流的课堂管理对学生漠不关心、放弃管教，采取不闻不问的立场，放任学生，又会使纪律松懈，使课堂未能形成良好的课堂气氛和教学环境，学生也因缺乏指正的机会而出现违反课堂规则的行为。而强横专制的课堂管理无视学生的心理需要和情感体验，滥用惩罚，让学生在课堂里感到冷酷无情，容易引起学生的反感，使其产生与老师对着干的逆反心理，诱发学生攻击性问题行为。这不仅将有损于学生的身体健康，而且会导致学生丧失自尊、自爱，在他们的心理发展和性格形成上涂上阴影，从而导致人格偏差，行为上自暴自弃，甚至由此产生品德上的问题行为。

4. 情绪异化

教师异化的情感，如冷漠、易怒、偏爱、偏见等，必然导致偏异的行为，而这种偏异行为，将引发学生的问题行为。在教育教学过程中，有的教师情绪偏激易怒，对待学生哪怕是发生了鸡毛蒜皮之类的错误，也会不顾师德，严加责罚，大发雷霆，把学生当做“出气筒”迁怒于学生，动辄发火、训斥、侮辱、谩骂、讽刺、挖苦学生，很少考虑学生的感受及自己行为的后果，久而久之，造成学生对教师的内心愤怒和反抗，形成师生对立，受伤害的学生会借助不同的方式来表达他们的抵触情绪，如逃学、离家出走、警惕他人等，问题行为因之出现。还有的教师只注重培养优秀生，对他们春风满面、关怀备至，实行种种“优待政策”；对中等学生不太过问，听之任之，认为他们可有可无，好不到哪儿，也坏不到哪儿；而对后进生则不管不问，甚至厌恶、歧视，对他们的态度简单粗暴，动辄训斥、挖苦，甚至搞变相体罚。教师这种对学生不一视同仁的态度往往是学生问题行为产生的直接原因。对优秀生的“偏心”，使他们产生一种“优越感”，优秀生认为自己优秀，进而产生和强化自负、自满和故步自封的情绪，孤芳自赏、不求进取、盛气凌人，甚至打击、嘲讽学习成绩比他差的学生，而一旦自己受到批评或打击，就消极颓废，心理承受不了；对差生的“偏恶”会引发和加剧后进生的自卑心理与逆反心理，使他们难以正确接受教师的批评教育。

**（三）环境因素**

课堂问题行为的产生，除了取决于学生和教师方面的因素外，还与环境的影响有关。调查表明，三分之一的学生课堂问题行为是由环境造成的。影响学生和教师课堂问题行为的环境因素有学校环境和社会环境。

1. 学校环境

学校环境包括物质环境和心理环境两种。就物质环境而言，诸如校址的选择、学校的布局、校园建筑的风格、校园的绿化美化、教室的设计、课堂内的温度、色彩、课堂氛围、教学设备的安排等都对学生和教师的身心产生直接的影响，它们对学生和教师课堂上的情绪、心境都有潜移默化的影响，如果处理不当，就会产生问题行为。课堂中温度适宜、色彩明亮、气氛融洽，学生就可能产生一种愉悦的感受和积极的情绪，从而减少课堂问题行为。相反，如果课堂环境恶劣、气氛紧张，学生就可能会感受到昏沉、懒散的消极情绪，从而增加问题行为发生的可能性。同时，课堂座位的编排方式也与学生的问题行为有关。坐在前排座位的学生，其座位距离教师较近，通常能够积极思考、回答问题、参与课堂活动；但坐在后排座位的学生，其座位距离教师较远，通常有捣乱、睡觉、看课外书等问题行为。此外，课堂周边物理环境不利也会影响学生的正常学习，引起问题行为的出现，比如，任何外来的强光、奇臭、震耳的轰鸣、教室外嘈杂和喧哗及突变的天气条件等，都可能成为课堂上问题行为的刺激源。

就心理环境而言，校风、班风、课堂教学气氛、教学过程中的师生人际关系等程度不等地影响学生和教师的课堂行为。如学生和教师以及同学的关系最能影响上课时的情绪。其中教师的教学风格和师生关系的性质起主要作用。师生之间的关系不融洽、同学之间不和睦，容易导致学生和教师不满、烦闷、厌恶、紧张、焦虑等消极的情感态度，阻隔师生之间、生生之间的情感交流，从而妨碍课堂教学活动的正常进行。经验和研究均表明，独断或放纵的领导作风、紧张的师生关系显然会导致更多的问题行为。

2. 社会环境

我们的社会正处于转型时期，生活节奏日益加快，人们竞争日趋激烈，价值观念呈多元化态势，这不仅对尚未成熟的中小学生适应社会生活增加了难度，对教师也是一种挑战。一些教师由于受不良思潮的影响，在价值取向上倾向于功利化，过分强调个人的生活待遇，物质和金钱对他们具有极大的诱惑力，往往以报酬论工作，面对社会生活存在的脑体倒挂、分配不公和某些腐败现象，以及部分社会成员对教师职业的轻视，心理上失去了平衡，乃至产生严重的心理挫折，造成对职业的倦怠和疲软心理，产生对教育工作的错误态度，以致放弃自己的职责，在工作上身在其位，无心施教，甚至千方百计谋求改行，这种种问题不可避免地延伸到课堂，引发出各种教师问题行为。对学生而言，面对现代生活方式的挑战和日益加快的生活节奏，中西文化的融合，西方道德伦理观念的涌来，他们的世界观变得含糊不清，相互矛盾；还有在广播、电视、电影和书刊等大众媒体中所接触到的诸如暴力、色情、凶杀、追求感官刺激等庸俗的、商业性的、低级趣味的内容，也会使学生受到影响，耳濡目染、潜移默化，甚至盲目模仿、具体尝试其中的动作与行为，这些行为也就不可避免地延伸到课堂中。这些行为使学生产生性格障碍。从而导致学生在课堂上问题行为的出现。

**(四)家庭因素**

课堂问题行为的产生除了课堂教学主体和环境因素的影响之外，还与家庭因素密切相关。作为摇篮教育的家庭教育，是学校教育和社会教育的基础，是塑造培养教育人的第一个环节。与学校教育和社会教育相比，家庭教育是通过耳濡目染、潜移默化的方式进行的，最具直观性，最富情感性，也最易于把各种道德规范内化为个体道德品质。孩子从家庭成员的言行举止、相互关系、工作心态以及社会交往中受到很大影响。家庭的不良影响和教育是儿童产生问题行为的原因之一。

1. 家庭结构的变化

由于社会的急剧变革，家庭结构也发生了很大的变化。在城市，随着离婚率的上升，离异家庭也越来越多，父母的离异给子女带来了心灵上不可磨灭的创伤。因为父母离异前的一段时间对子女的教育是弃之不顾的，而离异后的家庭教育却是不是缺爹就是缺妈的不圆满教育，重组的新家庭由于孩子心理失去平衡，往往对继父或继母产生敌意，多数情况下教育都是失败的。我国有学者曾对离异家庭子女的社会性发展特点做过具体研究，结果发现与完整家庭子女相比，离异家庭子女与同伴、与父母的关系均较差，自我评价较高，表现出问题行为的人数多。而在农村，由于市场经济打破了我国农村单纯小农经济的模式，越来越多的儿童成为留守儿童，于是农村出现了单亲教养、隔代教养、亲戚搭帮教养等多种形式的家庭教养结构。这种家庭环境的变化，给孩子们的心理造成了极大的压力，使他们在性格、情绪上出现了严重的心理问题，直接影响着他们在学校的学习和表现，在调查中我们就发现，农村学生的心理问题高于城市学生。

2. 家庭教育功能的欠缺

家庭的教育功能主要反映在家庭教育的能力、水平，教养的态度和方式方法上。许多事实证明，家庭教育功能的欠缺或丧失，是形成儿童问题行为的一个重要因素。父母教育的不一致和只养不教是当前家庭教育功能欠缺的主要表现。父母对子女的溺爱、放纵、袒护、打骂等不良的教养态度和错误方式，常使孩子形成反抗、暴躁、屈从、打骂、欺侮人等问题行为。特多塔(R. J. Trottel，1972)的研究表明，父母惩罚的程度与青少年犯罪以及攻击性行为有正相关。米奇尔(S. Mitchell)和谢泼德(M. ShePard)的研究表明，儿童在家庭的偏态行为与学校里的低成绩和不守纪律有显著正相关。如父母打骂孩子；父母感情不好，家庭关系紧张；父母对子女期望水平过高或过多干涉子女的个人生活；对子女过于粗暴、严厉或冷漠、不信任都易使学生产生敏感焦虑、畏惧、不合作、厌学等不良心理状态，诱发课堂问题行为的出现。父母对孩子过分溺爱，过分保护也会限制儿童活动的积极性和独立性，压抑其创造性，妨碍他们与他人的正常交往，一旦离开家庭、离开父母的保护，受到挫折之后，便会产生焦虑、失望和自卑等情绪型的问题行为。同样，教师也不可避免地会受到家庭因素的影响，诸如家庭结构的变化、经济状况不佳、居住条件不好以及家庭成员之间的关系僵化等都会程度不等地影响教师的行为，诱发教师课堂问题行为。

3. 不良家庭教育方式

在诸多影响儿童社会化发展的家庭因素中，父母教养方式是最重要的一个。正是通过父母对子女的教养行为，才把社会的价值观念、行为方式、态度体系及社会道德规范传递给儿童。有的父母采取放纵型教养方式，放任孩子自己做决定，即使他们还不具有这种能力，例如，任由孩子自己安排饮食起居，纵容孩子贪玩、看电视、上网。父母很少向孩子提出要求，如不要求他们做家务，也不要求他们学习良好的行为举止；而对孩子违反规则的行为采取忽视或接受的态度，很少发怒或训斥孩子。这种教养方式下的孩子大多不成熟，他们随意发挥自己，往往具有较强的冲动性和攻击性，而且缺乏责任感，合作性很差，很少为别人考虑，自信心不足。有的父母采取忽视型教养方式，这类父母对孩子既缺乏爱的情感和积极反应，又缺乏行为方面的要求和控制，因此亲子间的互动很少。他们对孩子缺乏最基本的关注，对孩子的行为缺乏反馈，且容易流露厌烦、不愿搭理人的态度。这种教养方式下的孩子与放纵型教养方式下的孩子一样，具有较强攻击性，很少替别考虑，对人缺乏热情与关心，这类孩子在青少年时期更有可能出现不良行为。

总之，课堂问题行为产生的原因是十分复杂的，可能是学生和教师自身原因所致，也可能是不良环境造成的，还可能是家庭问题行为或社会问题行为的延伸，或是受同伴团体的不良影响，总的来说，它是教育过程中的主体、环境和家庭等因素共同作用的结果。课堂问题一旦产生，便很容易蔓延，诱发许多类似或其他的问题行为。处理不当，容易引起教师与学生之间的冲突和课堂纪律问题，影响课堂教学活动的正常进行，影响教学目标的实现，还会影响学生的身心健康，甚至伤及学生的人格发展。因此，通过认真而细致地观察、分析和正确的归因，采取有针对性的策略，减少或控制问题行为，才能确保课堂活动有序而有效地开展，才能切实提高课堂教学管理的质量。

## 第四节　课堂问题行为的调控

培养学生良好的行为习惯是课堂教学管理的基本任务之一。而课堂问题行为又是教师经常遇到而又非常敏感的问题，处理不好，就会损害师生关系和破坏课堂气氛，影响课堂教学管理。这就需要教师在教学中用发展的眼光来看待在课堂上出现问题行为的学生，并采取有效的调控策略予以应对和矫正。

### 一、课堂问题行为管理模式的理论探讨

20世纪60年代以来，学者们开始对课堂问题行为进行大量的探索和研究，形成了各具特色的课堂行为管理理论，其中最主要的有以下几种：①

1. 德莱克斯模式

根据德莱克斯(Rudolf Dreikurs)等人的观点，儿童们都形成某些重要的防卫机制旨在维护他们的自尊，学生的所有行为都有其特定的目的。还指出学生表现出课堂问题行为是因为他们没有能力做出必要的个人调节以适应在个人间结构平等的群体中共存的需要。在这一模式中，教师的主要作用就是分析一个特定学生的不良品行，然后以个人谈话的方式来帮助学生理解他自身行为背后的目的。同时，教师还要让学生体验其不良行为的自然后果，通过自然后果教会学生评估情境、做出负责的选择和从经验中学习。教师还应

① 樊建华编译. 课堂管理的主要理论模式. 外国教育研究，1995(3)

鼓励学生并帮助其建立期望行为的规则、列出不良行为的后果，鼓励学生对表现良好行为做出承诺。这一理论模式强调的是学生的需要和自我约束。

2. 格拉舍模式(the Glasser Model)

又称现实疗法模式。格拉舍(Glasser)认为，人有两种基本需要，即爱和被爱的需要，期望自己的价值得到自己和他人的认可的需要若得不到满足，就会感到焦虑、自责、愤怒，就会变得逃避和不负责任，从而导致问题行为。这一模式还提供了现实疗法的基本程序：联系学生，正确对待学生面临的问题行为，形成判断，制订计划，做出承诺，不接受借口，承受自然后果。在这一过程中，要表明教师只是处理学生的行为，而不是学生本人。还要表明行为改变的责任应由学生自己，而不是教师负责。

3. 库宁模式(the Kounin Model)

这一模式更注重群体的整体特征，注意与群体动力相关联的领导的质量，侧重于预防性教育常规和群体管理技术。正如查尔斯(Charles)所说，这一模式有五大主要构想构成其特点：第一，教师纠正一名学生的不当行为时，这种纠正会对群体产生影响；第二，教师必须随时知晓教室内各个角落所发生的一切事情，让学生觉得教师对他们在做什么很清楚；第三，教师必须关注课业流程，保持最佳进度使学生专注于功课；第四，教师要将自己的焦点保持在学生群体而非学生个体；第五，教师必须尽全力构建具有一般性的及特殊性的学习任务的课程，以免学生感到乏味。

4. 高顿模式(the Gordon Model)

又称教师有效训练。其中心是教师必须放弃其作为权威人物的角色，应以自由、关心的方式来和学生讨论分歧。当课堂中出现问题行为时，教师和学生必须首先确定问题出现在谁身上：教师的、学生的或者是师生双方的。属于学生的问题涉及学习中的恐惧和焦虑；属于教师的问题涉及因学生的问题行为扰乱教学流程而使教师困扰。当学生出现问题行为时，教师必须积极主动地倾听学生意见，鼓励学生谈论他们的挫折、焦虑与恐惧，以帮助他们得出自己的解决办法。当问题行为出现在教师身上时，教师也必须采取主动，向那些以问题行为扰乱或困扰教师教学的学生发出明确信息，以改变他们的行为。

5. 坎特模式(the Canter Model)

这一模式侧重于教师对学生负责行为的坚持和果断的常规训练。坎特(Canter)主张，教师应该是充满自信和拥有权威的，要向学生明确而果断地提出期望和要求，确切告诉学生什么行为是可接受的，什么行为是不能被接受的，并以相应的行为，凭其能力和意愿来确定有效的课堂管理方法。在整个过程中，教师只是心平气和、信心十足地指出这些后果，直到学生停止捣乱或被驱逐出班级。除了充满自信的教师行为之外，这一模式还要求与该捣乱学生的教育有关的所有团体充分参与。因此，家长、学生同伴、教师及学校行政人员都要广泛参与。其目的就是在与所使用的行为管理方案有关的教师、家长、学生及学校行政人员之间形成一种合作关系，让他们保持与学校的联系，并了解学生行为的积极、消极后果，以便做出反应，共同管理。当然，教师并不能只着眼于消极后果，而要不断运用积极强化来把学生的注意力集中到预期的行为上，并鼓励他们继续那种预期的行为。①

上述学生问题行为矫正模式是20世纪以来课堂活动实践经验的总结。尽管其产生的背景不尽相同，但对于我们今天的课堂问题行为矫正无疑具有指导和借鉴意义。坎特模式、新斯金纳模式、格拉塞模式主张以教师为主进行管理，而高顿模式、德莱克斯模式则主张以学生为主进行课堂管理。无论它们从哪方面入手，所有这些模式都有一个共同的优点，即它们都倡导以学生为主体、师生民主参与的积极正向的管理，都认识到惩罚的局限性和负面效应，反对通过惩罚来处理学生课堂问题行为，都要求通过正向的课堂环境、积极的鼓励方式、和谐的师生沟通以及满足学生需求等来有效地解决课堂问题行为。这些共同的价值取向与追求走势，无疑彰显了学生主体的发展倾向，与现代教育的内在机制是相吻合的。但是这些矫正模式也明显地存在不足之处：关注学生较多，关注教师过少；学校教育研究过多，对环境、家庭因素研究过少，这无疑都是我们今天在构建课堂问题行为的调控策略时应该加以重视的。因此，我们在构建课堂问题行为的调控策略时，应关注学生、教师、环境和家庭四个方面的因素。

## 二、课堂问题行为的预防策略

事实上，有些课堂问题行为是在课前就已经存在了的，而不是课堂活动过程中的运作所致。因此，最有效的课堂问题行为调控，就是在问题行为产生之前，采取措施优先实施预防性管理，避免或减少问题行为产生的可能性。因此，我们应从课堂问题行为产生的原因入手，从学生、教师、环境和家庭四个方面加以预防。

① 樊建华编译. 课堂管理的主要理论模式. 外国教育研究，1995(3)

**(一)因材施教，培养学生的自我管理能力**

同一班级的学生整体发展水平虽然大致相同，但他们的性格类型、气质、能力和知识基础都存在明显的差异，这要求在课堂问题行为管理当中，教师应充分考虑学生之间的性别差异、生理差异、角色差异等，对不同的学生采用不同的教育方法，做到“一把钥匙开一把锁”，努力保持和培养每个学生的自尊心，特别对那些消极群体中的成员，教师应充分利用他们情感归属性较强的心理特征，积极引导他们，把他们纳入实现教学目标，完成教学任务的轨道，将可能出现的问题行为内化到群体的教育之中，最终使学生能自己控制、调整自己的行为，以达到课堂教学的要求。

1. 激发学生的学习动机和兴趣，促成学生的成功经验

研究表明，学生的学习动机和抱负水平越高，则学习劲头越足，课堂问题行为就越少。[①] 为了激发学生的学习动机和兴趣，教师应为每个学生设立合理的教学内容和教学目标，过高的目标极易使学生失败而产生挫折感，这样，他们便会对学习失去信心，同样，过低的目标也容易导致他们厌倦、不感兴趣，缺乏学习动机，一系列的课堂问题行为就会随之而产生。因此，在教学时要充分考虑这一点，比如，在教学管理方式上，采取不同的态度，对动作迟缓的学生要经常给予帮助，不要挫伤他们参与活动的积极性，对内向的学生，不要使他们处于压力之下，给他们以安静和独处的机会，逐步帮助他们摆脱孤独、融于集体，对于过分激动、难以自控的学生，要注意意志力的培养训练；在教学形式上，可以适当调整班级原有结构，多采取小组学习的方式，使感到学习太难或太容易的学生都不会觉得被排斥在外；在学习目标确定上，不必整齐划一，要“因人定量”，根据学生的基础、能力等的差异，设计适合多数学生的发展水平，只要学生经过一定的努力就可以达到的目标，经常安排一些有目的的活动，并凭借课程、教材的催化，来帮助学生达到目标，这样，通过学生身体力行就能体验到成就感和价值感，可以激发他们的愉悦情绪，可以促进他们学习上的进步，并逐渐养成他们对所学内容的兴趣，从而减少乃至避免产生厌烦、不安、急躁、发怒等课堂问题行为。

2. 明确学生的行为标准

明确学生的日常行为标准，是一种有效的先入为主法。教师在课堂教学管理前必须对什么是适当的行为、什么是不适当的行为有一个清楚的认识。

---

① 宋秋前编译. 课堂控制的若干策略. 比较教育，1991(2)

当然由于课堂教学形式的多样性和复杂性，对学生行为的要求是不同的，但必须明确学生在不同场合的行为标准，让每个学生都知道哪些行为可行，哪些行为不可行，这些行为标准的制订最好是在学期或学年初，通过与学生共同讨论的方式来确定。同时，教师应适时地将这些标准转化为课堂程序和常规，以形成学生的课堂行为规范。一旦形成了制度和规则，就要及时地、反复地巩固它，并不断地运用积极强化将学生的注意力集中到所期望的行为上。

3. 加强学生的自我控制能力

课堂上学生要保持良好的行为习惯依赖于学生的自控。学生的自我控制能力不是生来就有的，而是在社会教育的作用下，逐步增强主体意识的结果。学生自我控制能力的培养，可通过目标自控、榜样自控、集体自控和契约自控等方式来实现，即当出现或可能出现问题行为时，通过目标的激励、榜样的仿效以及借助集体和契约的约束来预防或阻止问题行为的发生和继续，最终实现由他控到自控的转化。

**(二)提高教师素质**

消除或减少中小学生课堂问题行为的关键是提高教师素质，更新教师的教学观、学生观，改善教育的方法。

1. 更新教育观念

理念引导行动，观念正确，行为动作才不会偏差。教师作为以培养学生为职责的专门教育工作者，在教育教学过程中，始终处于教育者、领导者和组织者的地位，其观念如何将直接影响教师的工作态度和方法，因此，教师应首先更新教育观念，树立正确的教育观、教学观和学生观。一方面，要摒弃以升学为中心的应试教育观，确立以提高全面素质为核心的素质教育观。不再以“考分”框套学生，重视学生的全面发展，能发现每个学生的发展优势和潜能，把教育看成是把握学生发展方向的武器，采用启发、疏导的方式和鼓励的态度，坚持不懈地让所有学生的个性得到最大限度的发展；另一方面，要改变错误的教师观，树立正确的学生观。要摒弃教师中心论，正确认识学生的主体作用，认识到教学是师生双方双向的信息沟通和情感的交流过程，师生是平等、互动的关系，学生应主动地参与课堂教学活动，敢于同老师讨论问题、提出质疑，充分尊重学生的自尊心、情感、需要、兴趣，为学生的全面发展创造一个宽松和谐的活动环境和心理环境。教师应抛弃以往那种将课堂问题行为学生等同于差生或品行不良的学生的看法，而要把他们作为需要帮助的"患者"，对他们持理解、宽容的态度，不焦虑、不生气，要冷静分析其产生原因，恰当合理地解决其课堂问题行为，真正去关心、爱护、帮助他们，而不是忙于指责、批评。因为学生是积极主动的学习者，是充满活力的学习主体，具有很大的可塑性。作为教师，应更多地反思自己的教学过程，尽可能减少课堂问题行为的发生。

2. 强化师德意识，善用关爱帮助学生

首先，要增强事业心、责任感。高尚的师德集中表现在坚定的事业心和高度的责任感上，它是驱使教师成长和发展的动力。有了强烈的事业心、责任感，才能自觉地对自己的教育行为进行比较、选择，找到正确的行为方式。其次，要增加爱生感。教师要做到严而有格，严而有度，严而有方，根除一切体罚，变相体罚、讽刺、挖苦等有损于学生人格尊严的不文明教育行为，关心、了解、尊重、爱护学生，注意创造民主、真诚、友爱的班级气氛，以一种坦诚的、可亲的态度接纳学生，倾听学生的心声，并给予及时而积极的反馈，减少学生在课堂教学过程中的紧张和焦虑。最后，要增强师表意识。教师应努力摒弃各种有损自身形象的言行，强化师表意识，提高师德情操。

3. 提高教学技能，增强教学魅力

枯燥无味的教学是造成学生厌恶学习、导致课堂失序的主要原因。教师应提高教学技能，优化教学行为，想尽办法以生动有趣、活泼多元的方式引导学生学习。这就要求教师一方面，要加强理论学习，善于根据学生的接受能力和心理需求，加工教材，化繁为简，化难为易，采取学生易理解而又感兴趣的教学行为方式，使科学知识转化为学生可接受的知识；另一方面，要有效地设计和组织课堂教学活动，根据学生注意变化规律及思维特点调整学生的注意，增强讲授的吸引力；尽量选取生动和形象的教学内容，注重运用比喻、设问等手法，使教学方法灵活多样，以此来感染学生，激发他们的求知欲；在课堂上始终精神饱满和满怀激情，让学生受到教师激情的感染；运用现代化的教学手段，尤其是多媒体教学手段，使学生产生身临其境的感觉，体会学习的轻松和愉快等。只要学生学习的积极性被调动起来，就会少发生或不发生课堂问题行为。

4. 变革课堂管理，善用激励引导学生

长期以来，有的教师在课堂管理过程中注重通过教师的权威实施课堂控制，这种权威式的教师控制往往只停留在表面，无法使学生心悦诚服，最终不仅达不到控制课堂的目的，反而破坏了师生之间的和谐，造成师生之间的冲突。因此，应摒弃过去那种角色与角色之间关系的课堂管理模式，建立新型的人与人之间关系的课堂管理模式，即“在管理议程上强调确立通常是遥远将来的管理方向和目标，并为实现远期目标制订进行变革的战略，在形式上通过言行将所确立的管理方向传达给学生，争取学生的合作与支持并形成影响力，在过程上注重激励和鼓舞，通过满足或唤起学生的需求激励学生不断克服面临的各种障碍，在结果上表现为课堂的运动性和生长性”①。心理学研究表明，行为一旦获得适当的强化，如赞许、表扬等，就会增加其强度，并逐渐巩固起来而成为牢固的良好习惯。如果学生在行为上表现良好，教师应该予以关注、赞赏和鼓励，激励学生进步，形成课堂中积极向上的气氛和专心投入的热情，这是很有效的策略。

5. 控制情绪，善用理智转变学生

无论什么课堂，问题行为都是难以避免的。当学生出现课堂问题行为时，教师既不可置之不理，也不可急躁武断，而应选择有效方法及时恰当地处理问题行为。教师要学会管理自己的情绪，不把消极的情绪带到课堂上，更不可把课堂作为个人怨气或不满的发泄场。教师上课之前，除了做物质上、思想上的准备外，还应做好情绪上的准备，把个人烦恼或怨气消除在登上讲台之前，不让消极的情绪“感染”学生，影响课堂气氛。当课堂气氛沉闷，学生注意力下降，产生问题行为时，教师可使用轻松幽默的语言来调节气氛和提示学生，以纠正已有的问题行为。当学生故意对师生采取敌视、挑衅的行为时，教师不能把违纪学生推向大家注意力的中心，这样只会使课堂纪律更加混乱，此时，教师要控制自己的情绪，既不能采取训斥、辱骂和体罚或变相体罚等粗暴的方式，也不宜过多追问违纪的原因，而是需要用理性去引导，不要轻率地将事态扩大，可在下课后再对学生进行教育。

6. 掌握师生沟通的艺术，建立良好的师生关系

学校里所涉及的所有工作，都是在师生关系中进行的。良好的师生关系是教育产生效能的关键。而教师只有懂得如何与学生沟通，懂得如何去满足学生的需要，并引导学生懂得如何来满足自己的需要，师生间才能建立起相互信任、尊重、彼此接纳、理解的关系，教育活动也才可能使学生产生兴趣

① 陈时见．变革的资源：论有效的课堂管理．硕士学位论文．上海：华东师范大学，1999：18

和接受性。为此，教师在课堂沟通中应常用幽默、委婉、含蓄、反语、模糊口语技巧，以缓解学生和教师之间的紧张感，创建轻松课堂氛围，消除学生的紧张情绪，促使学生更好地理解教师，缩短教师和学生间的心理距离。与此同时，课堂中除了言语的交流外，还存在非言语交流。如教师的行为举止、声调语气、身体语言、面部表情、空间距离等。因此，教师注意研究自己的教学神态、举止等，借以调动学生的学习积极性，减少课堂问题行为的出现。同时，在组织课堂讨论时，教师应注意：提出的问题难度要适中，以便让大多数学生有发言权；鼓励学生各抒己见，畅所欲言，寻求各种可能的答案，在讨论过程中，教师不应居高临下，而应作为集体成员，以平等身份参与；对学生的讨论应及时做出评价或引导，发挥教师启发者、引导者、协调者的作用。

**(三)优化育人环境**

学生课堂行为与其所处环境直接相关，教学实践表明，育人环境如果不能满足学生的心理需要，就容易造成学生消极的学习态度和惹是生非的行为。良好的课堂环境不仅可以减少产生问题行为的可能性，而且可以消解许多潜在的问题行为。[①] 良好课堂环境的建设主要涉及良好班风、学风的培养和教室环境的布置与管理。因此，要有效达到课堂目标，就必须优化课堂教学环境，包括物质环境和心理环境。

1. 保持建设性的课堂物质环境

课堂物质环境不仅直接影响学生的行为，也会因影响身处其间的教师或他人而间接地影响学生。教室是教师和学生共同活动的主要场所，也是学校进行教学的主要场所，教学实践和心理学证明：整齐、清洁、幽雅、宁静的教室，使人心情舒畅，精神振奋；而肮脏、呆板、杂乱的教室使人倦怠、厌烦；富于变化和切合学生特点的教室布置和座位安排，有助于陶冶性情，更好开展教学工作，提高课堂教学效率。教师可以通过控制教室的风貌、安排教室内的情境来诱导学生表现适合的行为，降低问题行为发生的可能。

首先，从学校大环境来说，校舍布局应规范合理、整洁卫生、安静幽美；从小的方面来看，教师应注意教学空间的安排，保持课堂的整洁、秩序和优雅，一切设计都要考虑到方便教学活动。在我国现有课堂班级较大的情

---

① 施良方，崔允漷. 教学理论：课堂教学的原理、策略与研究. 上海：华东师范大学出版社，1999：301

况下，应注意妥善安排桌椅，保持行间畅通，教学器材、设备都应维持良好的备用状态，还要保持良好的照明、通风和防噪音状态。教室的墙壁最好是白色、淡蓝或淡绿色，使教室显得素净淡雅，令师生心境开阔。墙面装饰要简洁、朴素，色彩搭配要和谐。走廊的墙壁可以挂些古今中外著名学者、科学家的照片或画像等。

其次，要科学合理地安排学生的座次。要科学合理地安排学生的座次。必须打破按高矮次序或学习成绩排位的简单方式，代之以综合考虑学生的生理特点、个性特长、学习习惯、行为特征、同伴关系等多种因素，做到优劣搭配、合理组织，达到以长补短、以优补劣、互相促进，而且要依据学生和学习目标的不同而选择适当的座位排列形式。

2. 善用心理环境熏陶学生

心理环境主要指人际环境、组织环境、情感环境和信息环境。要建立良好的课堂心理环境，就要加强校风、班风建设，建立和谐的师生关系，平等地对待学生，充分尊重学生的人格，对学生充满爱心。

首先，加强校风、班风建设。班风是通过班集体而形成的，是班级中各个成员的精神风貌、学习态度及人际关系的总和。它的重要内容是学风。学风是指每个学生对学习意义的认识与主动参与学习的态度。良好的班风一旦形成，其作用表现为：它会对班级的每一个成员具有教育作用，它能引导学生形成正确的是非观念；它会潜移默化地影响每一个学生，使个别行为偏差的学生在良好班风的感染下向着好的方面转化，遵守由集体促成的纪律；它还对学生具有约束作用，一旦有人想破坏，会受到集体其他成员的谴责。班风的重要内容是学风，良好的学风会促进课堂教学质量的提高。可见，培养良好的班风、学风，对消除课堂问题行为会产生积极作用。因次，我们应加强校风、班风建设，把全班乃至全校学生的思想、行动统一到远大的理想目标上，使学校和班级形成既紧张又活泼的心理环境，学生愉快地学，教师愉快地教，从而也就消除了课堂问题行为。

其次，要营造一个良好的课堂心理氛围。和谐的课堂氛围是课堂教学适宜的心理环境的体现，也是预防和控制课堂问题行为的基本条件。有学者将课堂气氛比作课堂中弥漫的一股“感觉乐音”。[1] 刺耳的“感觉乐音”压抑学生

---

① ［美］C. M. 查理士. 教室里的春天：教育管理的科学与艺术. 金树人编译. 台北：张老师文化股份有限公司，1994：258

的学习，学生因此而讨厌老师和学校，并引发种种问题行为，而悦耳的“感觉乐音”能鼓舞学生在充满喜悦与成就的心情中学习。因此，作为课堂气氛营造者的教师要努力塑造为学生所喜爱的形象，尊重、信任学生，激发学生积极的学习心向，重视班级凝聚力的形成，为学生营造悦耳的“感觉乐音”。

再次，培养和谐的师生关系。师生关系是培养良好行为的沃土。① 因此，教师要打破师生间仅仅是管理者和被管理者、教育者与被教育者关系的观念，要把学生真正纳入到一种平等、理解、双向的师生关系之中，把学生看做是独立的主体，有人格尊严的人，尤其对有问题行为的学生要给予更多的关心和爱护，让其积极地参与课堂教学活动，在与教师的相互尊重、合作、信任中全面发展自己，获得成就感与生命价值的体验，并感受到人格的自主和尊严，积极培植教学相长、民主平等、互尊、互信、互爱的新型的师生关系。

最后，加强对问题行为学生的心理辅导。心理辅导主要是通过改变学生的认知、信念、价值观念和道德观念来改变学生外部行为的一种方法。不少课堂问题行为的产生是由于学生自我发展受到阻碍和压抑，个人对自我缺乏正确认识导致的。而心理辅导可以调整学生的自我意识，排除和转移阻碍个人发挥自我潜能的种种障碍，以及帮助学生正确认识和评价自己，实现自我认同和接纳，从而真正转变课堂问题行为。尤其是比较复杂的课堂问题行为，更需要进行心理辅导。良好的心理辅导取决于师生间的认知距离和情感距离的缩短，因此教师在进行心理辅导时，首先要尊重学生的认知和情感体验，信任和鼓励学生改正课堂问题行为；其次教师要引导学生真实地表达情感，积极进行心理疏导。

3. 强化社会教育

预防和矫正学生的课堂问题行为，不仅是教育部门和学校的职责，而且也是全社会的责任和义务，因此，全社会都要动员和行动起来，努力为青少年学生的健康发展提供一种优化的社会环境。首先，应加强社区教育，建立一个良好的社区环境，在有健全组织的社区中，开展丰富多彩的社区教育活动，丰富学生的课余生活，用积极健康的活动去陶冶他们的情操，使他们形成健康向上的思想和心理品质；其次，要过滤信息，加强文化市场管理，采

---

① ［美］C. M. 查理士. 教室里的春天：教室管理的科学与艺术. 金树人编译. 台北：张老师文化股份有限公司，1994：273

取精选、净化、引导、禁止等多种方法，尽可能减少或消除电影、电视、书刊、图书等大众媒体对青少年学生的消极影响，同时，建立正确的社会舆论导向体系，利用大众媒体的作用对学生施加积极的影响；再次，加强整个社会的精神文明建设，整体优化社会的教育环境，培养学生自觉抵制不良影响的能力。

**(四)加强学校和家庭的沟通，形成教育合力**

学生课堂问题行为根源于家庭，显现于学校，恶化于社会。因此，在矫正课堂问题行为时，家庭与学校一样负有重要的责任。作为儿童第一任教师的家长，除了以身作则，对孩子进行潜移默化的教育外，还应热心参与学校教育，学习教育专业知识并尊重教师的意见，在与孩子保持亲密和谐的亲子关系下，对他们进行爱而有度、言而有信、自立自强的教育。而教师则要系统、有计划地与家长沟通，使家长成为可贵的资源。考夫曼(Kanfman)等人认为，教师要想工作更有效果，就必须开发与学生家长工作的技能。一方面，教师与家长沟通，可使教师获得更多的有用的信息，更能理解学生的课堂行为；另一方面，家长也能详细地了解教师和学校的教育意图，给学校提供更多的支持。因此，教师可以采用书面通知、电话、家访等方式，定期与家长联系。在与家长的交流中，教师应利用自己的特殊身份、专业知识和丰富经验帮助家长形成正确的教育观念、态度，引导家长掌握科学、恰当的方式、方法，使家庭要求和学校教育达成一致；同时，有目的、有意识地对那些有消极教育观念、方式的家长进行着引导，使他们逐渐改变不正确的观念、方式，而逐步接受、形成积极的教育观念与方法，从而减少或消除学校与家庭间在教育观念、教育实践行为中可能存在的不一致，强化学校教育与家庭教育的合效应。当然，在与家长沟通时，应明白地表示教师的期待，切忌单纯数落学生的缺点，对于单亲家庭的学生或父母不在身边的学生应给予更多的关怀、鼓励、接纳与支持，以正面态度培养他们自我肯定和解决问题的能力，只有这样，才能及时发觉问题行为产生的征兆，避免问题行为的发生。

然而，不管怎样预防，课堂问题行为的出现都是在所难免的。因此，一旦出现课堂问题行为，就必须予以及时矫正，否则这些问题行为将会扩展或蔓延，甚至引发其他课堂问题行为，造成意想不到的后果。

## 三、课堂问题行为矫正的步骤与方法

### (一)课堂问题行为矫正的步骤

课堂问题行为矫正，是指系统地应用先前刺激和后果改变行为，具体而言是指运用各种知识和方法，帮助学生认识自身的问题行为，从而加以改正并养成良好行为习惯的过程。课堂问题行为矫正的具体步骤主要包括：

1. 确定需要矫正的课堂问题行为与需要矫正的对象。

2. 制订矫正课堂问题行为的具体目标。对需要矫正的问题行为采用什么办法，分几步，达到什么目的，教师要有计划、有目标，不能盲目行事。

3. 选择适当的强化物与强化时间的安排。通过什么手段、用多长时间来对课堂问题行为进行矫正，教师要有计划。

4. 排除维持或强化课堂问题行为的刺激。学生出现课堂问题行为是因为某人或某物或学生本身心理原因造成的，教师要排除这些不良刺激。

5. 以良好行为逐渐取代或消除课堂问题行为。

### (二)课堂问题行为矫正的具体方法

1. 言语提示。教师在学生犯规之后，可及时给予言语提示，延缓的提示通常是无效的。提示应尽量使用积极的语言，避免消极的语言。

2. 非言语提示。包括目光接触、手势、身体靠近和触摸。而如果口头批评频繁则会影响管理的效果。

3. 表扬与不良行为相反的行为，使学生自觉向好的方向转变。

4. 故意忽视。学生中有些课堂问题行为的发生就是为了寻求注意，此时，教师可有意地加以忽视，以避免增强学生的问题行为，学生会因此自觉没趣而改变其行为。

5. 要求答问。所提问题应恰当，即使学生没有听到前一个问题也要能够回答。这样他们就不会觉得尴尬，并停止对上课的干扰。

6. 运用同伴团体的影响力。教师不是正确行为的唯一增强来源，在课堂中，班上其他学生都是有力的增强来源，所以教师要通过发挥团体作用的方式来确保所增强的行为能获得其他学生的认可。在课堂上，总有少数几个学生有顽固的问题行为，对他们采用个别行为纠正将更有效；班上有些学生的问题行为，尤其是受到同伴支持的行为问题，则可能需要全班行为矫正策略。在全班行为矫正中，所有学生的行为都以同一个规则受到强化。例如：“如果所有同学都安静下来，我就讲故事。”当集体根据每个成员的行为而受到奖励，集体成员将彼此鼓励，以使集体获得奖励，它使得同伴支持不良行为转变为反对不良行为。

7. 适当运用惩罚。对于有些较严重而又确实难以制止的课堂问题行为，可适当运用一些惩罚措施，如运用得当，亦可起到制止问题行为的作用。如让学生站几分钟、剥夺学生的某些权利、让学生放学留下等。这些方法应用时应注意，不听从教师的要求的后果应是轻微的不快，时间短，而且尽可能在行为发生之后马上实施，并要使学生明白你说话算数。如果惩罚运用不当，不但不能制止问题行为，反而造成逆反或对抗性行为。因此，必须慎用惩罚。

总之，对于中小学课堂上出现的问题行为，教师既不可不闻不问，也不可急躁武断，教师要有耐心，把这些问题看做是学生在生长过程中普遍会出现的一种现象，根据具体行为分析其产生的原因及后果，选择适宜的方式方法，并在实践中创造性地加以运用。同时加强课堂管理的理论学习，使不利于课堂教学的问题行为减少，并校正学生的不良行为，培养学生良好的学习习惯。

# 第五章 课堂教学生成性问题的应对策略

教学设计有限，教学过程善变，课堂教学要重视预设，更要重视课堂教学中的生成性问题，巧妙地应对，以促进课堂的动态发展，培养学生的问题意识，满足学生的探究愿望，实现对学生主体性的尊重和生命的关爱。同时，它也有助于提升教师的教育智慧和实现专业化成长，有助于深化教学过程的本质认识，更有效地管理课堂教学活动。

## 第一节 课堂教学生成性问题概述

课堂教学生成性问题随着课程与教学改革的深化越来越受到关注。如何界定课堂教学生成性问题？其特点与类型有哪些？有怎样的教学现状和研究历史？了解这些内容对于有效应对课堂教学生成性问题是十分必要的。

### 一、课堂教学生成性问题的界定

随着课程改革的实施，学生课堂的主体性、自主性增强，课堂变得更加开放、互动、动态、多元化，学生可以自由自在地思考、探究、发表自己的见解，大胆果断而自主的决策和实践。教师与学生、学生与学生在合作、对话、碰撞、交往互动中时时生成了许多超出了教师预设方案之外的新信息、新情境、新内容、新思维和新方法。一个出乎教师设计的问题，一次精彩的即兴发言，一个异于常规的举动，甚至一次看似干扰教学的突发事件……这些都是课堂教学中的生成性问题。

“生成”是一个相对于“预成”“既定”的概念，《辞海》中的解释是“自然形成”。《教育大辞典》(第五卷)这样诠释生成：“强调学习过程是学习者原有认知结构与从环境中接受的感受信息相互作用、主动建构信息意义生成的过程。”

可以说，课堂教学生成性问题是指教师与学生、学生与学生在一定的课堂教学情境中，随机出现的教师预期之外的超出预设方案的影响课堂氛围、师生思路及行为的即时信息。是由于教学的双向互动、学生的不同经历和生活体验以及他们对情境的不同理解等原因而即时生成的各类事件或因素。表现形式可能是学生的学习兴趣、积极性、注意力、行为方式、学习方法和思维习惯，合作能力与质量、发表的意见、建议和观点等，也可能是教师的教学方式、氛围、环境的变化等。无论是以言语，还是以行为、情绪方式的表达，无论是学生出乎教师设计的问题或回答、学生的特殊表现或是课堂中突发的事件等，这些都是课堂中的生成性问题。

从人学角度说，人是生成性的存在，生命是不可预测的，学生的发展具有丰富的可能性，是不确定的、不可限量的，也是不可测度的。学生是具有主观能动性的人，带着自己的知识、经验、思考、灵感、兴致参与课堂活动，并成为课堂教学不可分割的一部分，从而使课堂教学呈现出多样性、丰富性和随机性。教师不应该用预先设定的目标僵硬地规定学生、限定学生，教师只能引导学生自由、主动地生成和发展。从教学角度说，课堂是教与学交往、互动的过程，师生双方相互交流、相互沟通、相互启发、相互补充，在这个过程中教师与学生分享彼此的思考、经验和知识，交流彼此的情感、体验与观念，丰富教学内容，求得新的发现，教学是一个发展的、增值的、生成的过程。现代教学理论也认为，教学过程既是一个认识过程，实践过程，又是信息处理、心理变化过程，更是发现探究过程、情感创设过程和人格形成过程，这个过程不是一成不变的，是一个动态变化的过程。

叶澜在对“新基础教育”进行研究时提出，一个真实的课堂教学过程是一个师生及多种因素间动态的相互作用的推进过程。由于参加教育活动有诸多复杂的因素，因此教育过程的发展有多种可能性存在，教育过程的推进就是在多种可能性中作出选择，使新的状态不断生成，并影响下一步发展的过程。在课堂教学过程中肯定会遇到很多没有想到的“可能”，会在课堂教学中随机造就许许多多的生成性问题，它随着教学环境、学习主体、学习方式的变化而变化，根据教师的不同处理而呈现出不同的价值。有的问题对教学会起到积极作用——赋予教学意外的“惊喜”，尤其对学生的成长具有重要指导价值的闪光点，这些稍纵即逝、非预期性的因素往往拥有无穷的教育价值，利用好这些即时的生成性问题，将其变成新的教学的资源，那么原先可能成为病点的问题将转化成课堂教学的亮点，对师生的成长都会具有积极的价值。教师应及时开发和利用这些积极的生成性问题，使之上升为教学“资源”，使教学更精彩。而有些生成性问题对教学起着消极作用——造成教学意外“事故”，教师应及时纠正或转化这些消极的问题，使之不演变成教学的“障碍”，使教学正常化。教师的应对策略将直接影响课堂的进展，是课堂教学过程能否往纵深发展的决定性因素。应对有效，学生又会生成出许多新资源，使课堂教学过程不断地往前推进。应对无效，课堂缺乏有机的调控与价值引导，缺乏对课程资源鉴别、捕捉、重组的行动策略，就会出现学生无序的“盲动”，最终使得学生智慧的火花没有及时点燃而熄灭了。

因此在课堂教学中，教师要善于倾听，善于应对课堂教学中的各类生成性问题，善于捕捉其中蕴涵的生成性资源，用动态的、发展的观点来看待课堂教学，结合当时特定的课堂环境，根据师生、生生互动的情况，因势利导的组织教学，把预设的教案在实施过程中依据学生认知的、情感的、人格发展的需要及时做出富有创意的调整，及时根据变化了的情形不断调整自己的教学行为，艺术地将教学常式和变式相结合，循着学生思维的起伏、情感的波澜，根据自己对课堂各种信息的综合把握，对课堂教学中的各种生成性问题，即时做出判断，及时采取行动，进行评价、引导、挖掘、升华，使课堂成为孩子个性张扬的天空，也成为教师教学能力提高、教学智慧发展的舞台，让学习成为师生、生生相互陶冶、互相对话、共构共生的生长过程。

## 二、课堂教学生成性问题的特点和类型

### (一)课堂教学生成性问题的特点

1. 生成性

课堂生成性问题是师生围绕多元目标、在开展合作、对话、探究、交流的课堂教学中，师生互动、生生互动，在相互交流中，思维融合、碰撞而闪现的智慧火花，是在教师预设之外即时生成的各类信息，是即兴的，灵动的，来自课堂自身的，因此生成性是它的首要特征。

2. 动态性

生成性问题在课堂中一旦生成便具有发展性，它会随着教师应对方法的不同继续发展，可能会衍生出新的资源，也可能应对之后便结束。这种特点也使生成性问题具有不确定性、动态性。

3. 多样性

课堂生成性问题存在和表现的形式多种多样，可能是学生的学习兴趣、注意力、行为情绪、学习方法和思维方式，发表的意见、建议和观点等，也可能是教师的教学、环境的变化等。由于其多样性也就导致了不易固化为一种形式而易被人们忽略，或难于挖掘。

4. 隐蔽性

课堂大量的生成性问题不是显性的，而是隐蔽的，有些甚至是稍纵即逝的。这就要求教师要有一双善于捕捉信息的眼睛，将潜在的生成性资源上升为显性的信息，将其巧妙的、不留痕迹的糅合进教学活动。

5. 难以复制性

课堂中的生成性问题一旦在某一堂课中得到捕捉、开发和利用，便不会再次完全相同的出现第二次，因为其产生的情境(教师、学生、具体氛围等)很难重复，虽然说生成性问题可以归类，但是每一个生成性问题却都是独特的，这也为生成性问题的应对带来了挑战。

**(二)课堂教学生成性问题的类型**

在动态课堂中，教师要在瞬间判断和捕捉稍纵即逝的生成性问题，这对教师提出了极高的要求，对教师的课堂驾驭能力、把握生成信息的能力提出了挑战。教师只有具有强烈的资源意识，敏锐的观察力和判断力，才能对生成性问题进行准确判定并巧妙应对。不同的生成性问题，利用的价值也不一样。面对互动交流、动态生成的教学过程中产生的零星的、片面的、模糊的、原生状态的资源信息，教师应按照怎样的标准加以选择呢？如何给课堂教学生成性问题分类呢？

1. 根据生成性问题生成的方式分，有个体生成的生成性问题和集体生成的生成性问题。个体生成性问题，即个体在一定真实的情境中，生成个人的意义或自己的理解，实现对自身原认知进行重组或改造而获得生长。比如，学生个性化的解读文本、教师创造性地解读文本等。集体生成性问题，即在一定真实的情境中，通过特定的媒介进行交流与碰撞，分享彼此的思考、经验，交流彼此的情感、体验，所产生的新认识。如师生在平等交流、碰撞的过程中，所产生出新的思维、智慧与认识等。

2. 根据生成性问题的表现形式、呈现的状态来分，有语言类生成性问题、行为类生成性问题和环境类生成性问题。语言类生成性问题包括教师、学生的提问、争议和学生发表的意见、建议、观点、学生的质疑、学生的讨论、学生的提问或回答等；行为类生成性问题即师生在真实的情境中所表现出来的各种行为。包括教师、学生的表情、动作等；环境类生成性问题包括课堂环境、自然环境等。

3. 根据生成性问题是否与课程内容有关，可分为课程内生成性问题和课程外生成性问题。前者是指在学习过程中，学生凭借已有的学习经验，对教师组织的学习活动或教材的重点、难点形成了不同的理解，即生成了对问题理解的多种解读方式。后者是指与课程内容无关的，而是由课堂内外的突发事件、偶发情境引起的，如窗外的鸟语花香、课堂内学生突然的喧哗等。

4. 根据生成性问题是否有利于教学目标的达成，可分为积极的生成性问题和消极的生成性问题。积极的生成性问题可以被有效利用用来辅助课堂教学目标达成，能够激发学生思维、提高能力、培养良好的学习习惯及学习方法的即时生成的问题。也就是就是指有深究价值的，有生成要素的问题，它也是能引起学生有益思考，并进行积极学习活动的问题。它与学习内容紧密相关或者间接相连，对学生的知识技能的掌握起着积极作用，它能展现学生的思维方式和学习方法，它有利于发展学生多方面智能，它能体现学生的真实感悟，促进学生认识的内化、情感的发展。

消极的生成性问题与教学目标相悖，或不利于学生理解，不利于教学目标的达成，影响教学合理进程发展的，对教学起干扰或阻碍作用的即时生成的问题，它或与学生的学习内容关系不大，生成要素不多，对学生的培养基本没有利用价值，或与学生的学习内容毫无关系，没有什么探究价值，甚至对学生的发展起反面作用。

对课堂生成性问题的分类要遵循以下两个基本原则：一是逻辑上要清晰，划分的资源类型不能自相矛盾和过多交叉重叠；二是要利于分析和解决学校实践中存在的主要问题，课程资源开发和利用中的主要问题，并找到相应的解决途径和办法。① 知识与技能、过程与方法、情感态度与价值观三个维度的结合是学科课程目标的框架，体现了课程的价值追求。因此判定课堂中的生成性问题价值的一个重要标准就是系统的把握教学目标，把三维目标进行整体把握，不能拘泥于某节课的具体目标，而要做到“形散而神聚”。在动态的课堂教学的进程中无论有什么样的生成，课堂的教学目标不能丢，教学的主旨不能丢，不能为了追求生成而迷失了目标，这样才能实现精彩的生

① 吴刚平．普通高中开发和利用课程资源的基本思路．中小学教育，2004(2)

成，反之丢失了目标就会使课堂教学偏离教学的方向。

## 三、课堂教学生成性问题的应对现状

如前所述，课堂教学生成性问题是在师生互动课堂教学中动态生成的，体现了教学的实践性质和创生取向，不仅关注知识与技能的习得，更重要的是使师生在教学过程中创造知识获得发展，因此对课堂生成性问题的应对策略研究有着重要的理论意义和实践价值。在课堂教学中，学生是学习的主人，教师应注重为他们搭建展示的舞台，让课堂更多地呈现出一种开放与生成。教师要能及时“抓彩”，随机应变，才能让每一节课都能上出“精彩”。然而，在教学实践中我们却发现面对大量蕴涵教育契机的课堂生成性问题，我们的教师面临进退两难的尴尬局面，我们的课堂并没有因此而鲜活灵动起来，预设与生成并没有达到和谐、融合、自然。

现象一：教师过分强调预设，对“生成”不予理睬，使课堂陷入僵硬、困顿的状态。

开放而生成的课堂，打破了原有课堂的秩序与平衡，这对已习惯于四平八稳、配合默契的“控制式”教学的教师来说，无疑是严峻的挑战。在新课程实施中仍有教师还固执于“表演教案剧”，忽视学生的有效需求，忽视教学的民主与开放性，也有部分教师限于自己缺乏深厚的学识水平和教学功底，本来就难以从较高的视角回答学生提出的具有挑战性的问题，对一些问题自己也是束手无策，不能适应信息多变、资源多彩的课堂。因此我们发现在教学中，有些教师虽有合理、精美的预设，但对于学生在课堂教学中诸多的即时生成的经验与问题、需要与体验以及学生在课堂教学活动中的发展落差和发展空间缺乏自觉关注，对学生即发的需要与问题缺乏敏感度，对发生在课堂上的生成点和生成内容的潜在价值熟视无睹，冷漠处置，对学生的问题不闻也不问，以至于经常使课堂僵硬、枯燥和程式化，缺乏生机与活力，缺乏对智慧的挑战和对好奇心的刺激，使教学的生命力在课堂中得不到充分发挥。

现象二：脱离教学目标，随意生成，使课堂成一盘散沙，达不到预期目的。

生成教学的确特别关注学生的兴趣和需要，但教学毕竟是要达到一定目的的，目的性是教学永远抹不掉的特征。教师不能在教学过程中，脱离教学设计的目标，随意生成，为生成而生成。生成性问题具有方向的不确定性，不同的方向，教育价值的大小不同，有的还可能产生负面教育效应。有的教师却机械地解读了生成，课堂完全成了师生的即兴创造，只是一味地跟着学生走，一味地强调关注学生当时的兴趣，对于生成没有自己的思考，对生成的理解还只是形式上的，而没有把握住其实质。教师缺乏有机的调控与价值引导，课堂思维散漫、失却中心而陷入无序状态，致使原有的教学目标“迷失”、课堂失控，也影响了教学三维目标的实现以及教学计划的落实，课堂教学成了没有方向的航程。

现象三：教师不能及时捕捉课堂信息，对课堂中出现的生成性问题缺乏价值判断。

在有些课堂中，我们也看到由于教师缺乏应对生成性问题的能力和基本素养，缺乏对学生诸多生成的经验价值判断能力，缺乏对学生学习的过程体验与经验积累重要性的认识以及对生成内容促进学生发展的价值的探索研究，使许多能够促进自身和学生发展的教学资源白白流失了，课堂的生命活力不能得到应有的彰显，许多教师在实施新教材、运用新理念过程中感到了困惑。在教学活动中教师对学生的生成学习难以应对，难以将有潜在教育价值的生成内容转换为学生的学习活动，教学课程中生成与预设教学难以进行融合。面对学生出现的很有价值的生成性问题，教师也意识到了其价值并给予即时鼓励的评价，却不知道如何有效利用与整合，还是以惯常的思维来判断和思考，不会与他头脑中固有的课程资源建立联系，意识不到要从课程资源的角度对这个问题进行甄别与取舍，因而对发现的生成性问题不能正确判断，并合理应对，致使身边许多生成的教育、教学契机得以流失。在很多时候，“课后解决”更多的是一种课堂外交辞令、一种挡住学生突然发问这把利剑的不败盾牌，学生满怀激情的提问，就在这块盾牌下灵光一现后转瞬即逝了。

## 四、课堂教学生成性问题的研究历史

分析和探讨一些教育学家对教学活动的认识，可以发现，他们虽然没有明确提出课堂教学生成性问题的理论，但他们在对教育教学的理论分析和实践注解中已经显现出了许多可贵的思想和有益的探索，值得我们借鉴和学习。

### (一)国外教育史的追溯

从教育或教学的角度来看，对于课堂生成性问题的关注较早地可追溯到卢梭(Rousseau)的自然教育。卢梭从他的自然哲学观出发，认为教育就是要服从自然的永恒法则，听任人的身心的自由发展。在教学中，他强调儿童的个人爱好和兴趣，强调要让儿童从个人活动中自然地获得知识。因此，在他的理想化的教育思想中，包含了一定的生成性教学思想。对“生成”的早期论述源于怀特海的过程哲学，怀特海从内在联系的角度，以有机论为基础提出了过程的重要性。杜威则最早将哲学和教育教学联系起来，在他的教学思想中，蕴藏着丰富的生成性因素，可谓生成性教学思想的集大成者。早在1916年，杜威在《民主主义与教育》一书中就曾明确提出：“教育就是经验的改造和改组。”“教育过程是一个不断改组，不断改造和不断转化的过程。”通过经验的改组，使个体知识得到不断建构与生成，学习者得到持续不断地发展；否则，一定会发生反作用，即趋向从外部强加的生硬的方法——这一点也是杜威对他最反感的基于灌输的传统教育最具建设性的改造，也即强调知识的主动建构与自主生成。由上可知，在知识学习方面：与被动接受相比，杜威更强调自主建构；与静态预设相比，杜威更强调动态生成。所以，尽管杜威没有明确提出“生成”这一概念和术语，但事实上，在他的理论中处处包含和体现了生成性教学思想。德国著名教育哲学家博尔诺夫对“教育的非连续性”的认识也在一定程度上使人们对教学过程的生成性有了一定的启发，他在其著作《教育人类学》中提出：“教育是一个非连续性的过程和连续性过程的统一。”

苏霍姆林斯基可谓是生成性教学思想的真正践行者。他说：“教育的技巧不在于能预见课上所有的问题，而在于根据当时的具体情况，巧妙地在学生的不知不觉之中做出相应的变动。”教学实践中他抛弃了一般的“备课”，也没有预定的教学计划，而是在实际活动中使教学不断生成，从而与预成式的教学发生了决裂。在他看来，儿童只有在生成中才是自由自主的、主动创造的，“备课”实际上是作茧自缚、画地为牢，束缚了教师教学过程中面对学生创造性的反应而进行创造性的应对。尽管在教学的生成中，教师仍然要帮助和指导符合儿童天性的那种生活的展开，这种帮助不再是一般教学中的包办，不再是生硬地控制，这种帮助和指导是支持、搀扶和引领。可以看出，教学活动从“预成”到“生成”的转换，是苏霍姆林斯基在教育实践中的一大突破，这一突破使儿童中心、生活本位的教育理论在实践中真正得以实现。

美国太平洋橡树学院的约翰·尼莫曾经用排除的方式对生成课程进行了界定，他指出生成课程不是“罐头式”的课程，不是“木乃伊式”的课程，不是偶然的、随意的、老师被孩子牵着鼻子走的课程。尼莫认为生成课堂可能来自于学生的兴趣，教师的兴趣，儿童发展的阶段任务，物质环境中的事物，社会环境中的人们、资料、意料之外的事情，共同的生活、社会、社区、家庭、学校的价值观。瑞吉欧的自然生成课程是最典型的代表，即教师预先设定总的教育目标，但不为每个子项目或活动设定特定的目标，而是在对儿童了解的基础上，预计某个项目发展的所有可能情况，考虑儿童可能的想法、假设和选择，并设计出与之相应的、灵活的、适应儿童需要和兴趣的目标。教师应该具有敏锐的目光，能及时发现儿童感兴趣并渴望探索的事情，还要有专业的头脑去选择，设计儿童乐于探索并值得他们学习的项目主题。美国教育理论家乔治·布朗(George Brown)在他的《生动的课堂》(*The Live Classroom*)一书中认为生动的课堂只有通过精神的“幻想旅行”学生在精神上才会有“高峰体验”。课堂生活是伴随认知的动态的活动过程。这一动态过程始终贯穿着学生对现实生活世界的体验和对可能生活感悟。从此意义上说，课堂教学是充满灵感，充满激情并充满理想的生活过程。

**(二)国内教育改革寻踪**

在我国历代的教育实践中，也渗透和包含着一些生成性教学思想。比如，孔子的启发式教学，他在《论语·述而》中说：“不愤不启，不悱不发，举一隅不以三隅反，则不复也。”从学习心理的角度看，就蕴涵了生成性教学思想。在近现代，受杜威等进步主义教育思想的影响，以陶行知为代表的一些教育家的教育理论中，明显地反映出了生成性教学思想。但从总体上看，生成性教学思想在我国长期的教育实践中一直未能蔚然成风，我国历代的教育实践以“预成式”为其主要特征。

对课堂教学生成性问题的日益关注，这也成为现代社会对人的发展以及学生的自身可持续发展的必然要求。20世纪80年代中期以来，我国教育理论工作者和广大中小学教师已经在理论和实践的层面上开始关注课堂教学中教师和学生的生命状态和生活状态。在教师和学生的关系上，引发了有关教学主客体关系的讨论，讨论中提出了“客体说”“主体说”“主客体说”和“双主体说”等问题，大家对学生主体地位，已经有了一个比较清醒的认识。特别是20世纪90年代以来，传统的课程与教学论研究受到挑战，世界各国的课程与教学论研究学派呈多元化趋势。在课程与教学论研究领域中比较突出的学派主要有：建构主义课程与教学研究学派、后现代主义课程研究学派等。它们在不同程度上影响了我国课程与教学论领域的理论与实践研究，一些教育专家或学者以及一些中小学教师开始关注“课堂动态生成”“课程资源建设”“课堂生成性问题”等问题。

这一阶段，叶澜在1997年发表的《让课堂焕发出生命活力》一文中批判了现有的教师在课堂教学的行为：完成认识性的任务，成为课堂教学的中心或唯一目的；钻研教材和设计教学过程，是教师备课的中心任务；上课是执行教案的过程，教师的教和学生的学在课堂上最理想的进程是完成教案。课堂教学的丰富性主要是在过程中展现。若要使其丰富性发挥积极效应，则必须改变课堂教学只关注教案得以实现的片面观念，树立课堂教学应成为师生共同参与、相互作用，创造性地实现教学目标过程的新观念。也就是说，课堂教学要真正成为实现上述新的教学目标的过程，不但要使师生的生命活力在课堂上得到积极发挥，而且要使过程具有生成新因素的能力，具有自身的、由师生共同创造出的活力。要从更高的层次——生命的层次，用动态生成的观点，重新认识课堂教学，构建新的教学观。其后，叶澜在多种场合和发表的文章中指出应该重视课堂教学的“动态生成”。叶澜把“课堂动态生成”这一观念以比较正规的途径完整表达了。她在《重建课堂教学过程观》一文中指出：“要把教学过程看做是师生为实现教学任务和目的，围绕教学内容，共同参与，通过对话、沟通和合作活动，产生交互影响，以动态生成的方式推进教学活动的过程。”这些都是我们进行研究的理论基石。随着国内课程改革的推进，理论界和实践领域开始关注课堂教学的生成性问题，“动态生成”等变成了相对热门的话题。

## 第二节　课堂教学生成性问题的原因分析

对课堂教学生成性问题的源头进行梳理，一方面使教师有预先的心理准备，以便采取及时有效的策略积极应对和处理，进行巧妙地点拨、引领，以学定教，顺学而导；另一方面也将为实现生成性资源的生成铺设道路，推进课堂发展，让课堂充满活力、灵性，达到最佳的教学效果。

### 一、文本因素

教学活动中的文本是指“在教学沟通的过程中生产和接受的，可以视为会话文本与读写文本，以及对话文本与独白文本的总体”①。在教学活动中，文本是师生互动活动的中介，也是师生进行共同意义解读的对象。师生以教学文本为对话和交流的联系纽带，在对文本的意义解读中，通过师生之间、生生之间、师生与文本之间的多向互动，实现师生生命的发展与成长。文本的意义就在于可以进行开放性的意义解读乃至重新建构与生成。文本因素包括教材、教师事先准备好的教学设计以及相关的视听文本等；学生的学习文本，主要是练习等；还包括在实际教学中创造的文本，主要有：板书、对话、讨论、笔记、摘要乃至对学生操作活动进行的激励和发出的指令等。

小学语文课《草船借箭》教学片段

一学生的突然质疑拉开了一场精彩的讨论。

“我认为这不是‘借’箭，应是骗箭，所以我觉得题目应是《草船骗箭》。”教师追问：“你为什么这样认为？同学们觉得还可以换哪个字？”接着学生展开讨论。学生提出还可以用骗、偷、抢、夺等字。教师又将问题抛回给学生：“那作者为什么用‘借’而不用‘骗’‘偷’‘抢’‘夺’呢？”学生再次展开讨论。

只有深读文本之字，深思文本之理，深悟文本之道，才能深感文本之情。学生积极投入和主动建构，才使他们在学习过程中有着灵动的激情与反应。面对学生对文本的质疑，教师适时地抓住了契机，引导学生讨论，解决了学生心中的疑问，充分调动了学生的学习的积极性和主动性，同时也加强了学生对文本的理解。

## 二、学生因素

学生是构成教学活动最重要的人的因素。新课改提出要以学生为发展的主体，用动态生成的眼光来看待学生的发展，将学生在教学活动中动态生成的各种状态和表现看做是重要的资源加以开发和利用，把握住教学的有利契机，促进学生的发展。

学生因素表现在学生已有的认知、经验、技能、个性、情感、态度、价值观以及学生之间的差异等方面，包括知识、观念、品德、修养、情感、态度、兴趣爱好、好奇心、行为方式、行为习惯、观察力、记忆力、

① 钟启泉，崔允漷，张华．基础教育课程改革纲要（试行）解读．上海：华东师范大学出版社，2001：210

想象力、注意力、表达能力、合作能力、交流与沟通能力等所有智力与非智力因素。通过课堂教学活动的开展和进行，学生的各种因素有可能进入教学过程之中，与各种教学因素相互作用，形成学生的各种状态及表现，成为生动的教学过程中的生成性问题。

小学数学第五册《分数的初步认识》整理与复习课

教师提出：一个西瓜，请你分一分，你想到了哪些分数问题？

学生：我把这个西瓜平均分成10份，一份先不吃，冯老师、郭老师、苏老师各吃3份，每人吃3/10。然后我再把那一份再平均分成3份，每人吃这块的1/10。

生1：不对，是1/3。

生2：不对，是1/10。

课堂争论了起来。

师追问：1/10表示什么？是谁的1/10？再把那剩下的一份平均分成3份，那怎么表示呢？到底是1/10还是1/3？是谁的1/3？

单位1的理解是分数认识的一个难点。学生的回答显然超出了教师的预设，学生举的这个例子很典型，学生的争论也很有价值，学生的认知起点已超出了教师的设想，教师根据反馈的情况，抓住这个好的契机，以学生此时的认知起点来把握教学，把它作为帮助学生深入理解单位1的一个极好的材料。在追问中明理，在辨析中理解，使学生的知识更系统化，课堂因学生的生成而变得更加精彩。

## 三、教师因素

教师是与学生同样重要的教学活动的构成要素。现代教学观认为，教师既是教学活动的组织者和实施者，又是活动设计者和决策者，同时也是活动参与者和评价者。

教师因素包括教师的知识、能力、经验、智慧、性格、爱好、情感、意愿、态度、品行、价值观和人格魅力等。教师之间在知识结构、智力水平、思维方式、认知风格等方面存在的差异影响到对教学内容处理、教学方法选择、教学整体设计等诸多方面，这些也会进入教学活动之中成为影响生成性问题生成的重要因素。

小学数学课《圆接下来怎么画？》

一位教师正在用圆规示范画圆，当快画好时，突然圆规脚尖脱落了，快要画好的圆可惜“临产夭折”。这时的教师很尴尬，正想擦掉重画，突然他灵机一动，改变了主意，马上调整心态，故作难色“求”学生：“你们能帮老师出出点子，把这个圆补充完整吗?”学生马上开展了讨论，得出：由于圆规两脚叉开距离没变，只要找准圆心就行了。教师问到：“怎么找圆心?”

生 1：用圆规在不完整的圆内试找。

生 2：那样不准确、也不科学，可以拿起直尺，去找直径，两条直径的交点就是圆心。

生 3：可以将圆规的一个脚尖放在圆上，圆规两脚叉开的距离不变，画一个新圆，在圆上换个位置按同样的方法再画出一个新圆，这两个新圆的交点就是圆心。

接着教师让学生分别演示。

在课堂教学中，教师产生失误固然不是好事，但古人云“人非圣贤，孰能无过”，面对错误，教师如能正视这些错误，借助自己的灵感恰到好处地随机应变，巧妙应对，则这些“尴尬的错误”就能转化为教学中亮点，使教学过程得以顺利进行，师生之间的互动则将更为精彩和充满美感。与此同时，学生对带着问题思考、弥补教师“失误”的学习很感兴趣，而这样掌握的知识与技能将尤为牢固。

## 四、环境因素

环境是进行教学实践活动的必要条件和重要影响因素，环境的性质往往决定着活动的发生、发展、过程和结果。环境因素包括教学课堂气氛、校园氛围、师生关系、教学设备、教学所处的特定季节、天气和环境中突然出现的声、光、色等意外变化。民主宽松的教学氛围和凉爽适宜的天气能激发更多的生成性问题，意外的噪音、窗外飞雪等则会造成学生目光和注意力的转移，成为对教学环境的干扰型生成性问题。比如，教师在上课时突然有一只蜜蜂飞进教室，或课中学生突然思维不活跃，活动积极性不高；教室突然停电等。

运用教学机智，转移课堂教学“阵地”①

一天，老师正在讲课，突然天色大变，狂风呼啸，乌云滚滚，电闪

① 吴启思．论生成性课程资源的开发与利用．硕士学位论文．2007：61～62

雷鸣，哗哗哗……大雨倾盆而下，学生坐不住了，纷纷窃窃私语。见到这情境，老师干脆放弃原有的教学计划，顺应学生的好奇心，让学生趴在窗前尽情地观察起雨景来，十分钟后才回到位子上。

师：谁能用我们背过的古诗来形容一下刚才的天气？

生：山雨欲来风满楼。

生：碧山还被暮云遮。

生：黑云翻墨未遮山，白雨跳珠乱入船。

师：好，这一句极为贴切。

生：老师，我认为应该是"白雨跳珠乱入窗"才对。

生：改为"乱敲窗"更好，"乱敲窗"说明了雨点大，而且雨点像个调皮的小娃娃，好像也要挤进来和我们读书一样。

改完诗，教师又要求同学们把刚才的雨景和争论都写下来，不长时间，一篇篇情真意切的习作便应运而生。

课堂中的突发事件，如环境的突然变化，教师在面对危机时，要从容对待，巧妙地把握危机的本质，实现课堂教学有效生成，尽可能将其及时与教学目标联系起来，以期变危机为契机，化腐朽为神奇。

以上列举的学生、教师、文本、环境四个因素在教学活动中的作用都直接影响到了生成性问题的产生及其质量，四个方面不是独立的，而是相互作用、共同影响的。

## 第三节　课堂教学生成性问题的应对原则

课堂教学生成性问题的应对并没有绝对固定的模式，如果遵循一定的模式，我们的教学将陷入新的机械化和模式化，这样必然会影响教学的真实性，也必然会影响教学目标的达成。但是课堂教学生成性问题的应对也不是完全随意而行的，需要遵循一定的原则。叶澜主持的"新基础教育"发展性研究曾提出一个课堂教学实施过程评价表①，其中，有关教师对资源生成回应反馈的三个评价指标被定为：教师回应及时，回应明确有推进，对新资源有敏感性。本章在借鉴这三项指标的基础上，提出以下几点基本原则。

## 一、目标性原则

确定一个明确的、具体的教学目标是上好一堂课的关键。教学目标可以为教师提供分析教材及设计学生行为的依据，能为教学评价提供科学依据，可以使学生了解他们预期的学习成果，也可以帮助教师评价和修正教学的过程。评价一堂课的优劣，课堂教学目标是否落实是首要因素。当然，课堂目标不是不可调整。由于课堂教学具有较强的现场性，学习的状态、条件随时会发生变化，当条件发生变化的时候，目标需要开放地纳入弹性灵活的成分，接纳始料未及的信息，即随着课堂的动态生成，教师可以把目标适当地删补、升降。不过对目标只能是适当调整，不可改变太大，更不能完全扔掉原有的预设目标。所以把握目标方向，应是实施课堂教学生成问题应对策略的首要原则。

面对课堂中随即生成的问题，要时刻与三维教学目标相对照，该扬则扬，该抑则抑，必须摒弃"形式的交往""造作的交往""垄断的交往""独裁的交往"等异化的、虚假的交往。② 作出适当的选择，不能偏离了教学目标，为生成而生成，造成随意教学，放弃了教师在学生学习中作为组织者、促进者和引导者的角色功能。

一位教师教学《最后的辉煌》③，当谈到诺贝尔将他的全部财产变做基金存入银行，把每年的利息分成五等分，分别当做物理学奖、化学奖、生物学和医学奖、文学奖、和平奖时，课堂上不少学生根据事前收集的资料，积极举手发言：有的说我知道什么是利息，利息计算方法是本金×利率×时间；有的讲利率与存款的种类和时间的长短有关，国家可以调整利率；还有的学生指出个人利息要征收个人所得税，而征收个人所得税是为了缩小贫富差距……仅谈利息、利率的问题就用了 6 分钟时间。这是一堂语文课，却好像是数学课，语文课必须姓"语"名"文"，教学应该围绕语文的课程目标来进行。教师

---

① 叶澜．"新基础教育"发展性研究报告集．北京：中国轻工业出版社，2004

② 郑金洲．基于新课程的课堂教学改革．福州：福建教育出版社，2003：38～40

③ 徐剑．把握课堂动态生成的三大原则．http://blog.sina.com.cn/s/reader_506f79db010083mp.html

如果对这样的“动态生成”，顺其自然，不去引导，必然偏离原有的教学目标，导致不能完成预设的教学任务。这就需要教师不断提高课堂监控能力，站在高度把握课堂。

## 二、全面性原则

所谓全面性原则，是指教师在课堂教学中应对生成性问题时应面向全体学生，全面完成课堂教学的各项任务，全面提高学生的基本素质。其基本要求是：

1. 全面性原则应首先体现教学对象的全面性

教师应树立“有教无类”“长善救失”和“因材施教”的教育观、学生观，关心爱护每一个学生，使每一个学生都在自己的先天禀赋与后天发展的基础上有所得、有所乐、有所发展，使每一个学生在不同层面上得到最大限度的发展。

2. 全面性原则要体现人才观念的全面性

教师应根据不同对象，确立不同的培养目标和任务，运用不同的教学形式和方法实施分类推进或分层教学，选择适合学生的教育，使学生各得其所、各展其长和各成其才。

3. 全面性原则具体体现在教学目标的全面性上

课堂教学目标是一个多维和多层次的目标系统，教学目标系统是由纵向和横向的多个彼此相关的目标群构成。教师要全面和综合地考虑课堂教学目标，深入理解挖掘，结合学生特点和认知水平，制订出全面、综合、科学的教学目标体系。

## 三、发展性原则

所谓发展性原则是指实施教学策略的根本追求是为了学生的发展，以促进学生素质的提高为出发点和落脚点，充分发挥课堂教学的发展功能，使学生得到最大限度的发展。既尊重过去的发展事实和现在可以发展的可能，又谋求学生未来的发展。

课程改革的核心理念是“一切为了每一位学生的发展”，就是要关注学生，关注每一位学生的学习状况、情感体验，关心学生的道德生活和人格养成。学生的发展是指全面的发展，包括知识、技能、情感、价值观等方面的发展，以及学生个性的充分发展。教学是认知、情感交流的过程，更是学生整体生命成长，发展的过程。生成动态的课堂对学生问题的重视，对学生认知方式、经验、思维、态度、情感、价值观的重视，实际上是对学生的发展的重视。因此，教师应用发展的眼光来调整教学，注重在教学中启发学生的积极思考，主动地学习，让学生参与到教学中来，与教师共研讨、共探索、共提高、共发展。

1. 要树立以发展为内涵的三个课堂教学观

三个课堂教学观：一是树立课堂教学是促进学生发展活动的课堂教学本质观；二是树立课堂教学的价值在于促进学生发展的教学价值观；三是树立不求人人高分或升学，但求人人发展和成才的课堂教学质量观。

2. 要把握发展的三个度

一是向度。教师要把人才培养与未来社会的需要相统一，实现学生社会发展与人的发展的统一。要让学生在课堂上得到整体发展，包括身体、心理、道德、文化、审美、交往等。

二是量度。苏联著名心理学家、教育家赞科夫提出了"发展性"教学体系，他主张教学应适应学生的智能发展，应从知识转向智能，应该培养适合学生发展的创造性，应该"以最好的教学效果来促进学生的一般发展"。为此，他大胆指出教学应该创造最近发展区，让学生努力思考，在智力的阶梯上提高一级。在教学中教师要准确地为学生设置出合理的"最近发展区"是实现学生高效益发展的最佳途径。教学中可根据学生心智水平的不同分类，因材施教。

三是效度。实现发展效度的途径：一要及时巩固发展成果；二要教学方法灵活多样，并促其不断内化，积存为素质和外显为能力；三要教师观点明确，传授知识系统条理、结构化，使学生建立金字塔式合理的认知结构。

## 四、主体性原则

主体性原则是指在教学过程中要正确认识学生的主体地位，使学生的主动性、积极性和创造性都得到充分发挥，让教学过程处于师生协同活动、相互促进的状态，促进学生全面发展。课堂是师生共同参与、共同推进的，因此实施应对策略时必须充分发挥学生自己的作用，突出学生在教学中的主体地位，应更多地关注学生如何"学"，即以学生的求知为主线来展开，要更有利于主体的独立思考、自信心及创造精神的养成，反之，则很容易导致主体认识的狭隘性、思维的片面性、思想的肤浅性、情感的单一性。因此，在教学过程中，教师要根据学生的实际情况，理清学生的思想脉络，看准学生思想的症结和可能的走向，随时调节教学过程，使学生成为课堂的主人。

1. 建立和谐的师生关系

互动对话是课堂生成的生态条件，而营造互动对话的氛围，离不开师生间民主和谐的关系。学习的主动性是学习的动力因素，教师充沛的热情、深沉的爱会激起学生相应的积极的情感体验从而更好地接受老师的教育，“亲其师，方能信其道”。教师首先树立正确的师生观，建立和谐的师生关系，要创设宽松的、和谐的教学环境与课堂气氛，让学生个性得以充分展现和张扬。在课堂中要体现教学的民主性，教师尊重学生，与学生合作，教学相长，欢迎质疑、争辩、否定老师的观点，允许出错、改正、保留。

2. 调动学生学习的主动性和积极性

学生是学习的主体，发展的主体，学生的学习和发展，只有通过他们自己的学习实践才能实现。因此在教学中要充分调动学生的积极性，发挥学生的主体作用，有效地使学生参与到教学中去，积极主动地探索和发现知识，成为学习的主人。教师要善于把教材中的知识转化成一个个相互关联的问题，要给学生更多的自主，给每个学生提供思考、创造、表现及体验成功的机会，努力给学生、给课堂带来欢乐、兴奋和成功，尽可能多地为学生提供独立活动的机会、时间和空间。让学生自己去探索、设计、操作寻找结论；让学生自己讨论、分析，得出答案，通过自身的参与、思考、探究、交流、分享等活动来主动获取知识，建构知识。这样设计既培养了学生综合、分析的思维能力，学生的主体地位也得到了充分体现。

3. 实施积极的、发展性评价

在课堂教学过程中我们要注意：一是评价内容的全面性。包括学习的态度，在活动中所获得的体验情况，活动的方法，技能的掌握情况等；二是评价手段的多样性。在学生自评的基础上，结合其他学生评、老师评等形式来提高评价的科学性、合理性、公正性、客观性。同时，评价过程注重终结评价与过程评价相结合，以过程评价为主；定性评价与定量评价相结合，以定性评价为主；三是评价结果的激励性。评价旨在促进发展，因此要充分发挥评价的激励性。评价过程中要尊重学生的主体地位，正视差异，重视学生的自我意识和个性张扬，注意学生在活动过程中的表现，以发展的眼光关注学生的纵向评价，充分肯定学生在纵向评价过程反映出来的进步。并且，老师有意识地放大活动中的体验，淡化最终结果，通过评价帮助学生体会收获的广泛性，增强评价对学生的激励作用。

# 第四节　课堂教学生成性问题的应对策略

课堂是动态存在、变动不居的，即使教师备课准备再充分，也难以设想可能出现的形形色色的情况和事件。课堂教学是一个动态的不断发展推进的过程，有灵活的生成性和不可预测性，但并不意味着它是没有规律可循的。只要我们对诸多的生成性问题的应对进行总结和锤炼，就能有效地探询生成性问题应对策略的规律性。面对"乱花渐欲迷人眼"的课堂教学中的生成性问题，教师到底应该如何应对，提高自己的教学智慧呢?

## 一、课前精心设计，关注生成

课堂教学是师生围绕一定的教学目标，按照教师预先设计好的教学方案进行的心智活动，因此，教学设计方案的科学性、合理性、有效性就直接影响着教学目标的实施。课堂的动态生成固然无法全然预知，但每个阶段的学生都有着相距不远的知识基础、社会阅历、心理生理发展规律，而这些"预料之中"就来自课前的充分预设，充分预设才能预约生成的精彩。这个预设包含：对学科性质特点的把握；对课标理念的诠释；对教材多个维度目标的理解和把握；对现阶段学生年龄、心理、知识水平的了解……这些都与教师的学科知识、儿童心理学等专业知识以及理解教材、处理教学资源的教学技能等密切相关。

叶澜指出"一个真正关注人的发展的教学设计，会为师生在教学过程中发挥创造性提供条件；会关注学生的个体差异(不仅是认知的)和为每个学生提供主动积极活动的保证；会促使课堂中多向、多种类型信息交流的产生和对及时反馈提出要求。"可见，教学设计要为动态生成而设计，使教学尽可能地在预设之内生成。在一般情况下，做到教学目标基本不变，教学内容基本不变，教学重点基本不变，教学策略基本不变，教学流程基本不变。教师要对课堂做好充分的预设，对教学结果了如指掌，对过程更要多做假设，学生会怎么说我又该如何引导，特别是引导的方法，应该多预设。有了充分的预设教师才能真正顺学而导，才能从容不迫地面对学生，才能胸有成竹地与学生对话，才能收获许多预约的生成的精彩。“风筝飞千尺，自有绳在手。”只有这样，在课堂出现意外时教师才不至于望洋兴叹、手足无措。

**(一)弹性预设，留足空间**

课堂是复杂的，老师在预设时，不可能穷尽也不必穷尽课堂的可能变化，要凭借教育智慧在教学机智中生成。有的时候，预设目标可以在生成中随机升降，教学重点可以在生成中调整，探究主题可以在生成中适时替换，教学的流程可以在生成中即时变奏。因此，对于构成学生学习生命历程的每一堂课，教师必须弹性设计，反复研究。

弹性预设是指教学方案能为体现学生的主体性而预备充分的空间，鼓励学生的创新而预留足够的余地，师生能够在具体的教学情境下产生不同形式的教学活动。是以学生为本、以真实具体的课堂生活为本、灵活的有弹性的设计，是能够体现教师自主、学生自主、体现教师智慧和创造性、体现课堂生命价值的设计。它包含着丰富的生成性，应对偶然性、突发性事件，而促成教学方式的多样性和学生的创造性。在其中，不仅有关于高水平的思维智力加工的预设，更有积极的情绪体验、情感高峰的预设，让师生能共享教学过程的愉快。

为了更好地生成，课前的教学设计要从教学目标、内容、过程、方法及评价等方面体现出多样性、选择性、灵活性和开放性，为学生个性的发展提供空间。教师在进行课前预设时，要研究学生的潜在状态、生活经验和发展需求，对学生整体能力和个性特点进行充分的了解，进行弹性化的设计，这样才可能激发出更多比较有质量的生成性问题。

1. 教学目标的设计

教师预设的教学目标不是固定不变的，而应该是动态的、开放的、生成的。为实现课堂教学过程的因材施教，使各层次学生都能有成功学习的愉快体验，不仅预设时要考虑知识分类，学生分层，还应预想在教学过程中，学生够不着目标或轻而易举达标时，怎样对目标进行调整、删除、增加。兼顾“可能性”“发展性”“参与性”，要有弹性区间，既顾及学生之间的差异性，也考虑到期望目标与实际结果之间可能出现的差异。

2. 教学过程的设计

过程的设计也要有“弹性区间”，可以通过不同的作业、练习、活动来体现；过程设计还要策划教学行进中的教师活动，相应的学生活动，组织活动的形式与方法，活动效果的预测和期望效果的假设，师生间的互动方式等一系列全面的，最终形成综合的、富有弹性的教学方案。设计的重点重在由何开始、如何推进、怎样转折等的全程关联式策划，至于终点，并不是绝对的，重要的是水到渠成。在课堂上教师更多的是倾听，不经意间追问一个问题、使用一个材料、创设一个情境，好像是“得来全不费工夫”，实则是经历了“踏破铁鞋无觅处”的准备过程。生成因预设而丰富，预设因生成而精彩！

小学数学课《多位数的读法》

在教学多位数的读法时，教师首先采用学生收集的有关信息进行复习。接着出示18 000 000 023、12 345 678 987、210 004 000 400和56 040 003 000等数请学生试读(这样的设计无疑提供了生成问题的空间)。试读这么大的数，对学生具有挑战性，学生迫不及待地互相研究起来。教师抓住时机："在试读数时，你们遇到了什么困难，有什么想法，有什么经验，请同学们说出来便于大家交流。"(教师这样的设计无疑提供了释放生成问题的机会)接着教师将学生出现的生成问题提升为教学内容：(1)猜想多位数读法与亿以内数读法完全相同；(2)猜想先分级，再按级读数；(3)数中的0应该怎样读。(其实教师早已预设到)然后教师提出要求："选择你们有兴趣的问题进行研究，要有理有据地说明观点。"

这节课的成功原因在于这样的设计通过把弹性因素和不确定性引入到教学过程，为师生课堂教学的实践留出了主动参与、积极互动、创造生成的可能，也为教学过程的动态生成创设了条件，课堂中学生自主探究学习的兴趣随着生成性问题的不断出现更加浓厚，教学要将学生主动健康发展服务的教学价值观落实转化到教师对自己教学行为的预先策划之中，并最终渗入和体现为教学实践。

**(二)内容重组，板块设计**

课堂需要粗框架的，能统领全篇，开放的预设。就是对教学内容进行结构化处理，设计几个前后贯通而又有逻辑关系的问题板块，知识的结构和相应的学习方法程序的结构可以在对同类的知识学习中得到有效迁移，使原有的教学内容呈现出生长性。在每个板块中，没有纷繁的头绪，没有生硬的环节，给学生活动留有很大空间，因而教学也就拥有很大的弹性，教师可根据生成的问题及时调整自己的教学行为。这就要求，教师应认真钻研教材，解读教材，挖掘教材的魅力，选好切入点，选择适合学生学习、适合学生发展的教学预设，选择适合学生需要的学习形式和方式，设计出一个粗略的框架。预设与生成的关系就如同皮和毛的关系，没有粗框架的整堂课的“预设”，就如同没有“皮”，“皮之不存，毛将焉附?”正如意大利瑞吉欧老师的比喻，生成教学像一个外出旅行时的指南针。生成要始终指向南方，也就是生成必须紧紧围绕预设的粗框架这一教学目标，根据预设的几个板块，灵活地安排课程，生成多彩的课堂。

小学六年级数学课《圆柱与圆锥的认识》

在教学研究圆柱的特征时，教师活化教材，对圆柱的特征进行了重组，将能用观察的方法发现的特征定位为圆柱的显性特征(表面特征)，圆柱的侧面展开特征定位为圆柱的隐性特征，要求学生从显性和隐性特征两个层面，让学生自主探究与发现，让学生尝试以辩证的思想来看待问题，这样既给了学生一个全面看待问题的思考方向和平台，还能为学生的有效生成奠定很好的基础。

**(三)优化提问，便于生成**

培养学生的创造力的教学过程始发于问题，推进于问题，收获于问题。学生对问题产生困惑并产生解决问题的愿望，是动态生成的前提。

因此教师要优化问题的设计，设计开放型的问题，改变问题的呈现方式，许多情况下课堂上最好只给讨论的话题，不在于引导学生得出自己所希望听到的答案，而在于答案的丰富多彩。同时教学应该鼓励学生批判质疑，从不同的角度思考问题，用不同的方法解决问题，踊跃发表不同意见。

首先，没有固定答案的问题便于生成。

以小学语文第一册《一次比一次有进步》为例，教师组织学生小组合作学习、集体交流了小燕子三次去菜园观察发现冬瓜和茄子的三个不同之处，追问：冬瓜和茄子的三个不同之处。引导学生说出许许多多课文中没有介绍到的知识，如：“冬瓜的花是淡黄色的，茄子的花是紫色的；冬瓜的叶子像手掌、大大的，茄子的叶子椭圆形、小小的；冬瓜有细细弯弯的藤，而茄子没有；冬瓜的皮硬硬的，茄子的皮软一些，而且很光滑……”此时教师兴奋地说：“你们说的这些不同之处小燕子还没来得及发现呢，如果燕子妈妈再让小燕子去观察、实践，它也一定能发现的。”接着让学生小组讨论，可以仿照文中的对话续编童话故事，喜欢表演的小朋友可以分角色演一演。教师巡回指导，对有困难的小组巧妙地帮助。这样的提问，这种师生互动中的即兴创造，超越了目标预定的要求，活跃了学生思维，锻炼了学生的口头表达能力，培养了创造想象力，使学生感受到了成功的喜悦，并且在课堂上生成了许多亮点。

其次，学生乐于思考的问题便于生成。

学生乐于思考的问题更能激发他们思考的兴趣，打开学生的思维，因此也更便于生成。以小学六年级数学《长方体和正方体的表面积》为例，（课件出示一长方体）教师提问：如果这个长方体的表面积要少算一个面，会出现哪些不同的情形？这样学生肯定马上想到了长、宽、高均不同的长方体，那么有三种不同的情形出现。教师再追问：只有这种情形吗？鼓励学生开动脑筋，破除思维定势，想到有两个正方形面的长方体，那么是两种不同的情形。这样的问题学生能够"生成"出许多我们意想不到的精彩，他们急于思考并便于生成。

再次，学生能表达自己独特的理解、感悟和体验的话题便于学生生成。

以小学音乐《云》一课为例，歌曲教学中的声音表情处理是最重要同时也是最难达到理想效果的。一首短小平常的儿歌怎么才能唱出味道，使孩子都能全身心投入呢？在《云》的练声环节设计中，教师运用启发性的语言："闭上眼睛，想象自己变成云，身体越来越轻，往天上飘去……"引导学生运用想象进入身临其境的云海之中。接着，让学生选用象声词"呜""啦""哒"来表现不同情景下的云，一位学生用轻柔的"呜"声来唱月光下的云；另一位学生说，阳光下的云很亮丽，云的周围金边环绕，用明亮、流畅的"啦"唱比较好；还有许多学生赞成表现乌云的小雨点应该用短促、有弹力的"咕"声来唱。他们充分发挥自己的想象力，在尝试了小小的创意之后，表现出来的是无比快乐的心情。使师生共同陶醉于优美的乐海中，陶冶性情，净化心灵，得到音乐美的享受。教师巧妙地创设了一个"海阔凭鱼跃"的生成空间。对于这样的问题，每个学生都会有自己独特的理解、感悟和体验，因此学生在感悟时，就会"生成"无数独特的亮点，就会撞击出无数的火花。在火花闪亮的一瞬间，教师临阵不慌，敏锐地对即时生成的问题进行判断、分析，作出科学的、恰当的、艺术的应对。在这个过程中，教师没把自己变成一个裁判，在意见之间做出裁决，而是化整为零，尊重学生在想象过程中的不同感受，鼓励学生多角度、多层面地去表现自己的感受。

最后，大多数学生最困惑的问题便于生成新的课堂资源。

为了使40分钟更有实效，教师在上课之前，可以采用让学生预习先提问的办法。上课前教师再进行归类汇总，把出现频率最多的问题作为重点或难点，然后在课堂上引导学生去解决问题，这样的问题是学生自己提出来的，也是他们最想知道的，因此探究的积极性很高，实效性很强，生成的课堂资源更精彩。以《石榴》一课为例，课前学生提的问题中，有一半同学问“作者为什么把石榴花比作夏天的心脏?”教师就把此问题作为本课的重点，引导学生在课堂上合作探究，这样既提高了课堂的实效性，又培养了学生提出问题、分析问题、解决问题的能力，学生生成的课堂资源很丰富。

## 二、课中巧妙处理，关注生成

丰富繁杂的生成性问题普遍存在于真实的课堂教学中，大量的实践案例表明：要巧妙应对各类生成性问题，让课堂因此而灵动精彩是可能的，也是必要的。只要教师真正关注课堂，关注学生，师生真正参与到为实现师生成长为目的的师生共同构建的课堂教学活动中，就一定能把握住教学进行的有利契机，更为生动地促进学生的发展。

### (一)积极的生成性问题的应对策略

首先教师应尊重学生，尊重学生的认知偏好和个人愿望，要信任学生，信任学生的才能和创造能力，相信学生的独特想法与见解。课堂教学具有生成性，因此教师的教学设计，在教学实践中是很难一成不变。对于那些反映了学生关注点的生成性问题，教师可以采用顺水推舟应对法，及时地捕捉其中的动态资源，相机根据学生的兴趣来推进，引导学生往更广或更深处进行积极探索，满足学生的求知欲，促进学生积极参与课堂，使之生成新的教学资源。

中学地理课《太阳和太阳系》

在讲授完“太阳和太阳系”时，让学生就太阳外部结构的一系列问题进行探究学习，有一个同学提出这样一个问题：太阳表面温度比中心温度低，可为什么在太阳的外部结构中，由里向外的光球层、色球层、日冕层的温度却越来越高呢？尽管这个问题已经超出教材的范畴，许多科学家也解决不了这个问题，但它却是许多同学都感兴趣的问题，一个很有价值的生成性问题。我组织学生进行了集体探讨和分析，学生在课堂上提出了许多有见解的答案，但答案正确与否在这里似乎并不重要，关键是学生在学习过程中得到了真正意义上的发展。

学生感兴趣的东西往往比教师强塞给他的东西更能增加其去实现的愿望。因此教师抓住了学生的兴趣爱好，抓住了学生的关注点，使其成为一个有效资源，诱发了学生的探究欲望，不失为提高学生参与质量的一个有效途径。

新课程确立了“以学生发展为本”的教育理念，提出要以学生发展的需要来确定教学，教师更应该根据学生的现实表现来及时调整教学，纳入弹性灵活的成分，真正做到“以人为本，以学定教”，从而发展性地完成教学。因此对于一些有探求价值的生成性问题，教师可以采用因势利导应对法，创设良好的氛围，重组生成性问题，提出新的教学目标，再度归纳集合形成深层次、高质量的资源，师生互动形成新的教学过程，通过生成新的、又具有连续性的兴奋点和教学步骤，提升生成性问题利用的有效度和质量，延伸拓展，引导他们积极主动地参与学习，促进学生的个性发展和潜能开发，使课堂真正成为学生展示自我的舞台，使课堂充满着智慧的灵动和生长的气息。

小学数学教学故事片段《水管怎么接》

这节课我准备与孩子们一起来认识垂直及点到直线的距离。在练习中，我假设班上赵湘萍家住在大街附近，要从大街边上把自来水管接到赵湘萍家，怎样接合适？并在黑板上画出了示意图。题一出，孩子们的手就如雨后春笋般地冒出来了，看到平时不怎么爱说的曾兵举了手，我毫不犹豫的给了他首席发言权。曾兵说：“把赵湘萍家与大街用线连起来就可以了。”“赵湘萍家与大街怎样连起来呢？你能到黑板上来画一下吗？”曾兵慢慢地走到黑板前，接过我手中的尺，从赵湘萍家向大街画了一条垂线段。我问他：“这是一条什么线呀？你能告诉大家你为什么要这么画吗？”他不好意思地摇摇头，我摸摸他的头，轻轻地说：“回座位去吧，待会儿听听别人怎么说。”

“你们觉得他的接法怎么样？”欧阳白雪说话了：“我觉得他这样接很好，他画的是一条垂线段，我们刚学过点到直线的距离，这是赵湘萍家离大街最近的一条线路。”

“你们赞成吗？”“我不赞成！”周小纬站了起来，我的心一惊，“这可是班上特聪明，学习特好，知识面广，思想独到的一个孩子，他今天会给我制造什么意外呢？”我心里寻思着。“我要拐弯接！因为是我去做，这样她家材料用得多，我就可以多赚些材料钱了。”“如果是这样给你家接水管，好不好？!”赵湘萍气愤地站起来说，周小纬不说话了。

这时，邓博今说：“按欧阳白雪说的这确实是一条最近的线路，用的水管最少，最省钱，但生活中有时是不能这样接的，因为有时路上会有障碍，我们得按实际情况去设计铺设水管的线路，尽量做到能节省材料，周小纬太自私了！”她的发言博得了大家的掌声。

课后，我找周小纬了解为什么会这么想时，他告诉我：“做商人就是要想方设法多赚钱。”我问他：“你认为以后这家人还会找你这个商家做吗？”他先不语，隔会儿告诉我："我可以换个公司名称再做。""能长久吗?"我问他。他不再言语。这时我告诉他："像这样去赚钱那只是一种奸商的行径，不大气，并且将会是一次性的商业行为，得不到顾客的信任，将难以长久维持下去，也难赚到大钱。"他默默地走了，这也许对他心灵会有所触动……

案例中面对学生练习中出现的问题，面对周小纬的与众不同的声音，面对学生的争论，教师敏锐地察觉到了其中的教育因素，抓住时机，有效引导，使学生在情与理中受到了教育，使一个简单的练习却收到了意想不到的教育效果。因为时间原因，有时在特定的情境中，在生成性的互动中学生产生了超预设的情节，学生激情辨析中生成了新的知识点，但无奈却临近下课了，当这种生成性资源形成时，教师不必扼腕叹息，戛然而止，徒留遗憾，可以采用延伸拓展法，适时引导至课外，留给学生自我探索的空间，使学生借助课堂教学内容实现新的思考、实践和情感价值观的提高。

如在一节小学数学《比例尺》的教学中，学生又提出比例尺的一种计算方法，但这时下课铃声响了……教师马上引导：这样的算法也能正确算出实际方程，这是不是巧合呢？这样算又有什么道理？与第一种算法有什么联系？请大家下课后继续讨论，下节课我们再来交流好吗？连续几个问题，步步紧逼，引起了学生对学习比例尺的好奇心，激发了学生学习的强烈欲望，这样的延伸是一种情境的继续，留给学生以无限探究欲望。

有时，学生会提出一些教师未预设的答案或问题，教师可以充分发挥学生的自主性，采用迂回讨论应对法，或再把球踢给学生，交给学生来处理，小组合作讨论、辩论，个人观点的表明、分析与讲解，专题分项研究等；也可以明知不说，把问题提炼后再抛给学生，让学生通过讨论得出结果。采用迂回讨论应对法，可以避免教师独揽课堂，使教师不再成为课堂的主宰，同时也会使学生的积极性得到发挥，学生也会为自己分析过问题、解决了问题而欣慰不已，进而获得学习的成就感。

如一中学历史教师在讲到"文天祥抗元"时，有学生突然说："文天祥看不到元朝统一中国的必然历史趋势，逆历史潮流而动，不值得称道。"针对这一生成性问题，教师没有马上正面回答，交给学生自己去讨论。经过讨论，学生达成了共识：文天祥宁死不屈，誓死抗元，表现了崇高的民族气节，值得后人称赞。学生在讨论中也认同了文天祥的民族气节是可贵的，这也到达了历史教学的至高境界。

有时，面对学生的质疑或讨论，教师也可以采用静观其变法来应对。这里的"静"并不是冷场，它是思维的高度集中，是期待思维的再一次飞跃。作为教师在此时只需静观其变，给学生更大的思维空间，这样学生的思维始终在碰撞、提升，看似静，实是动，静中有动，方显知识真谛。

小学语文课《惊弓之鸟》教学片段

生1：刚才我们在学第二自然段时，更羸说："大王，我不用箭，只要拉一下弓，这只大雁就能掉下来。"黄维钦说读这句话应该用自信的语气读，我们都赞同这个观点。因为更羸是有名的射箭能手，他能在一国之君的面前这样说，肯定是胸有成竹的，既然这样自信，那么我想文中的"就能"就可以该成"准能"或者是"一定能"，您觉得呢？

生2：不能改，因为要尊重文章作者的意见。

生3：能改，因为更羸确实是胸有成竹。

生4：可改，可不改……

最后经过一番激烈的唇枪舌剑，学生得出结论，不改为好，因为更羸在大王面前，还是谦逊一点为好，万一有个闪失，不是落下个"欺君之罪"的头衔，那可是要杀头的呀！所以，还是为自己留下余地，如果大雁果真像更羸说的那样，不用箭，只拉弓就能让大雁掉下来，那么更能令大王对更羸钦佩有加。

虽然教师在这个过程中一言不发，静观其变，但其实是给了学生更大的思维空间，学生在辩论中对话、交流、碰撞、提升，课堂显得自由、自在、自信、自如。

有时，课堂中学生的问题和思维会停留在表面层次上，很难到达中心地带，面对这种情况，教师就要抓住其中的一个有价值的问题或想法，层层追问，采用循序渐进应对法，引导深入研讨，使其深刻，使课堂产生思维碰撞和交锋，从而有所发现，有所拓展，有所创新，促进教学的不断生成和发展，直至达到教学目标。

小学信息技术课：《安全小卫士》

学生大都对于计算机的操作非常感兴趣，要他们把注意力都投入到怎样防范电脑病毒和电脑安全这个方面，就有学生提出"为什么要自我保护呢？好像我们电脑安全问题跟自我保护的问题是两回事"。根据学生的提问，教师敏感地察觉到学生对自身安全问题和知识了解甚少，非常有必要就这个问题进行说明和讲解。对于学生的提问，教师从三个方面引导学生，层层深入：1. 通过学习教材，了解相关的自身安全问题；2. 通过上网查找相关因为网络原因而导致的个人人身安全遭受威胁的事例；3. 通过举出身边相关事例来说明保护自身安全的重要性。

面对生成，教师抓住学生的提问“为什么要自我保护”，从三个角度，层层深入，这样学生既懂得了在虚拟的网络上保护自身安全的重要性，并且也树立了这种自我保护的意识，推动了课堂的顺利进行，学习效果也达到了最佳。

小学语文课《草船借箭》

在学习七和八自然段，齐读，指名读，学生都没有读出鲁肃和诸葛亮、曹操的语气。这时，老师引导让孩子们设想：这是一场非常大的雾，大到连面对面都看不清啊！同学们想啊，这时候诸葛亮和鲁肃都坐在船上，他俩都看到了这场大雾，你说鲁肃看到这场大雾心里怎么样？诸葛亮看到这场大雾什么感觉？什么心情？通过你的朗读告诉大家。

如何让孩子们感悟形象、树立形象、再现形象、描绘形象，就必须品读课文当中富有形象色彩的语言，引导学生抓住语言点。通过老师的层层引导，通过这样一个语言点的读悟，对人物形象进行了再现、再造，也使这个人物形象深深地植根到孩子们的精神世界当中去。

有时，学生也会思路受阻、困惑不解，或回答不经意地出现一些奇思妙想，教师作为引导者，应尊重学生的个性和情感，用心倾听，真诚地欣赏学生尚幼稚的创造萌芽，采用顺水推舟应对法，巧妙引导、适时点拨、加以提升，那么既能保护学生的好奇心和探究的冲动，还能让师生在交流互动中进行智慧的碰撞、情感的交融和心灵的沟通，让课堂成为一个有丰富内涵的个性表演的舞台。

数学第五册《笔算多位数的加法》

这节课教学内容是“笔算多位数的加法”。课堂开始，教师直接出示了例题：计算68＋79。当教师提问“你是怎么算的”，学生们一个个都站起来发表自己的计算方法。有直接用口算的：先算个位8＋9＝17，再算十位6＋7＝13，再加上进位的1，所以它们的和就是147；有将个位和十位分开来计算的：60＋70＝130，8＋9＝17，130＋17＝147；也有用竖式计算的……教师将孩子们的算法一一板书在黑板上，并将竖式重点板书在了横式的下面。正当这时，教师看到了还有一双小手仍高高地举着，是班上问题最多的小机灵鬼，看着他那双期盼的大眼睛，教师带着疑惑请他来发表自己的见解。他慢悠悠地站起来，慢条斯理地说：“我还有不同的算法。我用假设法，将79看成是整十数80，68＋80＝148，然后再减去多加的1，148－1＝147，这样算就简单得多。”说完他有点小神气地坐下了。真是个不错的方法。虽然这不是本节课学习的方法，但这是一种重要的数学学习的方法，它对学生数学思维是多好的一个学习点，于是教师立刻对“小神气”进行了肯定，并指出这是一种非常好的计算方法，用的是数学学习中一种非常重要的思想——“假设法”。“一石激起千层浪。”马上就有学生由此想到了可以将68看成70再减2，有学生想到了将68看成70，79看成80，再减3……

在新课标中提倡“算法多样化”，在进行计算时，教师可以让学生用自己喜欢的方法计算，当学生生成了不同的算法，要表达自己算理时，教师从学生的需要出发及时调整了教学预案进行“二度教学设计”，给充足的时间，让学生畅所欲言，把自己的想法说出来，并作为引导者，在适当的时候加以肯定，加以点拨、提升，使学生在交流中学习，在学习中成长，使学生的智慧在课堂上充分显现。

有时，学生也难免会出现错误。事实上，学生在课堂中出现的问题、疑问和错误并不可怕，关键在于教师的处理方式。因为学生的错误暴露出了学生的真实思维状态，反映了学生的疑问点，反映了学生建构知识的障碍。只要能抓住问题的症结所在，从伴随着教学过程中出现的错误想法出发，进行引导和点拨，帮助学会认清其中的道理，引出正确的想法，引导学生自主构建，得出合乎逻辑的结论，恰是学生思维发展的一个又一个新起点。学生在纠错的过程中，发现问题，思考探索，使课堂不断绽放出动态生成的绚丽智慧之花，将会收到意想不到的效果。错误也是美丽的，关键在于抓住时机，变曲为直，为我所用。

因此面对反映学生的疑问点、错误的生成性问题，应该以新的理念、新的眼光，站在新的角度对其价值重新定位，对其进行新的探索与实践。课堂上当学生对知识点的理解有困难、有误时，老师不要急于分析，可以采用将错就错应对法，交给学生探讨、辨析、验证，让错误在探究中得到修正，疑问在探究中解决。经过这几个过程，学生更能感受到解决问题的乐趣，从中学会解决问题的方法，培养学生可持续发展的能力，学习效果会更好，学生理解的也会更深刻。

数学第七册《大数的认识》

在学完读数这个环节，教师设计了一个活动环节，让学生写一个最高位是亿位，中间有零的数。有一个学生写的是200000870，她将写的数读成了：

二亿零八百七。从学生的反馈可以反映学生在读数方面，还没有弄清楚，问题出在哪？教师没有急于纠正，而是利用了这个学生的错误，帮助学生突破学习的难点。将这个学生的错误变成学生知识建构的辨析性资源。教师将问题分了两步，第一步怎样改读法会正确？第二步改之后怎样写？学生出现了这几种结果：二亿零八百七十、二亿零八百七十万、二亿零八百万零七、二亿零八百零七。这样学生把中间有0的几种情况都罗列出来了，在这个过程中。学生通过对比突破了读数和写数的难点。

在这个案例中，面对学生即时出现的错误，教师把握教学契机，抓住瞬间机遇，及时应对，把这些反映了学生疑问点的有效的生成性问题当成教学资源开发、放大，根据本班学生的学习实际情况，调整了预案，采用延时评价，将错就错，给了学生更多自主探索的时间，带领学生经历了一次思辨的过程，让学生在纠错、改错中感悟道理、领悟方法，由此找到知识之间的内在联系，加深了记忆，在“吃一堑，长一智”中增长才干与智慧，同时也使教师、学生在课堂教学中始终处于和谐的交互活动状态，这个生成性问题也成了学生构建自身知识和能力体系螺旋上升中的一个插曲，错误也绽放出了美丽的光芒，创造出了惊喜。

**(二)消极的生成性问题的应对策略**

在课堂中，因为小学生的生理和心理特点，有意注意的持续时间不长，总会有学生注意力特别容易分散，窗户边有人经过，有人咳嗽一声，地上掉了什么东西……教师很难让每个学生的目光都自始至终聚焦。对于一些不经意的个别学生的消极的生成性问题，它们对课堂整体基本没有什么影响，我们可以采用“视而不见法”来应对，让它在教学过程中慢慢淡化、消失。如果经常提醒学生，既影响了教学的进程，又可能引起学生反感。因此我们可以不动声色，继续教学，并且多鼓励、表扬，强化正面刺激，吸引学生的注意，培养学生的内驱力，从而培养学生的自控和自制能力。有时有些学生发生问题行为是为了引起教师的注意，教师对其采用无声效应。即教师知道了问题行为的发生，但是不予理睬，让学生自觉无趣，从而停止问题行为。

对于一些对课堂整体没有太大影响的消极的生成性问题，如碰到不守纪律讲小话、做小动作的学生，或出现一些不合常规的举动，或个别学生为引起同学们注意故意做出的一些行为，只要对课堂整体没有大的影响，不必刻意去制止或排除，最好采用轻描淡写应对法。因为如果点名批评或训斥一顿，进行深度干预，不但会影响到其他的学生，影响课堂的正常教学，耽误了教学时间，也会给这个学生以打击，破坏课堂和谐融洽的气氛。

教师可以使用轻柔的语言进行提醒、鼓励，或用非语言信号(目光、肢体语言等)。例如，摇摇头或者其他手势，示意学生停止不当行为。非语言的方法非常适合小而持续的不良行为：经常性的或者持续的小声说话，盯着天花板看和在教室走动以及传纸条。使用非语言的暗示的一个明显的好处就是你可以不用打扰其他同学就处理了这些小的不良行为。总之，非语言的干涉让你能够在最小的影响之下维护并继续你的课堂。走近学生身边也是一个重要的方法。在不打断教学的情况下，一边走近学生一边用非语言信号提醒学生停止不当行为。当学生的注意力不是很集中的时候，或者学生的注意力开始消散时教师可以采用开展学生参与度较高的教学活动。比如，开展小组讨论。语言干涉也是非常重要的内容。当学生不认真学习的时候，你也可以用点名提问的方式对学生进行警告。通过点名可以表示教师洞悉课堂，并且能够吸引学生的注意力。有时也可以把学生的名字放入正在进行的讲解中。在方便时给予有效的指导(如学生讨论时)，缩短师生之间的心理距离，创设和谐轻松的课堂氛围，同样能收到恰如其分的效果。

小学信息技术课《电子相册》

在教电子相册这课时，学生对于相册能够自动发出声音并且自动播放画面感到非常兴奋，并且跃跃欲试，但是在急于求成的同时，凸显了一个浮躁的问题，不能安下心来做相册。有几个学生想做又做不好，在说小话，虽然他们没有对课堂造成什么影响，但毕竟会影响学生的学习效果。于是教师调整了语气，用尽量柔和、平静的语气轻声地讲解声音的操作，并播放柔和、平缓的背景音乐，来调节他们急切而浮躁的心态。随着美妙的音乐的响起，学生们浮躁的心态慢慢安静下来。

在我们的课堂中，有时会出现老师始料不及的状况，出现一些干扰性问题行为，面对这些恶性的生成性问题，教师不能视而不见，不能纵容，要快刀斩乱麻，有时"铁腕"手段也能起到一定的教学效果。因为这是培养学生良好的学习习惯，同时如果不及时解决，还会影响到课堂整体的学习效果。当然体罚是不允许的。当学生产生恶性的生成性问题时，教师可以通过暂时取消学生的特权或学生喜欢的活动。对于课堂上不守常规的学生，当然我们也不能都以制止为唯一方法，关键在于找到问题的原因。课堂 40 分钟有限，这就需要教师在课后多与学生交流，与他们做朋友，了解学生的真实想法，对症下药，打开学生的心结，减少这样的恶性生成性问题，让课堂充满爱与尊重。

小学英语课《Merry Christmas》

圣诞节期间，教师安排了在班上花5～8分钟开个小小的圣诞Party，给每个小朋友分糖果。结果到最后几分钟分发糖果时，几个小朋友有的离开座位，有的抢别人的糖果，课堂乱糟糟的。教师立刻停下来，进行组织课堂教学。马上找出了几位带头的学生，说明糖果只送给课堂中遵守纪律的孩子。课堂马上安静了下来。

小学体育课《轻物掷远》

在徒手练习后，教师要求持垒球进行练习。学生拿到垒球随便乱抛。整个课堂纪律很乱，只见垒球漫天飞。教师马上进行了严厉批评，并作规定：必须都掷出去才能捡，然后交给下面的学生。但仍有些以身试法的调皮学生想试探一下老师，有点不听话了，故意乱丢。教师立即请他们停止练习，改当观众，来了一个杀鸡骇猴，接下来学生们个个认真地练习，基本达到教学目的。

以上两个案例，学生的行为严重影响了课堂的继续进行，因此教师都立即采取了"铁腕"手段，通过暂时取消学生的特权或学生喜欢的活动的方法使课堂回到了正轨。"工欲善其事，必先利其器。"有时面对这些恶性的生成性问题，我们真的需要快刀斩乱麻，抓住最佳时机，及时应对，才能让课堂不继续偏离正轨，排除干扰，继续进行。

## 三、课后勤于反思，优化生成

教学反思是教师专业发展和自我成长的核心因素，实践＋反思＝成长。教学反思也是教学常规中的一项基本要求，是课堂教学的延伸，是教学链条上一个必需环节。一般而言，教学的反思试图对教育情境中的行动是否恰当(在具体的情况下是最好的、正确的)给予关注[①]，叶澜曾指出："课堂上可能发生的一切，不是都能在备课时预测到的。课后反思是对教师自身具体教学工作的检查与评定，是教师整理课堂教学反馈信息，适时总结经验教训，指出教学中的成功与不足的重要过程。"面对鲜活的课堂，教师应以研究者的态度和眼光审视，应该想一想：还有更好的方法来运转课堂吗？不断反思探究，提高自己应对生成性问题的能力。在实践中，培育自己的教育智慧，使

① [加]马克斯·范梅南．教学机智——教育智慧的意蕴．李树英译．北京：教育科学出版社，2001

自己敏锐感受、准确把握判断生成和变动过程中可能出现的新情势和新问题，根据对象实际和面临的情境及时做出决策和选择、调节教学行为。它可以帮助教师增强分析和处理教材的能力，改进教学方法，积累教学经验，是促进课堂教学生成性问题应对的有效性，提高教学艺术和课堂教学质量，积累教育智慧的必要途径。

**(一)反思的内容**

明确教学反思的内容，这是进行教学反思的前提。教学反思的内容源于理论和实践两个方面。理论方面是指教师对相关的教育理论、教育方法的反思；实践方面是指教师对教学理念、教学内容、教学方法、教学对象、教学结果等的反思，在反思中把各类信息进行重组，形成新的教学契机和教学生长点。具体说来，首先，教师要对原有的教育教学理念进行质疑，用先进的教学理念反思并指导自己的教学实践，反思是否把新的教学理念转化为自己的教学行为；其次，在自己的实践中，反复思考，逐渐构建形成新的教学理念；最后，质疑或评价教学的有效性，并根据反思的结果来改善自己的教学行为。

动态生成性问题有的让教师在意外中不知如何应对，对这些"尴尬"的教学情境进行回顾、梳理，并对其作深刻的反思、探究和剖析，使之成为以后教学时应吸取的教训；有的临时应变措施得当、教学方法上有创新，详细记录下来，可以供以后教学时参考使用，并可在此基础上不断地改进、完善、推陈出新；有的因为一些偶发事件而产生了瞬间灵感，及时捕捉，记录精彩；有的课堂中学生提出了一些独到的见解，记录下来，是对课堂教学的补充与完善，也可拓宽教师的教学思路，提高教学水平；有的在新知识学习中学生在某个知识点有困惑，有新思维，有创新点，记录下来，以便为今后的教学设计充分预设……总之，一节课下来，静心沉思，关注那些与教学设计或教学效果预想存在较大差异的细节之处；回忆当时的教学情境、学生的反应、自己的应对措施，思考当时的处置方法是否得当，对教学产生何种影响；透过具体化、现场化的教学情境，理性地思考其背后的成因、处理方式等。看看自己有哪些成功的设计，知识点上有什么新发现，组织教学方面有哪些新招，或是碰到了什么尴尬的局面……及时记下这些得失，进行反思，分析成功与失败的原因，并进行必要的归类与取舍，考虑一下如果再教这部分内容时应该如何做，在不断地应对实践—反思—再实践的过程中，不断反省自己，通过对照课程改革的新标准、新要求，发现认识上和行为上的不到位的现象，从而不断调整自己的教育教学行为，扬长避短、精益求精，把自己的教学水平、课堂生成性问题的应对能力提高到一个新的境界。

**(二)反思的方式**

为了更加有效地应对课堂生成性问题，教师需要在实践的基础上进行深刻的反思，在反思的基础上积累经验并最终形成最佳的应对策略，以更高的教学艺术来把握和处理复杂多变的教学情境和问题，达成新的教学目标。

第一，学习式反思。即通过理论学习或通过与理论对照进行反思。用先进的教育教学理念来指导自己的教学实践，发现自己教学中存在的问题与不足，随时纠正自己的教学行为，努力提升教学实践的合理性，提高教学效能的过程，使自己成为学者型、研究型教师。

第二，交流式反思。即通过与他人交流、共同讨论来进行反思，可用观察交流、学生反馈、专家会诊和微格教学等方法。尤其是带着反思的心态与学生、与其他教师进行交流，不仅反思教学行为，而且反思支撑教学行为的理念，关注所运用的教学方法，反思方法形成的过程及机智。

第三，研究式反思。即通过教学研究来不断反思自己的教学行为是否体现课标理念，是否有利于学生的发展。以研究的态度从事教学、以研究的视角反思教学、以反思的成果改进教学，使教学实践具有一种“理性”的特征，成为一个不间断的、实践改进的过程。研究的环境是教师教学的实际环境，在研究中反思，在反思中进行深入的研究。①

小学语文第十一册《詹天佑》教学反思

来自学生的新设计

今天，在《詹天佑》一文的教学中，学习下面这个段落时：“他跟老工人一起商量，决定采用中部凿井法，先从山顶往下打一口竖井，再分别向两头开凿，外面两端也同时施工，把工期缩短了一半。”为了突破难点，我让学生按文意画图帮助理解。学生兴致很高，埋头作画。突然一个学生举手问：“老师，一定要按詹天佑设计的去画吗？我认为自己设计的还科学些……”不等他说完，一些同学笑起来。学生提出的问题，是我在教学设计时不曾预料到的。我没有打断他，当时没有一句话否决他，等他把话说完后，表扬他：“你真不错，小小年纪就显示出你的设计才能了。”接着我鼓励他，将自己的设计大胆向同学展示，让同学评评怎样。这个孩子兴奋地走上台边展示边

① 吴少玲．生成性课堂教学研究．硕士学位论文．2007：84～85

说："从山腰或山坳打一口斜井，再分别向两头开凿，比从山顶往下打一口竖井，再分别向两头开凿会更好，不用挖那么深，又方便运土。"听他这么一解释，同学们顿时茅塞顿开，夸他的办法好。

学生的智慧真是不可低估，这真是个了不起的设计。对孩子们的这份好奇心，对事物的关注，这份聪明才智的体现，作为教师的我们，一定要鼓励他们，给他们信心，给他们展示的机会。在课堂中，我趁热打铁，因势利导，改变了预设的计划。一方面，肯定了学生的求异精神，创新精神，敢于向教材(权威)挑战，不盲于接受；另一方面，又引导学生进行探究。我们要打破以"教师为中心"的旧思想，要善于倾听学生自由表达的思想，成为学习活动的参与者；教材只是提供学生学习材料的范本，要提倡学生多元解读。

总之，反思是为了促进应对策略的有效性，使课堂生成性问题发挥其最大的教育价值，以促进教学，促进学生的发展。教师只有通过系统深刻的反思才能体会自己认识和行为上的偏差，不断调整自己的应对策略，促进自身教学智慧的不断提高。[①]

① 本章中没有标明的案例由长沙市八一路小学王浩、冯莉、丁玲中、袁冬芳、郭海燕、吴小奇、周宇兰、李林、王莉等老师提供。

# 第六章　自主学习的课堂管理策略

“自主学习”是基础教育课程与教学改革的一个切入点和聚集点。培养学生具有自主学习的愿望、能力和方法，这不但是基础教育课程与教学改革的目标之一，也是学校教育的理想和重要目标，更是构建终身学习社会的必然要求。自主学习对课堂管理提出了更高的要求，教师只有掌握自主学习的课堂管理原则及策略，才能更好地把握课堂，提高自主学习的实效，使自主学习真正落到实处。

## 第一节　自主学习概述

课程与教学改革倡导的自主学习有其自身的特点和内在机制，教师只有正确理解和把握自主学习，才能转化为实际的教学行为，真正实现自主学习的价值。

### 一、自主学习的含义

同许多心理学概念一样，自主学习也是一个难下定义的概念。由于各学派研究者的理论立场和关注方面的不同，因此，研究者对其内涵和外延各有侧重，难以统一。有的观点从参与学习的心理成分出发，通过学习者心理活动的组成要素来确定自主学习，突出了自我的作用以及“元”成分的功能，有利于抓住学习者在自主学习过程中的心理活动特点；有的观点从学习活动自身的构成要素角度来审视学习者的行为结果，在学习者与学习的内部和外部环境条件之间搭建平台，以几者交互作用程度的外在表现来确定自主学习，使自主学习的理论更加贴近教学实际；有的观点从自主学习的本质特点出发，将学习者的主体性发挥作为自主学习的依据，把自主学习的研究引导到哲学层面。这些观点大致可以分为以下几类。

一种观点认为，自主学习是某些体现了个体能动性和积极性心理品质的集合，只要学习者在这些心理品质上的表现符合某种期望，那么，这种学习就可以被认为是自主学习。

这是从参与学习的心理成分角度出发提出的观点，美国心理学家齐默尔曼(Zimmerman)是此种观点的代表。他于1994年提出了一个自主学习的理解框架(见下表)。

**表6-1　自主学习的理解维度**

| 科学的问题 | 心理维度 | 任务条件 | 自主的实质 | 自主的信念和过程 |
| --- | --- | --- | --- | --- |
| 1. 为什么 | 动机 | 选择参与 | 内在的或自我驱动的 | 自定目标、自我效能感、价值观、归因等 |
| 2. 怎么样 | 方法 | 控制方法 | 有计划的或习惯化的 | 策略使用、放松等 |
| 3. 何时 | 时间 | 控制时限 | 定时而有效的 | 时间计划和管理 |
| 4. 学什么 | 行为表现 | 控制行为 | 意识到行为和结果 | 自我监控、自我判断、行动控制、意志等 |
| 5. 在哪里 | 环境 | 控制物质环境 | 对物质环境的敏感和随机应变 | 环境的选择和营造 |
| 6. 与谁一起 | 社会性 | 控制社会环境 | 对社会环境的敏感和随机应变 | 选择榜样、寻求帮助等 |

在齐默尔曼看来，确定学生的学习是否自主，应该依据框架中的第三列，即任务条件。如果学生的学习动机是内在的或自我激发的，学习的方法是有计划的或经过练习已达到自动化的，学习的时间是定时而有效的；学生能够意识到学习的结果，并对学习过程做出自我监控，能够主动营造有利于学习的物质和社会环境，那么他的学习就是充分自主的。

受齐默尔曼的观点的启发，我国的一些研究者对自主学习有如下的理解及界定：

李波把自主学习界定为学生为了保证学习的成功、提高学习效果、达到学习目标，而在学习活动的全过程中，将自己正在进行的学习活动作为意识对象，不断对其进行积极自觉地计划、监察、检查、评价、反馈、控制和调节的过程。①

肖川认为，自主学习也就是学生自我导向、自我激励、自我监控的学习方式。②

周青等认为，自主学习一般是指学习者在确定学习目标、选择学习方法、监控学习过程、评价学习结果等方面进行自我设计、自我管理、自我调节、自我监控、自我判断、自我评价和自我转化的主动学习过程，是学习者对学习过程和内容的一种心理反应而形成的行为。③

另一种观点认为，如果学习者在学习活动的各个组成部分的自主表现符合某种标准，其程度达到一定的条件，就可以称之为自主学习。

这是从学习活动本身的各个组成部分出发提出的观点。庞维国主张把自主学习从学习动机、学习内容、学习方法、学习时间、学习过程、学习结果、学习环境和学习的社会性八个维度来加以界定，认为当学生在上述八个维度上均能由自己做出选择或控制，其学习就被认为是自主的。④ 也就是说，自主学习应该具备以下特征：学习动机是内在的或自我激发的；学习内容是自己选择的；学习方法由自己选择并能有效地加以利用；学习时间由自己进行计划和管理；对学习过程能够进行自我监控；对学习结果能够进行自我总结、评价，并据此进行自我强化；能够主动组织有利于学习的学习环境；遇到学习困难时能够主动寻求他人帮助。庞维国认为，自主学习就是建立在自我意识发展基础上的“能学”；建立在学生具有内在的学习动机基础上的“想学”；建立在学生掌握了一定的学习策略基础上的“会学”；建立在意志努力基础上的“坚持学”。自主学习不等于积极主动的学习，也不等于绝对独立的学习，它是一个相对的概念。

还有一种观点认为，从自主学习的名称出发，以自觉性、主动性作为界定自主学习的唯一标准。持这种观点的研究者认为，自主学习是指学习主体根据自己已有的知识基础、工作和家庭情况，自觉地、独立地、主动地、灵活地、有选择地运用不同的方法、手段、方式、媒体去获取知识和技能的活

---

① 李波. 自主学习简论. 湖南省政法管理干部学院学报，2002(2)

② 肖川. 新课程与学习方式变革. 中国教育报，2002(4)

③ 周青等. 批判性思维与学生的自主学习. 教育理论与实践，2003(8)

④ 庞维国. 现代心理学的自主学习观. 山东教育科研，2000(7～8)

动。[①] 自主学习强调学习是一个主动的过程，注重使学习者主动参与到学习中去，并且从个人方面体验到有能力来对待他的外部世界。[②]

综上所述，我们认为自主学习是学生在教育者启发、指导下，充分发挥自己学习的主体作用，在学习的整个过程中对学习的各方面，包括学习情绪、学习策略、学习方法与技术等做出主动的调节、控制，从而完成学习任务的过程。

## 二、自主学习的特征

了解、认识自主学习的特征，对于准确理解自主学习是十分必要的，还可以帮助我们走出一些认识误区。这里，以国内学者的研究成果为基础，参考国外学者的有关研究，自主学习的特征可以概括为自主性、独立性、过程性、相对性和有效性。

1. 自主性

自主学习是针对学习活动中教师是教学的主宰，学生从属于教师的指挥，被动地在教学内容中按部就班进行发展的统一模式所提出来的，其根本目的在于改变这种不注重学生主体性的片面教学，主张学生积极主动地参与到教学中，根据自己的实际情况确定学习发展的步调、方向和程度。它表现为学生的学习是基于自身内在需要的驱动，积极、主动地从事和管理自己的学习活动，而不是在外界的各种压力和要求下被动地从事学习活动，是“我要学”而不是“要我学”。如果学生学习是在外在压力、反感或排斥情境下的迫不得已，即使学习成绩再好，在学习中投入的精力再多，参与学习的心理成分再多，也不可能称之为自主学习。

2. 独立性

独立性是自主学习的核心品质，在学习活动中表现为“我能学”，每个学生都有表现自己独立学习能力的愿望，也都有相当强的独立学习的能力，他们在学校的整个学习过程其实也就是一个争取独立和日益独立的过程。在传统的教学中我们往往低估或漠视了学生独立学习的能力，忽视或压抑了学生独立学习的欲望，从而导致学生独立性的不断丧失。自主学习要求把学习建立在人的独立性一面上，要求学生尽量减少对教师和他人的依赖，由自己做出选择和控制，独立地开展学习活动。但是，学生学习的独立性有个由教到

---

① 李光先. 关于自主学习的思考. 远程教育杂志，2001(6)

② 马军红. 自主学习——一种对传统教育的反思. 邢台职业技术学院学报，2003(4)

学的过程。学生有个从他主到自主、从依赖到逐步走向独立的发展过程。在此过程中，教师的“导”和学生的“学”是绝对不可缺少的。因此，教师要尊重和呵护学生的主体性和独立性，逐步培养学生独立学习和解决问题的能力。与此同时，教师也应重视学生发展中的个体差异性，要关注个性，因材施教，促进发展。

3. 过程性

自主学习要求学生对为什么学习、能否学习、学习什么、如何学习等问题有自觉的意识和反应。它突出的表现在学生对学习的自我计划、自我调整、自我指导、自我强化上。自主性的发挥是需要在学习活动的过程中加以体现。对于学习者来说，学习活动本身就是自主性能否成功发挥的媒介。因此，自主学习的认识和评价不能离开学习活动，否则只能是空中楼阁。学习活动过程包括学习前的准备工作，学习进程中的信息加工，学习后的评价与反思等。即在学习活动之前，学生能够自己确定学习目标、制订学习计划、选择学习方法、做好学习准备；在学习活动中，能对自己的学习过程、学习状态、学习行为进行自我观察、自我审视、自我调节；在学习活动之后，能够对自己的学习结果进行自我检查、自我总结、自我评价和自我补救。自主性应该在各个阶段都能得以最充分的体现，但是在表现形式上可能有所不同。如果学习者在某个阶段上缺乏自主性，也不能称之为自主学习。因此，自主学习是学习者在学习活动过程各个阶段自主性发挥的统合。

4. 相对性

自主学习的相对性，这是由学校教育的基本特点和学生身心发展规律所决定的，它是区别于成人自学的一个基本特征。美国自主学习研究的著名专家齐默尔曼(Zimmerman，1994)指出：在实际的学习情境中，完全自主的学习和完全不自主的学习都较少，多数学习介于这两极之间。也就是说，学生的学习在有些方面可能是自主的，而在另一些方面可能是不自主的。这是因为，就在校学生来讲，他们在学习的许多方面，如学习时间、学习内容等，都不可能完全由自己来决定，他们也不可能完全摆脱对教师的依赖。要分清学生在学习的哪些方面上是自主的，哪些方面上是不自主的，或者说学习的自主程度有多大。做到这一点才可以针对学生学习的不同方面进行自主性的教育和培养。

5. 有效性

参与学习的学习者内部因素主要体现为各种心理成分的协同作用。学习者的自我认识、自我体验和自我控制将对自主学习的性质和方向起决定作用，没有正确的自我认识，缺乏自主学习的高峰体验，不能控制学习的目的性和方向性，就不可能有真正的自主学习。此外，这些心理成分还包括与心理过程紧密联系的认知、情感、意志活动，也含有与个性心理密切相关的个性心理倾向性和个性心理特征。学习者的兴趣、需要、动机、理想、信念、价值观等因素构成了激发自主学习的动力因素，对于能否维持自主学习的进行也发挥着积极的作用。而学习者的能力、气质、性格对于自主学习的速度、程度和质量也有十分重要的影响。

由于自主学习的出发点和目的是尽量协调好自己学习系统中各种因素的作用，使它们发挥出最佳效果，因此自主学习在某种意义上讲就是采取各种调控措施使自己的学习达到最优化的过程。一般说来，学习的自主水平越高，学习的过程也就越优化，学习效果也就越好。

## 三、自主学习的内部机制

从系统论的观点看，作为一种能力的自主学习本身是一个相对稳定的系统，有其内部结构和构成成分；作为一种过程的自主学习是动态的，有其先后执行的程序和子过程。国外研究者一般用自主学习模型来解释自主学习的构成成分和内在机制。目前，比较权威的自主学习心理机制模型主要有麦考姆斯的自主学习模型、齐默尔曼的自主学习模型、巴特勒(Butler)和温内(Winne)的自主学习模型。这些模型在一定程度上为我们展现了自主学习的系统结构。

1. 麦考姆斯的自主学习模型

麦考姆斯是自主学习现象学派的代表人物之一。1989年，他在《自主学习和学业成绩：一种现象学的观点》一文中，提出了一个自主学习的模型，对自主学习的自我系统的结构成分和过程成分的作用作了详细地描述。具体见图6-1：

麦考姆斯认为：自主学习能力是自我系统发展的结果。自我系统有静态结构和动态过程两个方面：静态结构反映个体对自身的能力、价值、特点等相对稳定的认识，主要有自我概念、自我意象、自我价值等结构成分，这些成分在很大程度上决定了个体学习动机的强弱；动态过程是自我在具体情境中的动态反映，主要包括目标设置、自我控制、自我判断、自我评价、自我强化等成分过程，这些成分过程构成自主学习的基本特征。正是由于此，自主学习可分为对信息加工、编码、提取的一般认知过程和对认知过程进行计

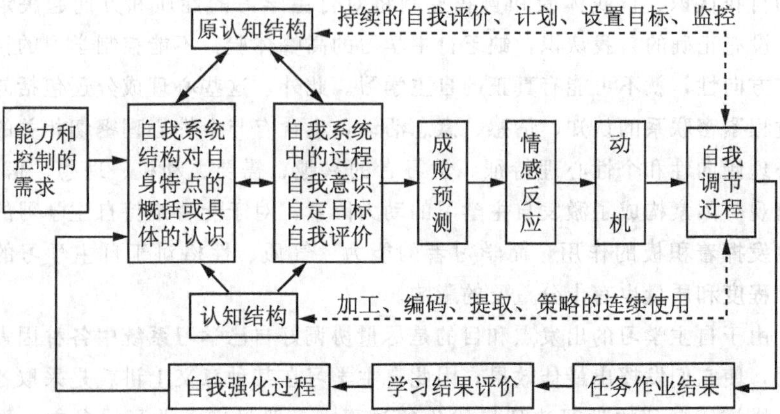


**图 6-1　麦考姆斯的自主学习模型**

划、控制和评价的原认知过程。自主学习正是在这两种过程的作用下实现的。

2. 齐默尔曼的自主学习模型

齐默尔曼的自主学习模型是以班杜拉的个人、行为、环境交互决定论以及自我调节思想为基础而提出的一个模型，如图 6-2：

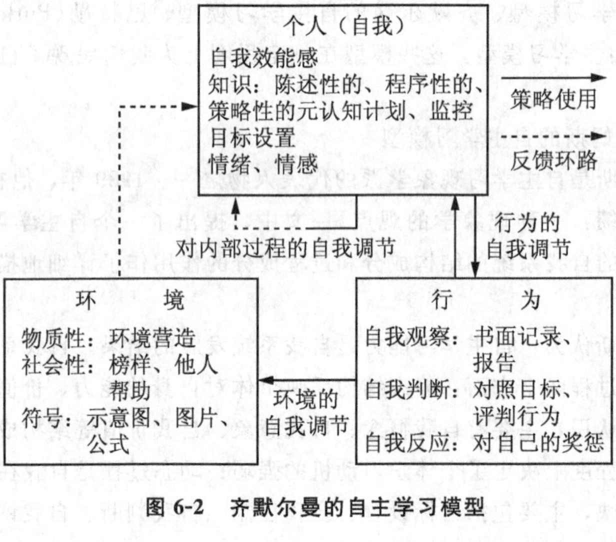


**图 6-2　齐默尔曼的自主学习模型**

齐默尔曼认为，与其他形式的学习一样，自主学习要涉及自我、行为、环境三者之间的交互作用。自主学习者不仅能够对内在学习过程作出主动控制和调节，而且能够在外部反馈的基础上对学习的外在表现和学习环境作出主动监控和调节。就自主学习的内部心理过程来讲，可以按其发生顺序划分为三个阶段，即计划阶段、行为或意志控制阶段和自我反思阶段。

在计划阶段，主要涉及任务分析过程和自我动机性信念两个方面。任务分析过程又包含两种子过程：目标设置与策略计划。前者指确定具体的、预期性的学习结果；后者指为完成学习目标而选择合适的学习策略。自我动机性信念是学习的内在动机性力量，是学习的原动力，对学习过程具有启动作用。它主要包含自我效能、结果预期、内在的兴趣或价值、目标定向等成分。

在行为或意志控制阶段，主要包含自我控制和自我观察过程。自我控制过程帮助学习者把精力集中在学习任务上，它又包括自我指导、使用心理表象、集中注意、运用任务策略等过程。自我观察是指对学习行为的某些具体方面、条件以及进展的跟踪。准确、及时、全面的自我记录是自主学习者常用的有效自我观察手段。当自我观察不能对学习方向的偏离提供确切的说明时，个体还要启动自我实验过程，亦即通过系统地变换学习的过程、策略、条件等以求达到最终的学习目标。

在自我反思阶段主要涉及两种过程：自我判断和自我反应。自我判断又包含自我评价和归因分析两种过程。前者是指对学习结果与预期目标的一致程度以及学习结果的重要性的评判；后者是指对造成既定学习结果的原因进行分析，如较差的学习成绩是因为能力欠缺还是因为努力不够等。自我反应主要有两种形式，一是自我满意，这是基于对自己学习结果的积极评价而作出的反应。自主学习的学生把获得自我满意感看得比获得物质奖励更为重要；二是适应性或防御性反应，适应性反应是在学习失败后调整自己的学习形式以期在后继的学习中获得成功，防御性反应是为了避免进一步学习失败而消极地应付后继的学习任务。

尽管自主学习包含着复杂的结构和过程，但是在齐默尔曼看来，自我效能、目标设置、策略选择和运用、自我观察、自我评价等成分似乎更为重要，也更容易操纵，因此在他主张侧重于对这些成分进行系统的理论和应用研究。

3. 巴特勒和温内的自主学习模型

20 世纪 90 年代，巴特勒和温内(Butler and Winne，1995)提出了一个详尽的自主学习模型，从信息加工的角度来阐述自主学习的内在机制。具体内容见图 6-3：

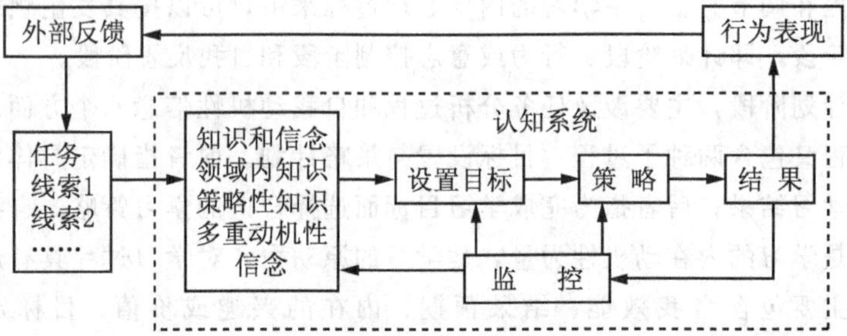


**图 6-3 巴特勒和温内的自主学习模型**

巴特勒和温内认为，一个完整的自主学习过程主要包括四个阶段，即任务界定阶段、目标设置和计划阶段、策略执行阶段和元认知阶段。在任务界定阶段，学习者利用已有的知识、信念对学习任务的特征和要求进行解释，明确学习的任务是什么以及完成这一任务有哪些有利和不利条件。影响这一过程的主要因素为领域内的知识、任务知识、策略知识和动机性信念。在目标设置和计划阶段，个体的主要任务是根据自己的标准和对学习任务的界定建构学习目标，制订学习计划，选择学习策略。在这一过程中，学生的自我效能感、目标定向、原认知水平起着最为重要的作用。学习目标设置和计划确定以后，学生就要根据既定的学习目标和学习策略执行学习任务。在这一阶段，原认知监视和控制的作用最为突出。利用学习策略对学习任务进行加工，最后生成学习结果，学习就进入了原认知阶段。原认知对来自目标和当前学习情况信息进行比较，对学习的结果作出评估，然后把评估结果反馈到知识和信念、设置目标、选用策略等的过程，重新解释学习任务，调整学习目标，选择学习策略，有时会生成新的学习程序，最终获得与学习任务标准和要求相匹配的学习结果。

## 四、自主学习的价值

1. 自主学习是社会发展的迫切需要

在当今信息时代，由于科学技术的迅猛发展，知识激增的速度不断加快，学习成为人们的终身需要。国外研究表明，在农业经济时代，7～14 岁接受的教育足以应付其后 40 年的工作和生活；在工业经济时代，人们求学的时间延伸为 5～22 岁；而在当今知识经济时代，学习已成为人们的终身需要。在半个世纪之前，人们从大学毕业后，大约有70%的所学知识一直可以在其退休前运用；而在当今时代，这个数字缩减为2%。这意味着当今的大学生毕业后从事某项职业所需要的知识技能有98%需要从社会这个大课堂中来获得。作为学生就应该不断学习，不仅接受教师传授的知识，更多应采用自主学习方式充实自己，适应信息时代的要求。在21世纪，构筑终身教育和终身学习体系的主要教育教学手段将是现代远程教育。现代远程教育是随着计算机网络技术和多媒体技术等信息技术的发展而产生的一种新型教育方式，要求学生具有较强的自主学习能力。

2. 自主学习是教育改革的必然要求

时代要发展，教育要改革。新一轮的基础教育课程改革就是提倡以弘扬人的主体性、能动性、独立性为宗旨的自主学习。依照新的课程标准，教学目标与结果、教学对象、教学内容、教学方法与教学过程以及教学评价都与以往的教学有不同的特点。在未来的教育中，自主学习能力既是重要的教育目标，也是学生获取知识、发展技能的重要条件和途径。

讲授式教学虽然有其合理的一面，但有一定的局限性。在典型的讲授式教学中，学生并没有得到多少自主学习策略的指导。有研究表明，直到高中阶段，我国学生的自主学习能力发展的总体水平还不高，各种自主学习能力的发展还很不平衡。目前，基础教育将不再把知识的传授作为自己的主要任务，而是把发展学生的能力、教会学生学习尤其是独立学习的能力作为首要目标，为继续学习和终身学习奠定基础。在教学手段上，计算机辅助教学的地位越来越重要。在教学评价上，能够发展学生的自我教育能力将是评价学校教育有效性的关键因素。

3. 自主学习是个体发展的重要基础

首先，自主学习能够提高学生在校学习的质量。研究表明，自主学习能力强的学生学习行为具有5个共同特征：(1)相信自己的学习目标和活动有价值；(2)认为学习对自己具有重要意义；(3)约束着自己去学习；(4)利用人力和物质资源；(5)产生的学习效果优于通常的学习成绩。那些在智力、社会环境和接受教育的质量等方面明显占优势的学生，学习失败的重要原因是缺乏自主性。学习好的学生总是自主学习能力强的学生。

此外，自主学习是个体终身发展的基础。美国心理学家罗杰斯认为“人的学习应以自主学习的潜能发挥为基础”。自主学习是学生走出学校后所采用的主要学习方式，是个体自身发展的必备能力。无论是科技进步还是职业发展，都要求个体必须通过自主学习来不断掌握更新知识的技能，这样才能适应社会的发展，完善自己的生活。没有自主学习的能力，个体的毕生发展将受到极大的限制。因此，华罗庚告诫年轻人：每一个人都应该养成自主学习的习惯。没有自主学习的习惯，一出校门就很可能不知所措，将来就会一事无成。

## 第二节　自主学习的课堂管理原则

根据自主学习的特点，要充分体现自主学习的价值，需要教师在组织自主学习时遵循以下基本原则。

### 一、目标性原则

自主学习的课堂管理应当有正确而明晰的目标，它向教学目标的实现提供保证，最终指向教学目标。目标本身具有管理功能，直接影响和制约师生的课堂活动，能起积极的导向作用。并且，目标使学生成为积极的管理者和参与者，对于发挥学生自觉的求知热情，增强学生自我管理能力，也具有积极意义。

教学过程中，教和学的活动首先要确定好准确适度的目标，使知识的难度恰好落在学生通过努力可以达到的潜在接受能力上，从而不断构建新的知识结构。在这种目标的适度要求下，教材的处理、教学方法的运用、教学过程的每一环节，都要体现学习目标。只有树立目标意识，教师的教和学生的学才会同步提高。

激发学生自主探求的兴趣和欲望，这是构建自主学习课堂教学模式的核心要素。如果让学生根据自身的情况，在老师的帮助下确定对自己有意义的学习目标，自己确定学习进度，那么学生的学习兴趣肯定非常浓厚。让每个学生在课堂中充分行使自己的权利，充分享受学习的乐趣。这就给了学生自由选择的权利，为他们提供了主动探究的空间。

### 二、自主性原则

人们常说："教学有法，但无定法。"教学实践的特殊性要求教师必须具有创新意识，必须全方位确立学生的主体地位，充分调动学生的积极性，注重学生个性的培养。现代教学理论认为学生是学习活动的主体，也就是要让学生自主学习。

在教学过程中，教师一方面要创造机会，乐于放手。要积极为学生提供自由思考的时间和机会，为全体学生创设一个主动探索的空间；另一方面要相信学生，敢于放手。学生是学习的主体，他们有自己的思维方式，有一定的知识积累，对一些知识的学习，学生独立或通过合作是能够解决的。作为教师要让学生在课堂有限的时间和空间内，多读、多说、多思，使学生真正成为课堂的主人。同时，大力创造学习的机会，学生能发现的教师不暗示，学生能叙述的教师不替代，学生能操作的教师不示范，学生能提问的教师不先问，使学生在力所能及的范围内跳起来摘果子吃，让学生自主地运用所学去解决实际问题。此外，教师要立足学生，善于放手。我们的教学不是无目的地放手，当学生对知识不理解或操作不规范时，我们要加以引导。自主学习并不意味着任由学生自己学，同样也离不开教师的导。教师要善于在方法上引导，在关键处点拨。

## 三、参与性原则

自主学习活动取得有效成果的前提就是学生的全员参加和全身心地投入学习。学生只有充分投入，积极参与，才能使自主学习成为可能。为此，自主学习的课堂管理要做到以下几个方面：一是教师应采取各种方法进行热情动员，关注全体学生，促使不同层次的学生都积极参与课堂教学；二是要做到学生在自学活动中多种感官并用，观、读、思、做、算几方面有机地结合运用；三是要最大限度地把课堂教学的时间和空间交给学生，使学生真正参与课堂，成为课堂学习的中心和主体。

## 四、激励性原则

爱因斯坦说：“只有把学生的热情激发出来，那么学校规定的功课就会被当做礼物来接受。”在课堂管理时，通过各种有效手段，最大限度地激发起学生内在的学习积极性和求知热情。激励原则要求教师在课堂上努力创设和谐的教学气氛，创造有利学生思维、有利教学顺利进行的民主氛围，而不应把学生课堂上的紧张与畏惧看做管理能力强的表现。激励原则还要求教师在课堂管理中发扬教学民主，鼓励学生主动发问、质询和讨论，当然，贯彻激励原则并不排除严格要求和必要的批评。

浓厚的兴趣如磁石般吸引学生的注意力、思考和想象力，促使他们去积极思考、主动探索。一个宽松和谐的教育教学氛围的形成，取决于教师的民主意识。培养学生的创造力，尤其需要民主的氛围和相对的空间。教师要努力创设一种教学氛围，允许学生有自由思考的时间，鼓励学生争辩、质疑、标新立异。

教学实践告诉我们，学生如果能在轻松、活跃、融洽的民主氛围中，勇于发现自我，表现自我，敢于发表自己的观点，便会逐渐成为具有大胆精神、个性丰富的人。因此，在课堂上，教师把自己视为学生的朋友、伙伴和领路人，而不是把自己作为一个“命令者”“操纵者”，这样才能创设一个适合学生个性发展的良好氛围，在这种民主和谐的氛围中，创造条件给每个学生提供表现个性、能力的舞台，让学生尽可能地参与教学过程，在活动的参与过程中发展其个性。

## 五、反馈性原则

运用信息反馈原理，对课堂管理进行主动而自觉的调节和修正，是反馈性原则的基本要求。在课堂教学中，教师应当不断分析把握教学目标与课堂管理现状之间存在的偏差，运用自己的教学机智，因势利导，确定课堂管理的各种新举措，作用于全班同学，善于在变化的教学过程中寻求优化的管理对策，而不应拘泥于一成不变的管理方案。此外，应积极关注不同程度学生自主学习的完成情况，准确把握学生学习的反馈信息，并以此确定课堂指导的内容及策略，增强教师课堂指导的指对性及有效性，使学生的自主学习更为有效。

## 六、自控性原则

自主学习课堂管理要求学生自己管理自己的学习，不依赖外界来管理自己的学习活动，这是自主学习的又一个基本特征。自主学习课堂管理表现为学生对学习的自我计划、自我调整、自我指导、自我强化上；教师一方面要强化学生的自我管理意识，让学生意识到自我管理的重要意义，引起学生对自我管理的认同；另一方面要逐步培养学生的调控能力和自我管理能力，这是促进学生自主学习的重要因素。

# 第三节　自主学习的课堂管理策略

课堂管理是指教师在教学活动中通过协调课堂内各种人际关系，吸引学生积极参与课堂活动，使课堂环境达到最优化的状态，从而实现教学目标的过程。课堂管理的根本目的是创设良好的学习环境和条件，促进学生有效地学习。有利于学生自主学习的课堂管理应该以满足学生的自主要求为切入口，以和谐的人际关系为基础，以学生的自我管理和自律为特征，以积极的师生对话为主要手段。为了促进学生的自主学习，教师可以采用如下一些课堂管理策略。

## 一、设置有利于学生自主学习的目标任务

1. 创设具有挑战性的目标

教学目标是教师进行教学活动的指南，在大多数情况下，教学目标是由国家、学校或教师来确定，学生只能被动地接受这些目标。在这种情况之下，如果教学目标设置不够合理，则会对学生的自主学习造成一定的消极影响。因此，教师设置学习目标时，应注意以下几个方面：

首先，教师应把提高学生自主学习能力设为最终目标，并在教学中有意识地强化学生自主学习的能力，将其作为教学目标的重要部分；其次，教师应设置明确、具体、适度的教学目标来引导学生进行自主学习。并促进学生对教学目标的认同。研究表明，具体的、近期的、能够完成而又有挑战性的学习目标更有助于促进学生的自主学习。研究者认为，具备这种特征的学习目标更容易让学生经常体验到成功，逐步增强对自己的学习能力的信心。教师要在课堂中经常设问，使学生始终沉浸在问题情境之中，获得自我探索、自我思考、自我表现的实践机会。挑战性的目标难度要适中，切合学生实际，学生经过一番努力能够完成。太难会挫伤学生的学习积极性，太容易则不利于培养学生自主探索的精神。

此外，教师还可以灵活方式引导学生自主确立学习目标，体现目标确立的主动性、开放性和灵活性，使教学目标真正成为学生学习的要求和期望，

起到激励学生去探究、去发现的作用。

2. 设置适当的学习任务

教育心理学告诉我们，学生的学习兴趣源自两种动力——内驱力和外驱力。在自主学习中，学习者对学习的需要主要源于已有的知识经验不足以解决面临的现实问题，为了解决面临的问题，学习者的学习积极性将被激发出来，形成学习的内部动机，这是一种积极、持久、力量强大的动机。在这种动机的激发下，学习者的自主学习行为才可以维持下去，也才可以根据自己的情况和外界变化对学习进行监督和调节。学生对知识的兴趣越强，学习的主动性、自觉性也就越强。因此，教师在组织学生"自主学习"时，应尽可能与学生民主协商学习任务，应给学生以一定的选择空间，以提高学生的学习兴趣，激发学生学习的内部动机。

苏教版语文教材八年级下册《窗》教学片段

师：课前让大家预习课文，要求每人找出两三个疑难问题或最感兴趣的问题，你们准备好了吗？

生：准备好了。

师：好。下面我们先在小组内交流一下，各人依次把自己准备的问题提出来，大家帮助解决，然后把相同的问题合并，把大家认为没什么价值或已在小组内解决了的问题去掉，每个组集中2～3个问题，在全班讨论，看哪个小组提出的问题最有价值。(学生按要求小组交流约5分钟。)

师：下面请各小组代表发言。

(各组代表发言，教师随时归纳，最后集中出全班学生都感兴趣的两个问题：①为什么靠窗的病人会把窗外光秃秃的一堵墙描绘得那样美，而且每天都不一样？②不靠窗的病人得到了靠窗的床位，如果病房里又进来了一位病人，他会怎样对待新来的病友？

以下的学习，学生围绕"人性"，紧扣文本，联系生活，对人物心灵进行了深入的剖析。具体过程略。)

上述案例中，教师没有按照传统的小说教法，从梳理情节入手分析人物，归纳主题，总结写作特点等；而是不惜花费一定的时间，与学生共同协商出大家感兴趣的直逼人物心灵的两个问题，并以此作为本堂课的学习任务。实际上，在这两个问题的产生和解答过程中，不但完成了传统教法所要解决的问题，而且还避免了对人物作简单图解，加深了对作品内涵的理解，学生的主体性也得到了充分的发挥。

## 二、进行有利于学生自主学习的教学设计

有利于学生自主学习的教学，应该凸显学生的自主学习过程，给学生充分的自主学习机会。把学生自己能够掌握的学习内容让学生通过自学、讨论先行解决，然后教师再针对学生不能掌握的内容进行重点讲解或指导。这样，在学生自学、讨论的过程中，充分发挥学生个体和集体的学习潜能，锻炼学生的自主学习能力，自学、讨论后不能解决的问题也可以为教师的精解提供明确的依据；通过教师有针对性地重点讲解或指导，学生能够更好地获得问题解决策略。如图 6-4①：

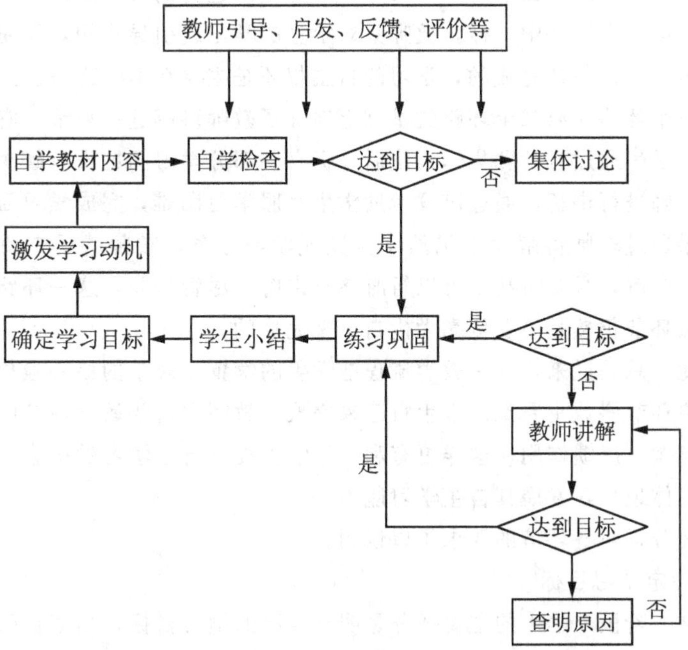


**图 6-4　"先学后讲"的教学基本模式教学流程图**

从图中可以看出，有利于学生自主学习的教学流程主要包括确定学习目标、激发学习动机、自学教材内容、自学检查、集体讨论、教师讲解、练习巩固、学生小结等环节，这些环节构成流程图的主体部分。另外还有教师指导、启发、反馈、评价这一模块，意指在学生确定学习目标、自学教材内

① 庞维国．自主学习——学与教的原理和策略．上海：华东师范大学出版社，2003：169

容、自学检查、集体讨论、练习巩固等环节，教师主要起辅助、引导作用。

该流程图的主体部分包含三个闭合的环路。第一个环路是由确定学习目标、激发学习动机、学生自主学习、自学检查、练习巩固、课堂小结等环节构成。它所表达的意思是，学生明确学习目标后通过自学就能够达到目标要求。显然，在这种情况下，学习的几个环节主要是由学生自己完成的，教师从中只起引导作用。

第二个环路在第一个环路的基础上增加了集体讨论这一环节。它所表达的意思是，学生通过自学尚没有达到目标要求，但是通过集体讨论，解决了自学中的剩余问题。由于讨论主要是在学生之间进行的，因此在第二个环路中，与在第一个环路中一样，教师只对学生的学习起引导作用，学习主要是通过学生个人或集体完成的，学习的自主权还是主要在学生这一边。

第三个环路在第二个环路的基础上增加了教师讲解这一环节。它表明的情况是，学生通过自学和集体讨论后，仍有一部分学习问题没有解决，这时就需要教师进行讲解，通过讲解帮助学生克服学习困难，完成学习目标。当然，如果通过教师讲解学生仍然不能完成学习任务，教师就要查明具体原因，重新讲解，必要时甚至可以暂时终止讲解。尽管如此，这一环路中所包含的多数环节仍然是主要依靠学生自己来完成的。

因此，总的说来，这一教学流程把学生的学置于教学的核心地位，教学过程的诸环节多数主要是由学生自己来完成，教师在这些教学环节中主要起引导、点拨、反馈作用，这样更有利于给学生提供自主学习的机会，体现其学习的主体地位，发展其自主学习能力。

下面分别对各环节的要求予以说明。

1. 确定学习目标

在这一阶段，学生的主要任务是明确自己的学习目标，知道自己需要学什么，学习应达到什么标准以及如何达到这些标准。如果从严格意义上要求学生自主学习，学生的学习目标该由他们自己来制订。但是在学校教育条件下，由于学生在课堂上必须在规定的时间内完成教学大纲规定的学习任务，他们能够自由选择学习内容、确定学习目标的机会较少。在多数情况下，他们的学习目标还是要由教师来制订。

教师给学生制订的学习目标除了必须反映大纲的要求、体现出一节课学习的重点和难点外，还要尽可能具体、明确，便于学生对照着学习目标自学。为了培养学生的自主学习能力，教师还要注意教会学生设置学习目标的方法。例如，把长远目标分解成具体的、近期的、可以完成的目标，如何围绕目标分配学习时间等。

2. 激发学习动机

严格地讲，激发学习动机并不是一个独立的教学环节，它应该贯穿于教学过程的始终。教师在学生的每一步学习中如果发现其进步，都应该对他们表扬鼓励，激发他们进一步学习的兴趣和热情。在学习目标呈现之后的学习动机激发可以分两种形式：一是激发学生的好奇心，鼓励学生尝试自学。例如，教师可以这样引导："过去都是老师先讲同学们再学，这堂课老师先不讲，请同学们先自学，看看大家能不能学会。"这种形式一般适用于自主学习教学指导的初期；二是对学生的自学进步进行表扬，对他们的成功能力和努力方面的归因反馈。这种动机激发方法适用于自主学习的教学指导模式已试行一个时期。例如，教师可以这样引导："老师发现，同学们都有很强的自学能力。通过努力自学，许多同学掌握了一些老师本来要讲的内容。即便是过去学习成绩稍差的同学，这一阶段通过自学也取得了很大的进步，希望同学们继续保持这种好习惯。"

3. 学生自学教材内容

确定了学习目标之后，就可以要求学生根据学习目标及其要求对课本内容进行自主学习。但是自主学习，并不是让学生简单地看看书，而是让学生先系统地学习课本的内容，它是学生独立地获取知识、习得基本技能的主要环节之一。在学生的自主学习过程中教师需要注意两点。

首先，要保证学生的自主学习时间。一般说来，在试行自主学习教学指导模式的初期，由于学生还没有完全适应，自学的能力和习惯没有形成和发展起来，给学生的自主学习时间要相对长一些；如果学生已习惯了这种教学模式，给他们的自主学习时间就可以相对短一些。如果教学内容相对少些或者是在低年级中，一般把自主学习的时间安排在课堂上。对初中生和高中生来讲，由于一节课包含的内容多一些，一般采用课外自学与课内自学相结合的方法。其次，在学生自主学习的过程中，教师要勤于巡视，及时给学生以个别指导。要对学生的积极表现给予强化，对那些消极应付学习的学生要批评、督促。为了避免试行自主学习教学指导模式给学生带来更大的分化，一般要求教师给差生的个别指导多一些。

4. 自学检查

自学检查的目的是检查学生的自学情况，为组织学生讨论和教师的重点讲解做准备。自学检查的有效形式是让学生做紧扣课本内容的练习题。通过做练习，教师可以及时掌握学生反馈的如下信息：

哪些学习目标已经完成，哪些还没有完成?

不同学习能力的学生分别能完成哪些学习目标?

练习中出现的错误的原因在哪里?

5. 组织讨论

通过自学检查，一般可以发现，有些学习目标已经完成，有些还没有完成。这表现为有些练习题做对了，有些没有做对。这时候教师可以引导学生对练习结果进行讨论，力求通过集体讨论，使学生自己纠正、解答一部分没有做对的习题，进一步理解掌握学习内容。

根据已有的教学经验，学生讨论一般从评议练习题着手为好。在这一过程中，教师要引导学生讨论习题做对的道理以及做错的原因，把讨论引向深入。一般说来，正确运用一节课所学的知识、定理、规则、结论才能做对练习题。因此讲出做对的道理就是解决了本节课的教学重点。容易做错的地方，也就是学生学习困难的地方。因此说出做错的原因，也就是突破了本节课的教学难点。这样的讨论，既解决了教学重点，又突破了教学的难点，是一种简便有效的教学方法。

6. 教师重点讲解

经过自学和讨论，有些学习内容和问题已经被学生掌握或解决，而有些内容可能还没有被学生理解、掌握，这时就需要教师对学生没有掌握的内容进行讲解。在学生的自主学习基础上所进行的课堂讲解具有很强的针对性，是用于解惑的讲解，因此要求教师要精讲。

需要注意的一点是，有时候学生所学内容之间是一种极为严格的逻辑关系，亦即前面的学习内容是后面学习内容的先决条件，前面的内容不掌握，后继的学习就不能进行，这时候，教师的讲解就必须与自学检查、讨论交叉进行。也就是说，在每一项学习内容经过学生自学、讨论后，如果发现学生没有理解或掌握，教师就要进行讲解，为后面的学习扫除障碍，而不能等所有内容经过自学检查和讨论后再作讲解。

7. 练习巩固

如果学习目标设置得当，通过学生自学、讨论和教师讲解，大多数学生可以初步理解并掌握规定的学习内容。但是到这一阶段，学生们还不可能牢固地掌握和熟练地运用所学的知识、技能，甚至有些学生看似掌握而实际上是机械模仿例题，并没有真正系统深入地理解所学内容，因此还要通过系统的练习来巩固所学知识。

在这一过程中，教师要注意设计好变式练习，引导学生学会概括和迁移。有时候还可以设计一些难度较大的题目，使学习走向深入。在练习的过程中，教师还要视情况给学生以个别指导，尤其要给那些有困难的学生以指导。

通过递进式训练拓展学生思维

本节课我安排了几个层次的测评题，层层递进，不断拓展学生的思维。第一层次的测评题属于巩固性的：先让学生判断自己的卡片上的数是质数还是合数，再让学生说一些数给同桌判断，互相检查。还让学生快速判断几个数是质数还是合数。通过这一层次的测评，巩固了所学的知识。第二层次的测评题属于运用性的：让学生制作 50 以内质数表。通过这一层次的测评，提高了学生运用所学知识去解决问题的能力。第三层次的测评题属于深化性的，是填空、选择、判断。通过这一层次的测评，提高了学生解题的灵活性，同时学生的思维能力也得到了提高。第四层次的测评属于拓展性的，我安排了三道题：第一道题是将合数写成几个质数相乘的形式，既让学生把质数与合数通过一定的形式联系起来进行对比区别，加深对质数、合数的认识，又使学生对下一课的分解质因数问题有了感性接触，为其教学作了“孕伏”。第二道是判断 127899872 是质数还是合数，接着在此数末尾依次添上 5 和 1，再让学生判断，使学生进一步认识到无论多大的数，都可以从质数、合数的概念出发，用看是否能找到“第三个”约数的办法对它判断，从而引出关于“数学家已发现三十几万位的质数”的报道，拓宽了学生的视野。第三道是通过录音播放哥德巴赫猜想，激发了学生探索数学问题的兴趣。这样安排测评题，既拓展了学生的思维，又巩固了本课所学的内容，为后阶段的学习作了铺垫，并且引发了学生对新问题的思考和探究的兴趣，可谓一举而数得。

（案例出自于博白县博白镇第一小学关雁飞老师的论文《以自主为特征的学习方式》）

8. 课堂小结

课堂小结的目的是对当堂所学的内容进行概括、归纳，使之系统化，作为一个有机的知识体系纳入到学生的认知结构中。为了发展学生的自主学习能力，培养他们的独立总结和评价能力，课堂小结可以由学生进行，教师适当给予补充。课堂小结一般围绕着学习目标的完成情况来进行，要求简洁、全面，反映出学习的重点和难点和所学内容之间的逻辑关系。

## 三、创设有利于学生自主学习的课堂环境

### (一)合理安排有助于学生自主学习的座位

课堂物质环境包括温度、光照、座位安排以及学生自主学习所需学习材料，学习设备等。其中座位的安排对学生的自主学习影响较大，这是因为座位的摆放方式会影响到师生之间、同学之间的信息交流、学习互助，并关系到学生的自主学习是否有一个安静的学习环境。

教师对学生的座位安排主要有半圆式、分组式、剧院式、矩形式四种方式，四种方式各有其优势，教师可根据学生的特点、教学的方式和班级纪律情况综合考虑决定采用何种座位安排。一般来说，分组式和矩形式更有利于学生的自主学习，应为自主学习需要同伴之间的合作互动。但是如果课堂纪律较差，采用半圆式或剧场式对学生的自主学习更为有利，因为这两种座位安置方法能够更好地避免学生的学习干扰。

### (二)营造良好的课堂心理氛围

巴班斯基说："教师是否善于在上课时创设良好的心理氛围，有着重大的作用。有了这种良好的气氛，学生的学习活动就可进行得特别富有成效，可以发挥他们的最高水平。"现代心理学理论和教育理论也证明，学生如果在压抑、被动的氛围中学习，学习的主动性和积极性极易被抑制，其学习效率也必然是低下的。因此，教师应努力营造和谐的课堂心理氛围。

1. 建立相融、和谐的课堂人际关系

课堂中的人际关系影响到师生之间、生生之间的互动，影响到课堂气氛，对学生的自主学习也有着较大的影响。课堂人际关系主要有师生关系和同伴关系。根据林格伦的观点，师生关系主要有四种类型：("○"表示学生)

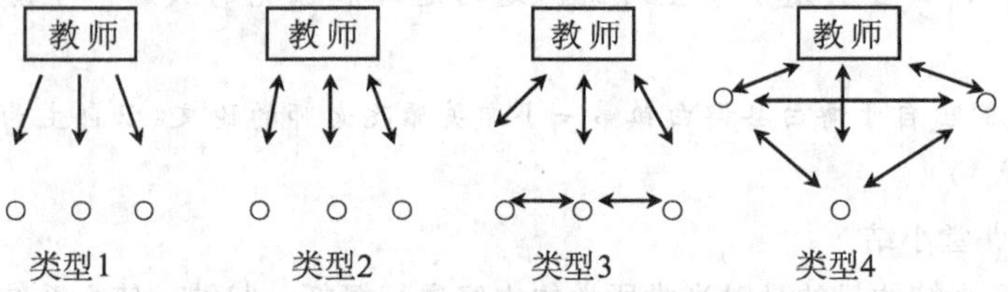


林格伦认为，在类型 1 中，师生的互动最差，教师与学生只有单向交往；在类型 2 中，师生之间虽有互动，但师生之间的关系不平等，学生之间

也没有互动；类型3中生生、师生之间都有互动，但师生之间的交往地位并不平等；只有类型4，才是一种平等、交往的关系，只有这样，才能让学生进行主动、合作、自主探究式的学习。

有利于学生自主学习的课堂是以学生为中心的，而以学生为中心的课堂最为关键的特征是平等和谐的师生关系。当学生感到与教师之间关系相融、和谐，就会产生情绪的安全感，产生更强的自我效能感，从而提高学生自主学习的效率。因此，建立起宽松、平等、和谐的新型师生关系，是促进学生自主学习的重要保障。自主学习要求教师对学生的态度不能居高临下，教师应作为"平等中的首席"对学生的自主学习进行有针对性的指导。

有利于学生自主学习的课堂还必须有良好的同伴关系。研究发现，人缘好的学生在课堂中是最受欢迎的，他们具有较高的安全感和自信心，更具备积极的学习心理准备。因此，教师在构建良好的师生关系的同时还要关注生生关系的和谐。

2. 营造平等、尊重的课堂气氛

教师应实施民主的课堂管理，充分尊重学生。当学生能积极主动参与，提出独到的见解时，教师应予以肯定；而当学生遇到问题时，则要多给予帮助和鼓励。师生之间应彼此理解、信任和合作。

在传统教学中，教师一般坚守标准答案的立场上审视学生的回答，而学生自己的思想往往被忽视，得不到真实地指导，仿佛学生的回答只是满足教师教学环节的需要。因此，教师必须消除师道尊严的传统思想，真正把学生看做是平等共同合作的伙伴予以尊重，注重学生的发展。特别是从教学语言上要注意多运用亲切鼓励的语言，如："请你来说""谢谢你，说得很正确、很清楚"等。对于学生提出的问题要给予认真作答，自己感觉没有把握的问题，敢于放下架子说："不知道，咱们共同研究吧。"学生在这样一个平等尊重的氛围中，他们的思维是放松的，乐于说和做，积极参与教学，也容易把新知识构建到自己的知识体系中。

3. 用激励提高学生的自我效能感

第斯多惠说过："教学的艺术不在于传授的本领，而在于激励、唤醒和鼓舞。"激励是激发人的动机、调动人的积极性的重要手段，也是心理教育的重要原则。行为科学的实验也证明：一个人在没有受到刺激的情况下，他的能力仅能发挥到20％～30％，如果受到充分地激励，其能力就可能发挥到80％～90％，这充分说明运用激励机制是提高学生的自我效能感，促进学生进行自主学习的重要举措。

在教学中，不要轻易否定学生的成果，这样会给学生的心理带来不安全感和怕受批评、紧张的情绪，容易抑制学习的积极性。任何时候，教师都应及时鼓励学生："你真了不起!""你真不简单!"即使学生做得不够好，你也可以说："你做到这一步确实不容易，你已经努力了。"自信心是创造力的要素之一，教师这种激励性的语言无疑会增强学生的学习信心，有利于调动学习的主动性和积极性。此外，如果教师能够准确地把握每位学生的认知特征和人格特征，形成恰如其分的期望，那么这种期望就会产生巨大的力量，激发学生内在的潜能，并转化为积极实践的动力。

为了促进学生的自我管理、自主学习，我们应该鼓励学生进行相互激励和自我激励。如对于为学校、班级争得名誉的同学，要求全班同学向他祝贺，感谢他为学校、班级作出的贡献；同时要求他介绍自己的成功经验，鼓励同学们一同努力。对于学习取得明显进步的同学，要求同学们向他祝贺，同时要求他介绍自己取得进步的经过。对于课堂上回答问题突出的同学，要求同学们对他的回答作出积极评判。小组合作学习取得成功时，以合作小组为奖励单位，而不是分别奖励个人，让小组成员在分享合作成果时相互激励。

当然，激励不仅要有恰当的内容，而且还要有灵活地表达。激励可以是正面的激励，也可以是十分得体的反面激励。可以这么说，抓住时机、采用恰当的形式、从关心学生发展的角度出发对学生的得体的激励是促进学生自主学习的强大动力。

## 四、建立有利于学生自主学习的课堂准则

倡导学生自主学习、主动探究、张扬个性，并不是不要纪律和规范，合理的课堂准则，既是提高课堂教学效率的重要因素，也是培养学生良好自主学习习惯的重要途径。

### (一)让学生参与课堂准则的制订

有的教师面对自主学习课堂教学组织形式的多样，怕课堂出"乱"，就制订了烦琐的课堂规范，课堂组织按照教师的指令，井然有序地进行，这样就使整个课堂处于教师的严密控制之下。因为教师牢牢控制了课堂，学生的学习自主性势必受到制约，常常出现课堂讨论不到位，活动放不开手脚等现象。在这样的课堂中，学生往往只有机械的讨论和活动，讨论不到位，活动不充分，思维不深入，这样师生之间就不能真正达到情感互动和思维碰撞。

正因为烦琐和严密的课堂管理规范存在，这无形中才给学生布下了条条框框，从而束缚了学生的手脚，课堂目标的落实势必成了一句空话。

学生自己选择的方面越多，责任感可能就越强，就可能把更多的精力投入到学习活动中。教师在学习内容、教学程序、学习评价、纪律等多个方面应给予学生选择的机会：听取学生的反馈，请大家提出必要的修改建议，根据学生的反馈意见来改善自己的教学与管理；与学生一起制订课堂规范，并要求学生反思需要制订的这些规则的原因，当学生参与到课堂规范的制订后，他们会更愿意遵守这些规范；在课堂上采用以学生为主导的学习活动，教师讲解、合作学习、独立做作业、集体讨论、表演等多种学习方式，能够使课堂变得生动活泼，更好地激励学生自主学习；让学生进行自我评价，学生对自己的学习进行反省，不仅会使他们对自己的学习产生一种责任意识，而且还会使学生持续不断地关注自己的学习成效。

**(二)建立以自我管理为特征的课堂准则**

自我管理是一种帮助学生有效地跟踪和改变自己课堂行为的方法。它包括自我评估、自我记录、自我评价、自我监控和自我指导等。自主学习能否收到良好的效果，有赖于学生学习过程中自我管理能力的高低。教师要提高学生的主体参与意识，培养学生的自主管理能力。在课堂管理中，教师要尊重学生学习的自主权，对学生的学习进行有效的指导，让学生参与到课堂管理中来，让学生认识到学习是自己的事，课堂的管理也是自我的管理，学生本人也是课堂的管理者。

教会学生自我管理，可以使教师将更多的时间用于教学，而将更少的时间用于管理学生的问题行为。更为重要的是，这种技能一旦获得，学生可以终生受用。可以说，学生自我管理是课堂教学管理的最高境界和归宿。

学生在课堂上的自我管理，表现在心理活动上有以下几个方面：学生能够自我认识、自我分析、自我评价，既能发现自己的长处，也能看到自己的不足，不断提高自觉性；能够自我体验、自我激励、自我克制和自我调节，不断提高情感的自控力；能够自我监督、自我约束和自我磨炼，不断提高战胜自己的能力；能够自我计划、自我检查和自我提醒，不断提高自立、自强能力；能够自我反思、自我感悟，自主维持课堂纪律，自觉解决课堂出现的问题，实现师生对课堂管理权的分享。

**(三)提高学生的意志控制水平**

意志控制是以考诺(Corno)为代表的意志学派极为强调的一种自主学习

品质。他们认为，在学习的过程中，学生难免会遇到这样那样的学习困难和干扰，如一时难以理解的问题、身心的疲劳、情绪的烦恼和外界因素的干扰等，这时候就需要学生用意志努力来控制自己，使学习坚持进行。

意志控制在自主学习过程中所起的作用不同于学习动机。一般来说，学生在学习之初都具有一定的学习动机，但是随着学习的进行、学习困难的增加，学习动机的推动作用会逐渐减弱，而使学习得以坚持的力量是意志控制成分。换言之，学习动机对自主学习具有更强的启动作用，意志控制对自主学习具有更强的维持功能。因此，再强的学习动机也无法取代意志控制在自主学习过程中的作用。正是有了较强的意志控制能力，自主学习的学生才能够顽强地克服学习过程中的困难、排除学习的外界干扰，实现自己的学习目标。

## 五、把握有利于学生自主学习的指导策略

### (一)逐步完善学生的学习能力

在学习的过程中，学习能力是顺利完成学习任务的内隐的个性心理特征，它主要是通过学习策略表现出来的。学习者的学习策略可以分为三类：与具体学习行为有关的策略、与元认知有关的策略以及资源管理策略。具体学习策略指的是在从事某个学科学习时为了经济、效率和成果最大化而采取的个性化学习措施或策略，比如，记笔记策略、辅助线策略、记忆策略等，如果学习者没有掌握这样的策略，学习将事倍功半，难以产生成功体验，也就难以坚持自主学习。元认知策略属于一般学习策略的范畴，不管什么样的学习都需要元认知的参与，需要对学习进行调节和监督，需要对认知活动的进程进行监控，表现为学习者在一定目的指引下的计划、检查、反思等，它最能体现自主学习的特色。资源管理策略是辅助性质的学习策略，它主要是对时间资源、外界智力资源、信息资源等的利用和掌握。在学习活动中，学生必须“能学”，才可能主动自觉地学，产生自主学习，这是显而易见的。因此，教师应引导学生自主学习的学习策略，逐步提高学生的学习能力，为学生的自主学习奠定坚实的基础。

### (二)给学生适当的自主学习的时间和空间

培养学生自主学习能力，首先应保证学生自主学习的时间。教师要牢固树立“课堂是属于学生的”这一教育理念，把学习的时间真正还给学生。

让学生自主学习，要给予学生自主思维的空间。教师要摆正自己的位置，把自身角色定位于学生的合作者、鼓励者、引导者。要摒弃将现成知

识、结论灌输给学生的做法，充分考虑到学生主动发展的需要，设计弹性化的、有一定空间和思维度的课堂问题，让学生去自主感悟、比较、体验；同时，教师要注意运用延迟评价，启发学生做充分的、广泛的思考，为学生个性的发展及进行创造性学习提供条件。在江苏，有所“洋思初中”闻名遐迩，该校采取的“先学后教，当堂训练”教学策略，教学全过程都是开放的。课堂上，学生自己去学、去积极思考，教师只是“向导”“路标”，只起“引路”“架桥”的作用，只为学生在自学、讨论、答疑中当“顾问”和“参谋”，学生的思维空间得到了最大的拓展。

学生自主学习，表达与交流的时间比以往多了许多，时间的冲突越来越突出。经常听到老师抱怨说：“时间不够!”我在《花的结构》一节教学中也出现了这一问题。一开始我只是简单地认为也许是学生找花的结构速度慢了些，导致培养学生创新能力的环节——制作花贴图由于时间的关系草草收场。各小组的成员也因为时间仓促，准备不够充分，不敢将自己的作品展示出来。听课教师的一席话惊醒了我：“这节课最大的教学冲突就是时间!”是啊，究竟是时间不够，还是教师作为引导者没有舍得牺牲自己的教学时间为学生创造机会，放手让他们在充足的时间亲自去发现尽可能多的东西。于是，我进行了二次设计，把制作花贴图之后的环节——想一想：哪朵花能结果实？放到了下一节《果实的形成》作为引入。把这一环节的时间留给学生进行花贴图的展示和交流。这样变动后，我又上了一节课，学生们由于时间充裕，贴图更加精美而且富有创意。《大眼睛蜻蜓》《迷人的西班牙女郎》《美丽的孔雀》……甚至有些小组还为自己的贴图赋予了很深的寓意，认为这只美丽的孔雀代表我们全班同学，充满了活力，散发出美丽的光芒!

学生与教师的世界是不一样的，他们有着孩子的视角，与教师有着不一样的知识背景与思考角度。教学时要尊重学生独特的感受，不能以教师的感受来代替学生的想法，宁可在时间和空间上放手，多创造自主学习的机会，为学生学习搭建“脚手架”而不是放置“绊脚石”!

（案例出自柳州市二十八中覃颖懿老师的论文《学会放手让学生自主学习》）

**（三）善于诱导和启发学生**

在自主学习过程中，教师应注意“导而弗牵”，就是教师要善于诱导，但不要牵着学生的鼻子走。这一策略，是实施自主学习的最重要、最根本的教学取向。它是指教师要善于诱导和启发，培养学生的自学能力，达到“疑难能自决，是非能自辨，斗争能自奋，高精能自探”的主动境界。当然，自主学习不是立马就让学生自己学，自主学习能力也不是生而有之的，要有个由教到学的过程。所以，自主学习不是否定教师的作用，而是对教师的“教”提出了更高的要求。为此，教师要更新教学观念，尊重学生的主体地位，要教给学生自己学习的本领，随时减轻学生的依赖性。

在教了一首诗歌后，布置给学生一个家庭作业：不抄词语不背书，回去翻翻报刊，找一首自己最喜欢的儿童诗，活动课里开个“儿童诗‘展销会’”。想当“老板”的必须干好三件事：1. 能有感情地朗读这首诗；2. 能说出诗歌的意思；3. 能说出一两点写得好的地方。结果，学生的参与热情极高。“展销会”开张，家庭作业完成率100%。有的把自己选的诗抄上了黑板，有的用复写纸抄写好散发给学生，有的甚至自己用电脑打印后分给同学。学生的学习能力也得到了很好地锻炼。朗读，有声有色；表达，各抒己见，甚至引起面红耳赤的争论。

我欣喜，我欣赏，却不忘颠簸、引导、激励……

一首题为《叶的轮回》的诗：红的叶子，黄的叶子，招一招手，就随秋叶漫游。它们翻飞、嬉戏着，围绕着一棵棵大树，跳着秋天的环舞。秋雨连绵，落叶翩翩，渐渐融进泥土，开始新生的冬眠。当春天来临，枝头又绽出嫩绿，在叶子的轮回中，大树又多了一圈年轮。

我问：为什么喜欢这首诗？

推荐它的“老板”：写了秋天的景色，最后还写了春天。

B：不对，不是写景，应该是状物，写的是叶子，写叶子的一生。

C：我想，也不完全是状物，应该说是——借物抒情。

我笑了，问：抒发什么感情？

沉默。接着，又沸腾。

D：歌颂，赞美。

E：歌颂赞美什么呢？空话。应该是歌颂叶子的乐观精神。瞧它被吹落在地还高高兴兴的呢。

F：我觉得……应该还有……那个……

我望着词不达意的他，照样笑，鼓励道：对，是应该还有“那个”，但“那个”是什么呢？

沉默。终于，G来不及举手就迸出了喊声：奉献精神！它融进了泥土，给明年的嫩叶当肥料呢！

H：叶子就像老师，献出了自己，培养了我们。

我没顺水推舟，笑眯眯地似乎恍然大悟：哦！原来这首诗是专门写给我们老师的！

又沉默。终于，又“哗”一下开了锅。学生们七嘴八舌，却众口一词：除了老师，对所有作奉献的人，都能唱这首歌！

我转了话题：诗里，哪些地方写得好？

一阵“嗡嗡”的投入朗读声。接着，小手如林。

I：拟人，把叶子当做人来写，“招手”“嬉戏”“跳舞”，写活了。

J：用词真好！叶子死了，不用“死”字，用“融进”，用“冬眠”；写春天长出新叶，用“绽出”，生命力旺盛呢！

K：押韵，“手、游”“树、舞”“眠、迁、绵”，读起来可好听了！

……

课后，我思考：

课堂上，我是否无所事事了？否。我定下了整节课的学习指向，创设了良好的学习氛围，即时对学生阶段性的学习结果作出反馈，适时把学生的思路导向预期目标。我煞费苦心呢！

课堂上，学生是否放任自流了？否。他们课前大量的寻找，抄录、练读、思考，把握了学习内容的自主权；讨论时思维敏捷、畅所欲言，表现了思维的空前活跃；最终把众多的美文从思想内容到语言文字铭记心中作了积累，他们的收获可喜呢！

（案例出自于王祖浩主编的《特级教师教学案例集录》一书中杭州董承英老师的教学实录）

在自主学习过程中，教师应把握好扶与放的度。明确“扶”是为了放，是为了教学生学会学习，培养自学能力，明确这点至关重要。在边扶边放的过程中，学生出现跌跌撞撞，甚至摔跤，那也属于正常现象。这时，教师要给学生以信心，鼓励学生继续自己“走”，减少对教师或他人的依赖，坚持自己独立地进行学习。再者，学生自主学习能力的发展过程，具有明显的学段特点，教师应根据不同学段学生的特点，确定扶与放的度。

学生开展“自主学习”活动，离不开教师的诱导和启发；这种诱导和启发应体现在教学的全过程中。

1. 起始阶段，应以明确的学习任务作为启动和组织学生“自主学习”活动的操作把手，使学生明确“学什么”“学到什么程度”。

所谓明确的学习任务，必须是具体的、可操作的，并且是可把握、可评价的学习行为，而不能是笼统的、模糊的、不可操作更无法评价的术语概念。

2. 自学过程中，要努力创设以问题为核心的学习情境，引导学生对学习材料不断进行精加工、深加工。应善于将学习任务转化为一个饶有情趣并具有较大思维负荷的问题情境或活动情境，使学生能在完成认知任务的同时发展自己的自学能力并得到情感上的满足。

3. 组织有效评价，使学生知道自己的学习结果并及时反思。

在“自主学习”中，学生在教师指导下，仅知道了“学什么”“怎样学”还不够，还必须知道自己学得怎么样，学到了什么水平，这就有赖于教师组织学生展开充分的有效的评价活动。在评价中，应尽量组织全体学生积极参与，避免只与少数尖子学生对话；应以学生的自评互评为主，避免教师的“一言堂”；应充分展开学习的过程，避免简单的肯定和否定；要注意适度的激励，既不能挫伤学生也不要廉价表扬。需要强调的是，教师要注意评价的全面性，即不仅要重视学业结果的评价，同时必须重视学生学习品质的评价，以充分体现新课程提倡的知识与能力、过程与方法、情感态度与价值观的统一的理念。一般说来，在课堂教学中，对学生“自主学习”品质的评价，可围绕其外显行为特征展开。比如，是否能积极参与？是否能独立思考？是否能自主选择？是否能自由表达？是否善于探究？是否富于想象？是否敢于否定？是否有浓厚的兴趣等。在评价的同时，还要善于引导学生进行及时的反思，强化正确的思考过程，纠正错误的思维习惯，以逐渐改善自己的学习策略。

# 第七章 探究学习的课堂管理策略

随着新一轮基础教育课程改革的不断深入，探究学习也成为我国中小学教育教学的一个热点问题。探究学习的实施有许多影响因素，其中教师的课堂教学管理与实施的有效性密切关联。

## 第一节 探究学习概述

探究学习经历了较长的发展历史。追溯探究学习的历史演进，界定探究学习的内涵与特征，对于探究学习的课堂管理具有重要的意义。

### 一、探究学习的历史演进

探究学习作为一种学习方式，由来已久。从历史上看，其思想渊源可追溯到古希腊哲学家苏格拉底的问答式教学法。这种教学方法要求教师向学生提出问题，并让学生选择某一立场，教师选择与学生对立的立场，相互辩论，在师生不断进行的问答中，共同合作探索潜在的知识。这种采用“提问”或“问题”引导学生自己得出结论的方法正是探究学习的特征。

20 世纪初，美国著名实用主义教育家杜威针对当时脱离儿童生活经验、纯知识灌输的美国传统教育提出了以儿童为中心、从做中学的主张。杜威认为，科学教育不仅是让学生记忆百科全书式的知识，也是一种过程和方法，他主张教学应当遵循以下步骤：设置疑难情境、确定问题、提出假设、制订解决问题的方案并实施等。认真分析这种教学模式，便可以发现，它与当今人们所讨论的探究教学在步骤上有很大的相似性。

20 世纪 50 年代末至 60 年代初，人们对探究学习的研究达到高潮。以布鲁纳、施瓦布、费尼克斯为代表的一些理论研究者在理论上系统论证了“发现学习”“探究学习”的合理性，并在科学学科领域推动了以旨在培养智力超群的社会“精英”为目的的课程改革运动。这次课程运动对国际科学教育产生了深远的影响，并逐渐形成世界性的教育改革浪潮。在这一时期，美国教育心理学家布鲁纳在专门研究改革中小学理科教育的伍兹霍尔会议上，做了题为《教育过程》的报告，其中率先倡导“发现法”，并系统论证了发现学习的合理性。与此同时，芝加哥大学施瓦布教授在1961年哈佛大学演讲会上做了题为《作为探究的科学教学》的报告，指出传统的课程对科学进行静态的、结论式的描述，这恰恰掩盖了科学知识是试探性的、不断发展的真相，极力主张要积极地引导学生像科学家那样对世界进行探究，并进而首次明确提出“探究学习”的概念，使之更适用、更具体、更易操作。施瓦布的研究不仅深化了探究学习这一领域的理论研究，更是提供了具有操作性的实践模式，为探究学习模式提供了具体建构的契机。在施瓦布等人的推动下，探究学习在英、美等国得到了蓬勃的发展。

20世纪末期，以美国为代表的西方国家更是掀起了新一轮探究学习研究热潮，有关探究学习的思想集中体现在美国于1996年出版的《国家科学教育标准》一书，该书在我国已经被翻译出版。该书的作者们不仅对新形势下不同年级的探究学习的内涵、特征做了详细的说明，而且还相应地给出了许多实例。这些探究学习思想对世界各国都产生了很大影响。

## 二、探究学习的内涵

什么是探究学习？目前国内外尚没有统一的探究学习定义。如施瓦布认为“探究学习”是指这样一种学习活动：儿童通过自主地参与知识的获得过程，掌握研究所必需的探究能力；同时，形成认识自然的基础——科学概念；进而培养探索世界的积极态度。[①] 近年来，我国一些学者也对探究学习进行了研究，并给出了不同的定义。如郑金洲认为探究学习是“学生运用探究的方式进行的学习过程和活动，也就是学生在教师的指导下，主动地发现问题，以一种类似科学研究的方法对问题进行分析和研究，从而解决问题和获得知识的过程和活动”[②]。张德银认为探究学习是指“在教师的指导下，以发现、发明的心理动机去探索，去寻求创新性解决问题的方法；以类似科学

---

① 钟启泉．现代教学论发展．北京：教育科学出版社，1988：363

② 郑金洲主编．基于新课程的课堂教学改革．福州：福建教育出版社，2003：136

研究的方式去获取知识，应用知识解决实际问题，从而在掌握知识内容的同时，让学生体验、理解和应用科学方法，培养创新精神和实践能力”①。徐学福认为“所谓探究学习，是指学生在教师指导下，为获得科学素养以类似科学探究的方式所开展的学习活动”②。高凌鹰、张春燕则认为探究学习是“人们在总结发现式学习和有意义学习的经验基础上提出的一种以学生自主探究为主的学习方式”③。

上述的探究学习定义虽然不统一，但它们却为我们分析探究学习的内涵提供了宝贵的线索。从各种定义中可以看出，对探究学习的讨论都涉及“学习内容”“学习过程中的师生关系”以及“学习目的”。

基于此，我们认为，探究学习应是从问题或任务出发，在教师指导下，学生通过自主探究活动，从而获得知识技能、发展能力、培养情感体验为目的的学习方式。这个概念表述说明：

第一，探究学习以问题为导向，主要围绕着问题(或专题、主题)的提出和解决来组织学习活动，因此，“问题”是学生学习的载体。在探究学习中，学校首先要组织学生从学习生活和社会生活中选择和确定专题。这些问题可以是教师提供的，也可以是学生自己选择的；可以是教材内容的拓展和延伸，也可以是对自然界和社会现象的探索；可以是纯思辨性的，也可以是实践操作类的；可以是已经证明的结论，也可以是未知的知识领域。如果说，在学科教学中，教材是课程实施的基本依据和载体，那么，在探究学习中，问题便是学生学习的重要载体。以问题为导向，意味着探究学习应首先关注“学生的问题”。也就是说，一方面，通过了解学生真正关注和感兴趣的问题是什么，允许学生对这些问题先自主进行一些非指导性探究；另一方面，以问题为导向说明探究学习追求的根本目标不是确定不移的知识结论，而是以一定知识为基础的对世界的开放的“问题意识”，是敞开的问题视野。从这个意义上来说，探究学习就是把个体带入他对世界、对社会、对生活的问题(好奇、疑问与探究之心)之中，让学生经由有限但有效的学习活动培育起对世界的问题空间，获得创造性地运用知识、加工知识的能力智慧。

第二，探究学习过程中的师生关系体现着“教师主导、学生主体”这一基

---

① 张德银．“探究性学习”的实践与探讨．教学与管理，2001(11)

② 徐学福．探究学习的内涵辨析．教育科学，2002(3)

③ 高凌庵，张春燕．探究性学习的特点．课程·教材·教法，2002(5)

本精神。一方面，探究学习向学生赋权增能，使学生真正成为学习的主体。探究学习改变了传统课堂教学中教师讲、学生听的固有模式，让学生积极主动地去探索、去尝试，去谋求学生个体创造潜能的充分挖掘和个性的张扬，让学生接近生活，关注周边的现实世界。学生在实际生活中根据自己的兴趣、爱好特长自主地选择研究课题，从选题、收集资料、提出方案直到最后的成果展示，都是由学生“自作主张”。教师在这个过程中的作用是对学生进行积极有效地引导，发挥协助者的作用，而不是取代学生来进行这些活动。这种自主的学习过程与传统学习中学生被动地接受、隔离现实生活世界的学习过程形成鲜明的对比。另一方面，探究学习仍然强调教师的指导作用。只有这样，它才能有别于学生在好奇心驱使下所从事的那种自发、盲目、低效或无效的探究活动。事实上，学生探究活动过程中所涉及的观察、思考、推理、猜想、实验等活动都是他们不能独自完成的，需要教师在关键时候给予必要的提示。

第三，从学习目的来看，“经过探究过程以获得理智情感体验、建构知识、掌握解决问题的方法是探究学习要达到的三个目标”①。以往的学习，其根本目的在于增加个体的知识储备。在我国的基础教育中，尤其强调对系统学科知识的掌握，学生在现实生活中的解决实际问题的能力并不高，学生的实际能力与知识量不成正比。这种学习显然难以适应我国素质教育的要求和培养学生创新精神的时代主题。探究学习力图从根本上超越学科的界限，成为一种综合性的以问题为核心的、不断迈向未知领域的一种学习活动。它的目的不仅仅是使学生掌握系统的学科知识，还要使学生在真实的或者是特定设置的情境之下能够综合地应用知识、能力去界定、发现问题，解释、分析问题，并最终解决问题。此外，探究学习的另一目标就是让学生获得亲身参与探索的积极体验。通过让学生主动参与整个探究学习过程，激发探索欲望，使学生获得积极的情感体验。因此，探究学习过程同时也是一个情感活动的过程。

## 三、探究学习的特征

要正确实施探究学习，必须把握其基本特征。对于探究学习的特征，不同的学者有不同的观点。

美国国家研究理事会对科学探究教与学的重要问题进行了比较系统的阐

① 肖川．教育的理想与信念．长沙：岳麓书社，2002：159

述，其中，将探究式教学的基本特征概括为五个方面的内容，即学习者围绕科学性问题展开探究活动；学习者获取可以帮助他们解释和评价科学性问题的证据；学习者要根据事实证据形成解释，对科学性问题做出回答；学习者通过比较其他可能的解释，特别是那些体现出科学性理解的解释，来评价他们自己的解释；学习者要交流和论证他们所提出的解释。

郑金洲认为探究学习作为一种新的学习方式和学习活动，体现出六个方面的特征：综合性与开放性，主动性与自主性，探究性与创造性，实践性与过程性，互动性与灵活性，层次性与超越性。[①]

高凌飚与张春燕认为探究学习具有开放性、自主性、过程性、实践性与教学方式的任务驱动性五个特征。[②]

张云亭指出，探究学习着力于学生的学，具有主体性、探究性、实践性、互动性、过程性和超越性。[③]

钟启泉在探讨研究性学习时，认为它是一种"问题解决学习"，其特质是开放式问题、真实性情境、渐进式解决和发展性评价；是一种跨学科的综合实践性活动，其最大特质是"跨学科性"；是一种基于学习资源的开放式学习。[④]

综合以上学者的观点，我们认为，探究学习具有以下特征：

**(一)问题性**

现代教学论研究指出，产生学习的根本原因是问题而不是感知。问题是思想方法、知识积累和发展的逻辑力量，是萌发新思想、新方法、新知识的种子。没有问题，感觉不到问题的存在，学生就不会去深入思考，那么学习也就只能是表层和形式的。为此探究学习强调通过问题来进行学习，要求学生以问题作为学习的载体，自觉以问题为中心，围绕问题的发现、提出、分析和解决来组织自己的学习活动，从而形成一种强烈又稳定的问题意识，始终保持一种怀疑、困惑、焦虑、探究的心理状态，从而催生出更多的问题。这样学习才有强大的动力，才能真正开启心智的大门，才能真正激发学习的热情，才能真正领略到学习的乐趣与魅力。在这种学习过程中，一方面强调通过问题来进行学习，把问题看做学习的动力、起点和贯穿学习过程中的主

①② 郑金洲主编．基于新课程的课堂教学改革．福州：福建教育出版社，2003：138～139

③ 张云亭．探究性学习的几个基本问题．山东教育学院学报，2001(4)

④ 钟启泉．研究性学习："课程文化的革命"．教育研究，2003(5)

线；另一方面通过学习来生成问题，把学习过程看成是发现问题、提出问题、分析问题和解决问题的过程。总之，问题意识是学生进行探究学习的重要心理因素。当然，由于探究学习主要是围绕着问题的提出和解决来展开，问题的品质就成为直接决定探究成效的重要因素之一。问题有真的，也有假的。真问题是反映学生现实生活、发生在学生身边的自然和社会现象中的问题。学生只有在解决真问题的过程中才能养成不迷信权威、敢于批判和质疑的探究精神。否则，其探究学习无疑只是一种枯燥无味的“智力游戏”，令学生望而生畏，丧失探究的兴趣和热情，根本谈不上探究精神的培养。因此，探究学习需要师生根据日常经验观察、发现并提出真问题。

**(二)生成性**

作为一种以“问题”为导向的学习方式，探究学习具有明显的生成性。探究学习的过程并不是教师把预先设计的属于教师知识范围之中的知识图景如何有效地、按部就班地传输给学生的过程，而是在师生既有知识、经验的相互沟通的基础上寻找、发现问题，借助于一定的新知识传授，师生共同去谋求解决问题的办法。因此，探究学习内容并不限于教学计划中的固定安排，它应根据当时当地的教学情境需要作出必要的调整。这种学习方式充满弹性、富于张力。在探究学习过程中，教师不是作为传声筒，而是作为一个带着理智、情感、智慧的与学生平等的个体，参与到超越简单知识授受的、深层次的、充满问题的教学情境的创造性建构之中。生成性的特点使探究学习对于师生而言永远充满着超乎预设之外的诱惑力(而不是一开始就知道结果如何)，一种源自师生思想的诱惑力，它永远对教师和学生的知识和智慧构成挑战，使师生潜能在富于挑战与激励的教学情境中不断释放、展现出来。缺乏生成性的学习，不可能是探究的学习。

**(三)开放性**

开放性是探究学习最显著的特性。在探究学习中由于要研究的问题(或专题、课题)多来自于学生生活着的现实世界，课程的实施大量地依赖于教材、教师和校园以外的资源，学生学习的途径方法不一，最后探究结果的内容和形式也会各不相同。因此，它必然会突破原有学科教学的封闭状态，把学生置于一种动态、开放、生动、多元的学习环境中。这种开放性的学习，改变的不仅是学生学习的地点和内容，更重要的是它提供给学生更多的获取知识的方式和渠道，推动他们去关心现实、了解社会和体验人生。

第一，内容的开放性。探究学习是一种超越了传统的课堂、传统的学科、传统的评价制度，牵涉自然、社会、文化及人类自身的全新的学习方式，它要求消除以往教师分科教学、学生分科学习的弊端，反对把学习内容限制在某些方面的做法，提倡为学生提供综合学习的机会，通过围绕某个问题组织多方面或跨学科的知识内容，让学生对知识融会贯通，多层次、多角度地思考问题。因此，探究学习所涉及的面相当广泛，即使在同一主题下，研究的视角或切入口也有相当大的灵活度，因而教师和学生需要更多地创造性发挥。

第二，学习资源的开放性。探究学习可以为学生开拓丰富的资源，既包括人、财、物，还包括环境、信息、关系、组织、机构等。如图书馆、网络信息、信息媒体、专家咨询、研究机构、大学、研究所、企业、科技馆、电影院、少年宫等探究所需和可利用的所有人员、事物、信息都可以成为探究学习资源。在这种开放性的学习环境下，探究学习的形式就不再只局限于课堂、教材，而是向课外，向更广阔的世界开放、延伸。这不只是简单的学习与社会生活实际相结合，它意指学习活动乃是一种灵活的而非机械呆板的、意义丰富而非枯燥单调的活动，学习活动时刻与外在世界保持生动的联系。

第三，思维的开放性。探究学习从实质上讲就是培养学生发现问题、解决问题的能力，这就和传统的以传授结论为主的教学有着本质的不同。它要求教师不能设计过多的教学事件来干预学生探究的过程，充分发挥学生的主体性，鼓励学生在探究活动中任意想象，自由思索，不受既定思路、现成答案和各种权威的束缚，在重证据、重逻辑的基础上充分发挥自己的创造精神和才能。因此，整个探究活动处于一种开放状态，学生自主安排活动方式和活动内容，有自由创造的空间。

第四，方式的开放性。探究学习应是一个开放的活动系统，需在与其他学习方式的相互作用中得到不断改进。探究学习的这种要求源于探究的本质即反省思维，它要求教师对探究学习本身不断反省，以使其更加符合目的性和规律性。如此，才会建立与学生不同能力水平、不同学习内容等相适应的探究学习变式，而不至于把探究学习或其某一模式教条化、理想化。同时，探究学习的开放性要求我们正确看待探究学习与其他学习方式的关系，诸如自主学习、合作学习等。这些先进的学习方式都有其独特之处，我们不仅不应当加以排斥，反而要善于从中汲取长处，以促进探究学习自身的完善与发展。那种认为探究学习高于一切，是一种完备或完美的学习方式，从而将其与其他学习方式对立起来的做法，是片面的、极端的、有害的，也有悖于探究学习的精神实质。

(四)自主性

探究学习的典型特征是，教师不直接告诉学生与教学目标有关的知识与认知策略，而是创造一个特定的学习环境，让学生经过探索后去亲自发现和领悟它们。因此，在探究学习过程中，教师要善于激发学生学习的主观能动性，引导学生积极分析和思考，以便他们能够积极主动地从探究的一个阶段过渡到另一个阶段。它要求教师改变传统的作用方式，把重点放在创造条件、引起和激励学生的探究和发现上。但这绝不意味着教师的作用因此而有所降低，甚至无足轻重，而完全任由学生去独自探究。事实也正是如此，任何教育教学活动都离不开学生个体的积极参与和自主活动，同时也离不开教育者的引导。因此，在教育教学过程中，教育者应处理好“放”和“扶”的关系，充分激发和调动学生的能动性、自主性和创造性，培养学生的探究态度和发展学生的探究能力。

## 第二节　探究学习的课堂管理原则

作为一种以主体教育理论、建构主义理论、多元智力理论为理论依据的学习方式，探究学习的课堂教学要真正有利于每个学生的全面发展，其课堂教学管理应遵循以下原则：

### 一、主体性原则

主体性教育理论主张教育要以培养、发展和弘扬儿童的主体性为根本目的，教育过程实质就是教育者借助于一定的教育手段和方法，将人类的优秀科学文化知识和经验转化为受教育者的品德、才能和智慧，从而将社会的精神财富内化为学生主体性素质的过程。[①] 由此可见，主体性教育理论无论在教育的目的上，还是在教育的过程中，都把发挥人的主体性摆在了十分突出

① 张天宝．试论主体性教育的过程观．教育理论与实践，1997(3)

的位置。事实也正是如此，任何教育教学活动都离不开学生个体的积极参与和自主活动，教育者的任务不仅在于传授知识，更为重要的是要在教育教学过程中充分激发和调动学生的能动性、自主性和创造性，培养学生的探究态度和发展学生的探究能力。

探究活动是一个多侧面、多途径、多方法的活动，需要观察思考，需要提出问题，需要设计探究方案，需要根据证据来检验假设，需要提出答案、解释和预测，需要将探究结果与同学交流和讨论……上述活动没有学生的主动参与是不可能完成的。同时，探究也是一个解决认识冲突的学习过程，需要学生坚持不懈地观察、思考、实验探究等。如果学生没有探究的积极性，探究活动就无法进行下去。探究学习让学生变成了教学的真正主体，在传统的接受学习中学生被认为是很不成熟的个体，他们不足以承担起发现知识和创新知识的重任，而探究学习则充分相信学生，相信学生在一定程度上有能力去主动地探索世界、揭示世界的奥秘，发现并创造出知识。因此，探究学习主张学生可以选择学习内容、确定学习方法、安排并实施学习计划、评价学习结果，对学生能力的信任毫无疑问能够鼓励学生在探究的道路上阔步前进。

在探究学习的课堂管理过程中，教师要注意激发学生对问题情境或探究内容的兴趣和动机，给学生提供自主探索、自主创造的机会，充分发挥学生的主体性。如在《研究滑动摩擦力》教学的课题引入过程中，我们可以先让学生观看动画片《猫和老鼠》中猫追老鼠想停下来，却又滑行一段距离的片段，在学生进入了兴奋状态后，提出：猫为什么没有停下来？学生答：因为有惯性。教师又提出：猫为什么又停下来了呢？学生答：有滑动摩擦力。接着问：关于滑动摩擦力你想研究哪些问题？这样就把研究的主动权交给了学生，使学生由“要我探究”转变为“我要探究”，使他们保持持久的从事实验探究的兴趣和动力，以实现主体潜能挖掘和主体性发展，全面提高学生的综合素质。

## 二、情境性原则

建构主义理论认为，知识不是通过教师传授而得到的，而是学习者在与周围环境相互作用的过程中，通过同化、顺应和平衡，逐步建构起自己的认知结构的过程。传统的课堂教学，受到行为主义学习理论和以学科为中心的课程观的影响，把知识看成是脱离情境的纯文本，可以通过直接传授的方式教给学生，因而不注重学习情境的创设。所以，学生在传统的教学环境下，学到的是死知识，不利于知识的迁移和运用，不利于学生解决现实问题能力的发展和提高。

探究学习的一个重要目的在于培养学生敢于批判和质疑的探究精神，然而敢于质疑不等于盲目怀疑一切，必须以事实为根据，学生只有在解决真实问题的过程中才能养成这种精神，那种脱离学生实际进行抽象技能训练的做法只会压抑学生的探索兴趣，根本谈不上探究精神的培养。为激发学生的探究兴趣，教师应注意了解学生关注和感兴趣的问题是什么，然后将那些真正来自学生和属于学生、联系学生生活和社会实际的问题纳入课堂。第一，对学生感兴趣的问题进行调查统计和分析，以此作为设计课堂教学时选择探究主题和安排主题顺序的基础；第二，每堂课都应尽量留出一些“自由探究时间”，供学生探究他们自主提出的问题；第三，教学内容有时可根据学生的即时兴趣做出适当的及时的调整。

在课堂管理过程中，教师应通过创设问题情境、真实的生活情境、实验探究情境等多种情境，激起学生思考的冲动，加强学生对知识的重组和改造，保证学生对知识的意义建构，提高学生发现和解决问题的能力。如教师在《探究自由落体运动》的教学中，首先让学生做一张薄纸片和粉笔头由同一高度下落的实验，问学生观察到什么现象？学生回答粉笔头下落得快，纸片下落得慢；接着学生可能会提出：为什么粉笔头下落得快而纸片下落得慢呢？这样就将学生带入了一个问题情境，激起了学生的探究热情。

## 三、开放性原则

开放性是探究学习最显著的特点。探究学习从实质上讲就是培养学生发现问题、解决问题的能力，这就和传统的以接受纯文本知识为主的学习方式有着本质的不同。它需要把学生置于一种相对动态的、开放的、多元的环境中。教育心理学研究表明，思维定势、功能固着等是影响问题解决的重要因素，封闭的课堂、僵死的教学内容、刻板的教学方式、固定的标准答案等都容易使学生产生思维定势，从而减弱思维的灵活性和流畅性，进而影响创造性。研究也同样表明，思维必须以大量的信息为基础，产生观念的流畅性、灵活性、独创性都与信息量有关。也只有开放式的课堂才能容纳大量的信息，并促进信息在教师、学生、教材及媒体等之间合理地、高效地流动，为创造性思维的发展创设必要的空间。另外，在当今日新月异的社会，学生不仅要学会占有作为社会首要资源的信息，更要学会选择和甄别有用信息。也只有开放式的课堂才能为学生提供充分的机会加以交流、讨论和争辩，培养他们不唯书、不唯师、不唯上、大胆质疑的品性和批判性思维能力。

因此，探究学习要求教师在课堂管理过程中不要过于干预学生探究的过程，而是要充分发挥学生的主体性，给学生以自由创造空间，鼓励学生走出课堂广泛地获取信息和收集资料，充分利用图书馆、实验室、科研机构、厂矿企业技术部门及家庭、社会的资源优势，多渠道多方位地进行开放性探究，让学习过程成为学生发现、发明的过程。如在《研究滑动摩擦力》的教学中，教师请同学抢答我们日常生活中哪些现象中存在着滑动摩擦力。学生思维活跃，踊跃举手发言。同学的举例有：滑雪、滑滑梯、拖地、用手洗衣服、写铅笔字、洗脸、搓手、滑冰、刷牙等，这样在愉悦中体验、观察、分析、归纳、总结，在讨论中完成学习的内容。当然，开放性决不意味着放任自流，这就要求教师更充分地估计学生学习现状、教学内容的难度，同时更恰当地进行教学设计。

## 四、合作性原则

社会建构主义理论家维果茨基认为建构主义的学习应该是一种社会性、交互性的协作学习，知识不仅是个体在与物理环境的相互作用中建构起来的，而且社会性的相互作用更加重要，人的高级心理机能的发展是社会性相互作用内化的结果。因为每个人都以自己的经验为背景来建构对事物的理解，由于每个人生活世界的复杂性，以及作为认知者的每个人的认知建构方式的独特性，所以不同个体只能体验和理解到事物的不同方面。在教学中要使学生超越自己的体验和认识，看到那些与自己不同的观点，看到事物的另外的方面。特别是科学探究活动中，学生的基本假设、收集的信息、设计的方案、在探究过程中收集的数据、探究过程中的体会以及探究结论等方面都可能存在着相当程度的片面性。因此，在课堂管理过程中，要重视学生探究过程中的合作和讨论，使学生在发表自己的探究方法和成果、交流探究体验和感想、倾听他人探究经验的过程中进行客观的比较和鉴别，从不同的角度改进自己的经验和认识，取长补短，丰富自己的探究成果和收获，形成对问题的全面的理解，从不同角度建构事物的意义，以利于知识的广泛迁移，同时有利于学生良好的合作精神的培养，也有利于发展学生的评价能力，为将来步入社会与人交往和合作打下良好的基础。

探究学习是围绕问题解决活动开展的，这些问题往往是综合性的复杂问题，学生需要依靠集体的力量进行分工合作。在探究过程中教师不再是知识的仲裁者、课堂的控制者，而是学生探究学习活动的支持者、引导者和合作者，是和学生平等相处的伙伴。当探究进程中出现一系列问题时，教师不要急于求成，而要充分信任、肯定学生，放手让学生尽情地发挥自己的聪明才智，让学生通过探究自主发现规律，在探究过程中让学生自主寻找解决问题的方法、思路。在教师的引导下，学生逐步积累探究的经验，学会探究的方法，提高探究的能力。

在课堂管理过程中，教师要尊重学生的人格，尊重学生的选择，建立合理融洽的师生关系；充分地走入学生的心灵，了解和关注学生的思维发展，尽可能减少对学生统一约束和整齐划一的要求，鼓励每个学生亲历各种探究活动，提倡他们选择与众不同的探究路径。教师不仅要容忍学生犯错误，还要大胆地鼓励学生尝试错误。因为只有经过错误考验的学生，他们的探究能力才能得到不断地加强。教师要努力营造出“教师—学生”及“学生—学生”间自由、平等的氛围。如在学生做实验进行探究的过程中，教师在教室里四处走动，与各小组进行交流。倾听学生们的问题和想法，不时评价他们的探究进程并确定适合学生学习的下一步计划。必要时，教师把学生集中起来，通过演讲、示范或讨论等形式提供其他信息。

学生通过实验解决问题，同时又在实验中发现问题。以往问题的解答全由教师包办代替，得出的结论学生被动地接受后死记硬背，造成学生只知其然，而不知其所以然，只能继承前人积累下来的知识经验、原则和方法，复制书本上的条条框框，而无法培养学生解决实际问题的能力，特别是创造性地解决实际问题的能力。因此在探究学习的课堂管理中，教师完全可以尽可能地创造机会引导学生在边学边探究中解决问题，让学生亲自动手、动脑，互相合作，利用各种方式方法合作探究。在这一环节中，教师可以先用几分钟把解决不了的问题进行一下综合，然后让学生进行合作探究。形式可采取：生生讨论探究，小组讨论探究，整班集体讨论探究(包括师生间互相探究)。通过对话、争论、答辩等方式，发挥学生的学探优势，利用他们集思广益、思维互补、思路开阔、分析透彻、各抒己见的特点，使问题的结论更清楚、更准确。此时教师要做到眼观六路、耳听八方，随时引导，点拨学生共同解决问题。

## 五、差异性原则

差异性原则是指教师在教学过程中应尊重学生的人格，关注个体差异，满足不同学生的学习需要，创设能引导学生主动参与的教育环境，激发学生的学习积极性，培养学生掌握知识的态度和能力，使每个学生都能得到充分地发展。传统的学习方式由于受固有的班级授课、集体教学、内容一致、标准统一等特点的制约，即使教师有注重个性差异的意识，在实践中也往往很难实行。然而，探究学习从满足学生的需要和兴趣出发，充分发挥学生的自主性，尊重学生的个体差异。不要求学生以同样的探究方案进行探究，也不要求学生达到同样的水平；探究的结果也不是评价的唯一指标。主要注重使学生有机会达到各自期望以及可能达到的发展目标。

在小组合作开展探究活动时，并非只有好学生才有能力开展探究，教师要注意观察学生们的行为，防止一部分优秀的探究者控制和把持着局面，注意引导同学们让每一个人都对探究活动有所贡献，让每个学生分享和承担探究的权利和义务，对那些在班级或小组中较少发言的学生给予特别的关照和积极的鼓励，使他们有机会、有信心参与到探究中来。

正是因为探究活动中，学生会有不同的感受和体验，对问题也会出现不同的理解和看法。因此，在探究学习的课堂管理过程中，教师要保护学生的学习兴趣，探索因人而异的教学方式，要让每个学生在不同的学习、活动中都能发挥自己的长处。从学生实际出发，承认差异，因材施教，才能真正做到面向全体学生，使每一位学生的创造性都得到自由充分的发展。如在语文学习中，由于每个人的经验阅历、知识积累不同，对一部作品的理解会有不同。“一千个读者，就有一千个哈姆雷特。”教师对作品的理解往往更深刻、具有更高的水平，因此在探讨中处于一个特殊的地位，扮演特殊的角色。但儿童的认知常常更加敏锐、出于自然、更接近真实，且在不受众多背景性信息的干扰的情况下往往具有独特的视角。因此，教师在探究学习的课堂管理过程中要尊重学生在学习过程中的独特体验，对学生独特的感受和体验应加以鼓励。

## 六、发展性原则

多元智力理论学家加德纳认为，每个人的智力都是多元的、具有多种智力组合的个体，而不是只具有单一性质的、用纸笔测验可以测出智力的个体。每个人除了具有言语——语言智力和逻辑——数理智力两种智力以外，还有视觉——空间智力、音乐——节奏智力、人际交往智力、自我反省智力、自然观察者智力和存在智力；每个人都在不同程度上拥有上述基本智力，智力之间的不同组合表现出个体的智力差异；每个人都拥有智力发展的潜能，任何能力层次的人都可以通过学习让自己在各方面都变得很聪明；每一种智力存在多种表现的方法。在某特定领域中，不存在标准化的、必然被认为是具有智慧的属性组合，没有判断聪明与否的一组标准特质。

多元智力理论对教师创造一个适合学生智力发展的环境提出了要求。除了要多方面、多维度地看待智力，发现智力的多样性，还应该以发展的眼光看待智力，寻求智力的发展。即使某些领域不是学生所擅长的，甚至是学生的薄弱智力，也都是可以发展的。事实上，若能给予适当的鼓励和指导，每个人都有能力使所有的智力发展到相当的水准。因此，在课堂管理过程中，教师要采用多元的评价形式，以"肯定性评价"为主，使每位学生都能看到自己的优点和长处，增加学生的自我效能感，从而增强学生学习的积极性；同时给予适当的补充和指导，使每个学生的薄弱智力也能得到充分的发展，从而促进学生的全面发展，使他们成为完整的人。

维果茨基认为，儿童的发展有两种水平：一是现有发展水平，它决定着今天生活的内容，它可以根据儿童已经能独立完成某种任务来测定；二是可能发展水平，它指的是那些正在成熟、尚处在发展中的心理机能与过程，它决定着儿童明天生活的内容。其实质表现为：儿童在自己发展的现阶段还不能独立解答的任务，可以在与其他人的合作中得到解决。所以阿莫纳什维利认为儿童的发展是目的，知识、技能与技巧是达到目的的手段。没有指向掌握知识、技能、技巧的活动，儿童的发展就不可思议，没有借以掌握知识、技能、技巧的潜力、天赋、机能的参与，也就没有真正意义上的教学与发展。因此，在我们教学中，重要的不是学生获得的那些知识、技能、技巧，而是在掌握知识、技能、技巧的过程中得到发展的能力、趋向活化的内在机能，它们将加带学生的认识步伐，促进学生更好、更快、更多地掌握有用的知识与活动。

受传统智力理论影响，课堂评价往往存在以下问题。第一，评价主体单一，被评价者被排除在评价活动之外，只能被动地接受评价结果。如在对学生的评价中，很少让学生进行自我评价和同伴之间互评；第二，过于强调评价标准的统一性，造成被评价者墨守成规、千人一面，严重压抑人的创造性和个性；第三，评价内容单一，特别只关注对学业成绩的评价，忽视对学生身心各方面发展的评价；第四，不顾学生发展的多样性和不平衡性，将所有学生放在同一评价标准下相互比较，一方面造成对学生评价的不准确；另一方面又严重挫伤学生的自尊心。学校主要是依据学生学科考试分数来评价学生，"以分数论英雄"，分数低的学生严重丧失自尊心，分数高的学生又容易被分数蒙蔽，看不到自己的薄弱之处，造成"高分低能"的现象；第五，评价只关注结果不关注过程。[①] 这种单一的课程评价体系不利于学生各种探究能力的培养。因此，在探究学习的课堂管理过程中，其课堂评价必须遵循发展性原则，关注学生的全面发展，不仅关注学生在科学素养方面的发展，而且要了解学生在发展中的需求，发现和发展他们多方面的潜能，帮助学生认识自我，建立自信，促进学生在已有水平上的发展。

## 第三节 探究学习的课堂管理策略

课堂管理是指教师为了保证课堂教学的秩序和效益，协调课堂中的人与事、时间与空间等各种因素及其关系的过程。探究学习虽然强调学生的自主探索，但同样离不开教师有效的管理和指导。因此，本文将从探究学习的课堂教学设计、课堂教学内容、课堂组织、课堂评价等方面来探讨探究学习的课堂管理策略。

### 一、探究学习的课堂教学设计

成功的课堂教学与成功的课堂设计是密不可分的。探究学习的课堂设计应从制订探究目标、创设问题情境、设计探究方案等方面着手。

#### (一)制订探究目标的策略

“探究目标是指为探究活动主体预先确定的、在具体探究活动中所要达到的结果。它表现为通过探究过程学生在知识与技能、思维与情感和行动方式等方面的发生的变化。”[②]它是探究教学的出发点和归宿，因此，确定合理、适当的探究目标是探究方案设计中的首要任务。探究目标对探究过程具有引导作用，能够避免探究过程中的盲目性，将学生的注意力集中在与目标有关的事情上，尽量排除无关因素的干扰；探究目标还是激发学生探究动机的诱因，学生了解了探究目标，能激发他们主动探究的积极性，能够明确探究的方向，更好地评价和反思自己的探究实践；探究目标还为评价提供依据；探

① 丁朝蓬．新课程评价的理念与方法．北京：人民教育出版社，2003：55～56

② 吴星等．化学新课程中的科学探究．北京：高等教育出版社，2003：48

究目标还具有聚合功能，是探究过程中各组成要素的连接点和灵魂，对其他要素起着统率、支配、聚合和协调作用，使之发挥最佳的整体功能。

探究学习也不例外，它的学习目标与其他学习目标一样，都服务于总的课程目标。因此，探究目标的设定必须以学科知识体系、学生实际情况、课程资源的实际情况为依据。

1. 学科知识体系

探究目标并非任意决定的，它必须立足于对学科教学内容的系统分析之上，做到能够从整体上把握学科知识体系，理清内容的基本结构，看某一特定内容在整个知识体系中所起的作用、所处的位置。对于一些关键内容一般要进行探究，但探究目标要服务于整个内容体系，而不仅仅是这一特定的内容本身。根据学科知识体系，在研究物质结构的价值探究过程中，我们将从原子、分子水平上认识物质构成的规律，以微粒之间不同的作用力为线索，侧重研究不同类型物质的有关性质，帮助高中学生进一步丰富物质结构的知识，提高分析问题和解决问题的能力。因此，在设定探究目标时，要使学生“进一步形成有关物质结构的基本观念，知道物质是由微粒构成的”“初步认识物质的结构与性质之间的关系”“了解研究物质结构的基本方法和实验手段”“了解元素周期率的应用价值”。

2. 学生的实际情况

科学探究是学生自主学习的过程，是学生应用知识解决实际问题的过程。因此，教师要通过观察、调查、和学生谈话、研究档案等手段，分析学生已有的知识和能力基础，了解和掌握学生的学习动机、感知特点、认知风格、情感发展水平、情感需要、性格特点、态度特点等实际情况。在对学生进行调查、分析时，既要了解群体的一般特点，又要注意了解个体的差异和典型情况。因为探究目标是面向全体学生的基本目标，它必须在全面了解学生情况的基础上，才能把握这种基本的要求。

3. 课程资源的实际情况

由于科学探究是一个开放性的过程，因此，课程资源是探究学习顺利进行的重要保证，也是影响探究目标制订的重要因素。因此，在制订探究目标时，教师要分析学校和社区的资源情况、教师自身的教学特点和水平，以保证探究目标的实际可操作性。

**(二)创设问题情境的策略**

探究学习实质上是问题解决的学习，问题是整个学习过程的核心和关键。因此，创设与探究主题有关的问题情境，在教学内容和学生求知心理之间设障立疑，让学生处于"愤""悱"的状态，引起学生对知识、对科学、对人生的兴趣，激发学生的探求欲望是探究学习首要和关键的一个环节。

在探究学习中可通过以下途径创设问题情境：

1. 通过实验形成问题情境

利用新颖奇特的实验现象与学生日常经验、原有认知产生矛盾，在给学生以强烈的感官刺激的同时激发起强烈的求知欲望。例如：高中化学讲述过氧化钠与二氧化碳的作用时，教师先用棉花包住过氧化钠，然后用玻璃管吹气(二氧化碳)，不久棉花起火"自燃"。根据学生已有知识，二氧化碳能灭火，而此时却因它而着火，这个实验现象是学生始料不及的，"为什么?""怎么会这样?"学生处于"心求通而不解，口欲言而不能"的"愤""悱"状态，这样问题情境便形成了。

2. 通过生活经验设置问题情境

科学与日常生活有着紧密的联系，深入分析生活中常见的科学问题，不仅能激发学生的学习动力，而且能打破学生固有的心理平衡，培养思维的深刻性。例如，化学教学中讲到硬水的软化，教师可以提出问题：水壶为什么易结垢？水垢的成分是什么？又比如，"酯化反应"教学中提出问题：烧鱼时为何要加少量的醋和酒？

这样的问题是学生生活中常见的问题，但是没有从科学的角度去认真思考，处于"知其然，而不知其所以然"的情况。因此，教师要多引导学生问个"为什么"，学会用科学思维思考问题，增加质疑能力和科学素养。

3. 通过科学史创设问题情境

科学的历史是一部科学方法和科学智慧的历史，科学史上那些著名的实验和发现事例，是创设问题情境的优质素材。例如，在学习氯气的性质和制法时，先从瑞典化学家舍勒的一个发现引入课题：舍勒从事软锰矿研究，发现盐酸与二氧化锰一接触，便产生一种强烈刺激气味的气体，这种气体能漂白花朵和绿叶，这种气体可能是什么的呢？它具有什么性质呢？

在这个生动的历史故事的感染下，同学们很容易就会激发出进一步学习和探究的欲望。

4. 通过学科之间的横向联系创设问题情境

利用其他科目中那些有联系的事实或资料，创设趣味盎然的问题情境。如在学习碳酸钙的性质前，可以从于谦的《石灰吟》"千锤万凿出深山，烈火焚烧若等闲，粉身碎骨浑不怕，要留清白在人间”的诗句中引导学生分析石灰石焚烧变生石灰，生石灰遇水“粉身”及最后变成“清白”的碳酸钙的变化现象。

5. 通过日常概念和科学概念的矛盾冲突引发问题情境

学生从小在日常生活中形成了自己的一些概念，也就是日常概念。日常概念和科学概念之间有时是一致的，有时是矛盾的，甚至是对立的。从日常概念和科学概念的矛盾入手，可引起学生的强烈的探究兴趣：比如，我们平时所讲的盐和化学上的盐有没有异同？饮料中的纯净水，真的是纯净物吗？这些熟悉而又陌生的问题是学生产生探究欲望的内在动力。

6. 利用多媒体创设问题情境

由于多媒体能以连续的声音、画面方式传播，可以使学生有身临其境的感觉，从而激发学习的兴趣。因此，在探究学习的教学设计中用多媒体创设问题情境，激发学生主动参与。创设问题情境的方式多种多样，它可以在其他创设情境的途径中交叉使用。教师可以通过故事、模拟实验、图像、音像、活动等多种途径设置问题。例如，在学习原电池的工作原理和应用时，在课的开始在多媒体上展示我国“神州6号”宇宙飞船升空的宏观场面，然后教师发问：飞船在太空自由运行以什么作为能源？它的工作原理是什么呢？由于学生受到飞船升空场面宏观壮丽的感染，非常想知道答案，从而激发了进一步探究学习的兴趣和动机。

7. 通过精心策划的课堂讨论创设问题情境

讨论对于激发学生的思维活动是一种最有效的方法。在教学中利用学生对某一问题的不同看法所引起的矛盾冲突，引导学生进行讨论，从而创设问题情境。由于在讨论过程中学生希望被认可的愿望非常强烈，教师在鼓励学生充分发表意见的同时，要适时引导他们冷静分析，从不同的侧面去认识问题。

例如，关于苯酚的分子结构，有的同学认为它和苯分子一样也是平面六边形结构；还有同学认为由于轻基的引入，导致轻基上的氧原子不与其他碳氢原子共面。究竟哪一种观点正确呢？通过讨论，学生对有关的分子结构有了更深刻的认识。

综上所述，问题情境是影响学生学习的重要因素。在进行课堂设计时，教师应该深入地分析教材，结合学生的认知心理特点，来创设恰当的问题情境，以激发学生的学习欲望，激活学生的思维活动，从而培养和提高学生发现和解决问题的能力。

**(三)设计探究方案的策略**

探究方案作为指导探究学习的指南，是决定探究学习成败的关键。因此，教学方案的设计既要遵循科学探究的基本过程，又要根据实际情况的需要。具体来说，可利用实验、科学史、结合生活实际、调查访问、查阅文献资料等形式来设计探究方案。

1. 利用实验进行探究

科学的一个重要特点就是以实验为基础。科学概念的形成和规则的确立都是以具体的实验和实际的观察为基础的，纵观科学的发展史，可以说实验是科学的灵魂。可以说，科学的任何一点进展和突破，都与科学实验密切相关。没有实验，就没有科学。同样，进行科学探究学习也离不开实验，否则，就不能把宏观和微观统一起来，建立联系深入本质，也就不能建立起学习科学的思维方法。

在实验探究的实践过程中，学生的观察能力、操作能力、求实作风、科学态度、科学方法、合作精神等多种素质得到培养。使学生在学中做、做中学。在“做科学”的探究实践中形成终身学习的意识和能力。

例如，“物质的溶解有限度吗”探究设计。学生对不同物质之间溶解度的差别已有一定的了解，如石灰石、食盐与碳酸氢氨常温下在水中的溶解情况就有较大的差异：石灰石不能溶解在水中；食盐能够溶解在水中，但溶解速度较慢，且不能大量溶解；碳酸氢氨很容易溶解在水中，且能够溶解的量很大。为了让学生对物质溶解性知识有一个定量的了解，可以采用从实验中收集证据的探究方法，从实验中获得数据的差异性、变化规律，总结出物质在水中溶解的相关规律。

2. 利用科学史料进行探究

科学史记载着科学从萌芽到确立直到走向成熟的逐步发展过程。我国著名化学家和教育家傅鹰教授曾经说过：“科学只能给我们知识，而历史却能给我们智慧。”

中学课本中的概念、规律和理论，既是人类认识的结晶，具有科学知识的价值，同时它们有铭刻着人类思维的印记，具有思想文化价值。无数科学家的深邃思想是科学宝贵的精神财富。因为学生对科学家、对科学是怀着崇敬、敬畏的心理，他们能够从科学史料中(尤其从科学家的思想史)摄取科学的精神、探索前进的动力、获得学习的灵感。在设计探究方案时，要重视科学史知识的灵活运用，让学生在科学史料中、从杰出科学家的思想中获得探究学习的灵感和思维的方向。

例如，对于电离概念的教学，假如完全从现成的知识结论去解释，说明它是“电解质溶解于水中或受热熔化时离解为自由移动的离子的过程”。学生虽然也能记住这个概念，但是由于没有反面知识的衬托与对照，未能形成认识上的矛盾与冲突，就会使学生浅尝辄止，难以深入领会，他们自身存在的问题也难以暴露和了解。若从历史的角度，引导学生经历电离学说的建立过程，让学生体验电离学说的建立过程所体现的科学思维方法(假说法、实验法)，从中发现包括门捷列夫在内的权威化学家们，在当时也没弄清电离和电解的本质区别。这样不仅使学生从发展的角度深刻理解了电离的概念，弄清了电离和电解本质区别，而且可以培养学生科学的思维方法，学会像科学家那样思考和认识世界。同时有利于形成正确的知识观，认识到知识是不确定的，是一个不断发展完善的过程，从而使他们养成不迷信权威、敢于批判、敢于创新的精神。

3. 结合生活、生产实际进行探究

传统的课程目标是为以学科为中心，忽视了课程和社会、生活的联系。新课程改革的目标是将学生培养成为适应未来发展的高素质的社会公民。探究学习结合生活、生产实际进行学习，是实现新课程目标的重要学习方式。这样既能更快更好地学习、理解知识，又能理解生活、生产中蕴涵的科学道理，运用所学的知识解决实际问题，让学生了解科学知识与日常生活、社会生产的意义，培养学生运用科学知识和技能就人的健康和安全等问题做出决策和评价的能力，激发学生的学习兴趣和动机。

例如，“白色污染”是大家都很关心的日常生活问题，教师可以用它作为情境激发学生探究“使用塑料的利与弊”的探究课题。

教师可以提供有关的观点作为参考：塑料的制造成本较低，而且耐用、防水；塑料一般不导电、不导热，是良好的绝缘体；有些塑料容易燃烧，燃烧时产生有毒气体；回收废弃塑料时，分类十分困难，而且经济上不合算；塑料是由石油炼制的产品制成的，石油资源是有限的。通过这个问题的探究，可以使学生对塑料的利与弊有较为深入的认识，从科学的角度理解了塑料使用中应注意的问题，提高了学生的健康观念和环保意识。

4. 利用调查访问法进行探究

探究学习在探究内容和方式上具有较强的开放性和综合性，仅仅在教室、实验室不能有效地获得解决问题的方法。所以，在探究学习中，要重视调查访问尤其是需要向一些有关方面的专家学者请教，才能获得重要的事实和数据。例如，学生要了解生理盐水、葡萄糖等在医院中的应用，就必须向医院中的有关人士咨询；在进行“环境保护与大气污染”的探究设计时，就必须让学生通过调查、访问环保局的有关专家获得有关数据和资料来探究大气污染的主要原因以及防治污染的方法和对策。

5. 通过查阅文献资料进行探究

信息资料是人类智慧的结晶，是学生的重要学习资源。在探究学习中，许多知识是无法从课本和实验探究中直接获得的，因此，通过查阅资料获取信息则是一个较为有效的途径。充分利用前人的科学探究成果，从文献资料中收集验证假设的证据，是高效、快捷进行科学探究的途径之一。文献资料不仅是人类宝贵的文化遗产，也是人类继续学习的资源和基础。在探究学习中，学生可以充分利用这些宝贵资源，从中探寻服务于科学探究的事实和数据，这既可以使其得到某些有效证据，获得探究的线索或灵感，又可以节约探究的时间，使探究得以快速、深入地进行。文献资料包括图书馆中的书籍、报纸、杂志等，也包括网上的各种信息和数据。例如，“走进碳元素”探究方法的设计：让学生到图书馆查阅资料和上网搜索有关资料来了解碳及其化合物(包括无机物和有机物)的种类、性质及其在生产生活中的应用。

在应用这种方法进行探究时，教师需要为学生设计并提供一定的信息资源，提高查阅资料的效率。在互联网环境下进行的资料查阅，由于受传输速率的限制，势必影响探究者的获取速度。在基于校园网的情况下，教师可以事先将学生可能用到的信息资源下载到校园网的资源中心内，从而使学生直接从校园网资源库中查寻所需的信息资源。

## 二、探究学习的内容选择

探究学习的课堂内容即探究内容是探究学习目标的载体，是选择学习材料、安排教学环境和教学条件的依据。虽然探究学习具有接受学习所没有的优点，但是并非所有的内容都适合于探究。因此，探究内容的选择就显得尤为重要。

怎样来选择探究内容呢？我们认为选择探究内容应以探究目标、学生学习的准备情况和学习特征为依据，不仅要注意科学性，还应注意个性化和社会化，即要与个人和社会的生活紧密结合。因此，探究内容除了教科书上现成的探究内容外，还应选择一些社会生活问题以及学生自身发现的问题。

教科书。教科书是学科知识体系的精选，是教师和学生进行教学和学习的主要依据，具有较大的可操作性。如课程改革后的中学化学教科书就有很多内容适合于探究。例如，质量守恒定律、金属的活动性、物质燃烧的条件等都适合于学生探究。

社会生活问题。即选择社会生活中的现象、问题进行探究。例如，处理生活垃圾是每户家庭每天都要面对的问题，为了方便省事，大部分家庭都是把所有垃圾放入垃圾袋中，然后扔进垃圾桶里。结果有些垃圾因不能自然降解造成了严重的环境污染，针对这一社会生活问题，教师就可以引导学生对“生活垃圾分类处理的必要性”进行探究。通过对这个问题的探究，可以增强学生的社会责任感，培养学生保护环境的意识。

学生自身发现的问题。学生在学习和生活中会有很多奇思妙想，教师应鼓励和引导学生就这些内容进行探究。

## 三、探究学习过程的组织

在探究学习中，虽然强调学生的主体地位，但基于自身知识、经验和能力的局限性，没有教师的参与指导和调控，学生是很难取得好的学习效果。只有教师掌握良好的组织策略，安排好教学组织形式，不失时机地把握最佳时机，引导和调控课堂气氛，才能促进探究学习活动的顺利实施。

具体来说，探究学习过程的组织策略主要有以下几个方面：

### (一)课堂纪律的保持

一个班级有几十名学生，既要学生自主探究，又要保持课堂良好的秩序，管理任务自然是相当繁重的。如果教师一人承担管理任务，教师的大部分精力就会耗费在一些纪律问题方面，就不会有充足的时间去帮助学生探究问题，也就无法保证课堂教学任务按时完成。把教师从繁重的管理任务中解脱出来的一个有效途径就是适当下放管理权，动员全班学生都参与纪律管理，师生共同制定一些管理条例，明确每一个学生的义务与职责，同学间互相管理，人人自我管理。美国心理学家马斯洛认为，人的一切行为都是由需要所引起，需要的最高层次是自我实现需要，其次是尊重需要。让学生参与管理、自己管理自己，学生就会有一种受到尊重、实现自我价值的感觉，学生会珍惜这种权利，也会更好地服从管理，从而使班级课堂教学“活而不乱”，让教师有很多的时间去帮助学生的学习，保证教学任务顺利完成。

### (二)教学组织形式的安排

探究学习常常是合作式的活动，学生之间大多数以小组为单位进行探究学习活动。但在分组情况下，也会出现积极参加者，消极被动甚至偷懒者。为使每位学生都有充分参与的机会，首先，应控制小组的规模，小组的规模取决于学生的年龄、探究的条件及性质，在中小学阶段一般以 3～4 人为宜。其次，有计划地将小组成员编为 A、B、C、D……在不同探究活动中承担的任务进行互换，如操作的、设计的、记录的、完成报告的等角色的互换。甚至经过一段时间后，小组的组成也可重新编排。另外，有些情况是可采用全班和个人单独活动形式的，如当学习对象或任务比较简单，个人经过努力后能独立完成的，就应该采用个人单独进行；在活动最后总结经验时，就要采用全班讨论的形式。因此，教师要根据学习任务的性质以及学习进程设计教学组织形式。

**(三)探究时间的安排**

在教学实践中，教学时间决定着教学的结构安排、内容选择和目标确定，从这一角度讲，控制和改变教学时间在一定程度上就意味着控制和改变教学活动。在课堂探究活动中，由于时间的限制，教师必须精心估计和设计各探究环节的时间，使探究活动顺利完成。

因此，教师在设计探究学习时，要对具体的探究过程做到心中有数，做到能够比较精确地预估每一步骤所需的时间，把握好整体时间的分配，使整个探究活动的节奏加快，转换自然，避免无谓的时间遗失。首先，要对学生的探究知识和技能的准备情况进行充分的了解，对学生每一步骤中可能做出的反应都要估计到；其次，要对探究活动所需的学习材料、实验器材进行精心的设计和准备，使探究活动能够按照预定的节奏进行下去。

**(四)合作与竞争的组织**

探究学习一般是以小组形式来进行的，在探究过程中可以培养学生的合作意识和能力。学生之间由于年龄特征、心理发展水平和认知风格等相近，在相互合作中会有一种心理安全感，会显得更加自由、畅所欲言，最容易焕发思维，激发创新。但是，在学生的合作过程中，不仅只培养学生的合作能力，同时也要培养他们的竞争意识和能力。在适当时机，个体活动与竞争能够有利于合作学习。而且，在现实社会生活中，竞争无处不在。所以，在探究学习中，教师要为学生创设合作交流，自由竞争的氛围，不仅要进行合作策略的设计，也要进行竞争策略的设计。

合作和竞争的组织，一是根据学生的特点和学习内容合理分组和分工；二是讨论的策略设计。教师组织小组交流讨论时，应注意做好以下几个方面的工作：一是做好导论性发言，讲清讨论的意义和目的，树立合作意识，互帮互学，取他人之所长；二是讨论中教师要及时热情地对发言者表示鼓励，适时地以简短的评论来肯定和督促学生畅所欲言，各抒己见；三是当学生遇到困难时，及时予以点拨，使讨论得以顺利进行；四是出现冷场、跑题或无谓地纠缠于细枝末节而影响讨论时，教师应及时提醒，引导学生把注意力转移到正题上来；五是讨论结束时，小组组长要认真做好小组总结，记录下悬而未决的问题，以供在教师指导下通过组际竞争解决，形成“组内成员合作，组际成员竞争”的良好局面和氛围。

# 第八章　合作学习的课堂管理策略

合作学习作为一种有独特优势的学习方式正在中小学教学中推广。合作学习有着其他学习方式所不及的长处，但实施过程对教师教学的要求更高。尤其是合作学习实施中的课堂教学管理，比以往的课堂管理难度更大，而组织管理是否有效直接关系到合作学习的效果。

## 第一节　合作学习概述

与其他学习方式比较，合作学习的特征十分明显，其价值亦有其独到之处。深入理解合作学习的特征、要素、具体方式和意义，有助于在教学中更好地组织合作学习，达到其应有的目的。

### 一、合作学习的含义

合作学习自20世纪六七十年代兴起至今已有近三十多年的研究历史了。世界许多国家和地区都对合作学习进行了实践和研究。由于不同研究者对合作学习的认识视角有着很大的差别，因此对于合作学习的界定也不尽相同。

#### (一)国外学者对合作学习的理解

美国明尼苏达大学"合作学习中心"的约翰逊兄弟认为：所谓合作学习就是"在教学中采用小组的方式以使学生之间能协同努力，充分地发挥自身及其同伴的学习优势。"①

①② 马兰．合作学习的价值内涵．课程·教材·教法，2004(4)

杰克布斯等人则认为："合作学习是帮助学生最有效地协同努力的原则和方法。"②

美国约翰霍普金斯大学的斯莱文教授认为：合作学习是指使学生在小组中从事学习活动，并依据他们整个小组的成绩获得奖励或认可的课堂教学技术。他认为，合作学习的共同特征表现为以下六个方面：小组目标、责任到人、公平的成功机会、小组间竞赛、任务专门化、适应个别需要。③

嘎斯基对合作学习的看法是，从本质上讲，合作学习是一种教学形式，它要求学生在一些由 2～6 人组成的异质的合作小组中一起从事学习活动，共同完成教师分配的学习任务，在每个小组中，学生们通常从事各种需要互动的学习活动。④

**(二)国内学者对合作学习的界定**

王红宇认为，所谓合作学习，就是指课堂教学以小组学习为主要组织形式，根据一定的合作性程序和方法促使学生在异质小组中共同学习，从而利用合作性人际交往促成学生认知、情感的教学策略体系。⑤

高艳认为，合作学习就是以小组为基本的组织形式，小组成员互相帮助，共同达成学习目标的活动。⑥

杨伊生认为，所谓的合作学习指的是一直能够互动性学习方法，即以小组为学习单位，小组中的每个成员对总的学习任务的某些方面负责，最终使本组的每个成员顺利完成学习任务。⑦

盛群力认为，所谓的合作学习，指的是在传统课堂教学中，将 6 名学生按性别、能力、个性特点、家庭社会背景等混合编组，形成一个异质的学习团体。⑧

王坦认为，合作学习其内涵至少涉及以下几个方面：①合作学习是以小组活动为主体进行的一种教学活动；②合作学习是一种同伴之间的合作互助活动；③合作学习是一种目标导向活动，是为达成一定的教学目标而展开的；④合作学习是以各个小组在达到目标过程中的总体成绩为奖励依据的；

③ 刘福泉．合作学习探究．北京：海潮出版社，2001：2
④ [美]S．沙伦．合作学习论．王坦等译．济南：山东教育科研，1996(5)
⑤ 王红宇．合作学习的理论与实践．[硕士学位论文]．上海：华东师范大学，1993：2
⑥ 高艳．合作学习的分类，类型与课堂应用研究初探．教育评论，2001(2)
⑦ 杨伊生．合作学习与儿童类比推理能力的发展．前沿，1997(10)
⑧ 盛群力．小组互助合作学习革新述评(上)．外国教育资料，1992(2)

⑤合作学习是由教师分配学习任务和控制教学进程的。

综合上述多种表述，我们认为合作学习可以界定为："是以合作学习小组为基本形式，系统利用教学中动态因素之间的互动，促进学生的学习，以团体成绩为评价标准，共同达成教学目标的教学活动。"①

## 二、合作学习的基本要素

为了更好地在教学实践中有效地组织合作学习，就有必要分清什么是合作学习的基本要素。合作学习的基本要素就是指任何一个合作学习都必须具备的因素，不管合作学习的具体方式、方法如何，离开了这些基本因素，就不是真正的合作学习。这些基本要素是合作学习区别于其他教学活动的特定品质。合作学习的基本要素包括以下几个方面。

### (一)相互依存性

要顺利地开展合作学习，避免"搭便车""小权威"等现象的出现，一个非常重要的因素就是应该使学生之间建立起积极的相互依存关系。即每个学生必须清晰认识到他与组员之间密不可分的关系：第一，组员成功，自己才能成功，反之亦然；第二，自己的努力是小组成功必不可少的条件，小组的成功离不开每一个的积极贡献。在合作学习中，小组成员之间有着"我为人人，人人为我""同舟共济"的依存关系，这是合作学习必备的一个基本要素。合作学习中学生的相互依存性，具体体现在：共同的小组目标、组员角色互补、资料共享以及共同的奖励。

### (二)合作的意愿

在合作学习中，需要学生们相互鼓励、支持和帮助，有着为了达成共同的目标、取得良好成绩、完成任务等而努力的意愿，以及组内合作，组间良性竞争的态度。具体表现为：相互之间能提供足够和有效的帮助；能诚恳交流所需的信息和材料；相互信任；对彼此观点进行质疑，群策群力。

### (三)个体的责任

合作学习的主要代表人物斯莱文、约翰逊等人认为，个体责任的存在是所有成员都能从合作学习中受益的关键。个体责任是指每个学生都必须承担一定的学习任务，并对自己和小组工作的最终结果负责。个体责任通常是通过对每个学生表现的评估来体现的，通过反馈评估情况，增强每个学生的责任心。在合作学习中，当每个小组成员明确认识到个人的存在对小组的意

① 王坦．合作学习述评．山东教育科研，1997(2)

义，认识到个人与集体的关系时，才能真正主动参与讨论，克服消极等待或依赖别人的心理。个体责任是合作学习的另一个实质性的要件。

**(四)合作的技能**

合作学习与竞争性学习以及个体化学习不同，在合作学习中，学生们必须同时进行两种活动，一种是作业活动(学习学科知识)，另一种是小组活动(在合作的学习形式下学习)，所以这需要学生掌握一定的社交技能，才能进行高质量的合作，以更好地促进学习。为了协同各种努力以达成共同的目标，学生必须学会：彼此的认可和相互信任，进行准确的交流，彼此接纳和支持，有效地解决组内的冲突，建设性地解决问题。

**(五)积极的自评**

合作学习小组必须定期地评价共同活动的情况，保持小组活动的有效性。它的目的在于，帮助小组学会怎样更好地合作，从而提高小组成员的合作学习水平。小组自评主要涉及三个方面的内容：一是总结小组成功的经验，对小组活动中表现出来好的方面和经验进行总结和归纳；二是对小组活动中存在的问题和原因进行分析；三是对以后小组的发展方向和目标提出明确的要求。当然，在自评中，值得讨论的问题远远不止这些，任何跟合作学习有关的问题都可以也应该在小组自评中进行讨论与交流。通过自评为每个组员提供一个开诚布公地探讨组员之间关系的机会，这有助于小组成员维持彼此良好人际关系和工作氛围，增强小组成员的积极正向行为和小组凝聚力。在小组自评中。每个组员都可以得到同伴对自己行为的评价和感想。使每一组员对自己的参与情况有一个明确的了解。这种积极反馈对自我意识的增强以及合作技能的成熟都很有帮助。

## 三、合作学习的具体方式

**(一)学生小组学习**

学生小组学习是约翰斯·霍普金斯大学开发与研究成功的合作学习技术。他们认为有三个概念对所有的学生小组学习法十分重要：小组奖励，个体责任，成功的均等机会。如果小组达到了预定的标准，那么小组就可以得到认可或得到其他形式的小组奖励。个体责任是指小组的成功取决于所有组员个人的学习。成功的均等机会是指学生通过提高自己以往的成绩水平来对小组作出贡献。有两种是适合于大多数学科和年龄水平的普通合作学习法：学生小组成绩分工和小组游戏竞赛。

1. 学生小组成绩分工

学生被分成4人小组，要求组员在成绩水平、性别和种族方面具有混合性。先由教师授课，然后学生们在他们各自的小组中进行学习，使所有的学生都掌握教师教授的内容。最后，所有学生就学习的内容参加个人测验，此时不再允许他们互相帮助。学生的测验得分用来与他们自己过去取得的平均分相比，根据他们达到或超过先前成绩的程度来记分。然后将这些分数相加得到小组分数，达到一定标准的小组可以得到认可或得到其他形式的奖励。

这一方式已在相当广泛的学科中得到应用，数学、语言艺术以至社会学科，最适合于有一个正确答案的界定清楚的目标教学。在这一策略中，起作用的是学业的进步而不是学业的成功。这是一种把合作与学习评价联系起来考虑的教学策略。

2. 小组游戏竞赛法

小组游戏竞赛法是约翰斯·霍普金斯大学所创设的合作学习方法中最早的一种，它运用与学生小组成绩分工法相同的教师讲授和小组活动，不同的是它以每周一次的竞赛替代了测验。在竞赛中，学生同来自其他小组的成员进行竞争，以便为他们所在的小组赢得分数。成绩优秀的小组获得认可或其他形式的奖励。

学生小组学习法主要是通过成绩的评价来鼓励每个学生参与，但由于它比较适合有一个正确答案的界定清楚的目标教学，同时，只采用成绩评价也不太有利于学生的学习。

**(二)切块拼接法**

切块拼接法最初是由阿伦逊及其同事于1978年设计的。在这一方法中，首先，将学生安排到6人组成的小组中，将一项学习任务分割成几个部分或片段，每个学生负责掌握其中的一个部分；其次，把分在不同小组而学习任务相同的学生集中起来，共同学习和研究所承担的任务直至掌握。最后，再回到自己的小组中，分别将自己所掌握的部分内容教给其他同学。这是将合作与学习任务挂钩的一种教学策略。

此方法进行了学习任务的分工，但由于学生只学了其中一部分，对所学内容缺乏整体把握，不利于学生全面掌握知识。

**(三)共学式**

共学式是由明尼苏达大学的约翰逊兄弟于1987年创设的。学生们在小组中共同学习统一分配的教材，共交一份报告单或答卷。奖励也是以小组为单位进行，根据小组平均分计算个人成绩。此种方法强调学生共同学习前的小组组建活动和对小组内部活动情况的定期检查。

**(四)小组调查法**

小组调查法是由以色列特拉维夫大学的沙伦夫妇创设的。首先，由教师根据各个小组不同的情况提供有关的学习课题，由小组将课题再分解成子课题落实到每个学生身上；其次，小组通过合作收集资料，共同讨论，协同准备向全班汇报或呈现学习结果；最后，教师或学生自己就各小组对全班的贡献做出评价。这种策略在发挥学生自主性方面尤为突出，任务的关联性也很强。但此方法需延伸到课外，在合作学习实施的初级阶段，运用此方法还有一定的难度。

## 四、合作学习的特征

小组合作学习中，在学习小组内部，学生个体与学生个体之间主要是一种合作关系，学习小组与学习小组之间主要是一种竞争关系。在课堂教学中，小组合作学习的主要特征如下。

**(一)组内异质，组间同质**

合作学习小组是一种新型的结构——功能联合体，通常由4～5名在性别、学业成绩、个性特点等方面具有异质性的学生组成，尽可能地使小组的组成体现一个班级的缩影。由于在每个小组组内体现了合理差异，从而在全班各个小组之间组成了一个大体均衡、可资比较的小组联合体。组内异质保证了组内各个成员之间在各方面的差异和互补，为学生与学生之间的互助合作、取长补短和优势互补奠定了基础，有利于大家从不同的角度看问题；而组间同质又为全班各个学习小组之间在同一起点和同一水平上展开公平、合理的竞争创造了条件。

**(二)任务分割，结果整合**

在小组合作学习中，一方面，每一个人都必须为自己的学习负责，小组学习成绩的优劣与个人是否尽责密切相关——小组合作学习将小组的学习任务分解到个人，或者全班任务先分解到小组、小组再分解到个人的方法，使每个小组成员都承担了小组任务中的特定部分，一个人完不成自己承担的任务，不仅会影响自己的成功，而且也会给整个小组或全班的任务完成带来不利影响；另一方面，在小组的学习目标结构中，小组成员之间在学习内容和学习结果上有很强的相互依赖性，全体小组成员会形成一个"利益共同体"，在这个共同体中，一个人的成功并非真正的成功，只有在小组的其他成员也达到学习目标的情况下，自己才能达到目标。这样，小组合作学习改变了传统的课堂教学中单一的“输—赢”关系，在小组成员之间产生了“大家为一人，一人为大家”的“荣辱与共”的积极互赖关系。因此，在小组合作学习中，学习成绩好、能力强的学生在自己掌握了学习内容之后，就会积极地去帮助其他学生；而学习成绩较差的成员，由于集体荣誉感和自尊心的作用，也会尽自己最大的努力去学习，以保证自己所在的小组不因个人的成绩不理想而失败，从而有效地调动了全体学生的积极性和主动性，实现了资源的共享。

**(三)个人计算成绩，小组合计总分**

在小组合作学习的单元检查、测验和竞赛中，不再允许学生依靠组内其他成员的帮助，而是必须依靠自己的力量来独立完成测验，在统计小组总体成绩之前，首先要计算个人成绩。这就要求每个人都必须依靠自己的努力去独立完成学习任务，为小组作出应有的贡献。那些学业较差的学生将在其他同学的帮助和个人努力下，争取好的学习结果，以保证不再拉后腿。

**(四)公平竞赛，合理比较**

小组合作学习的主要目的是使每一个人都有平等的机会取得成功，认为只要自己努力，有同伴之间的相互帮助，每个学生都可以做得很好。为了达到这一目的，一方面，小组合作学习采用的“个体提高分”的计分方式保证了小组内的所有成员无论成绩优劣与否，都能得到均等的成功机会。“个体提高分”是学生个体在本次测验中的分数比上次测验高出来的分数，它只在自己过去的基础上进行比较，而不是与别人比较，从而给每个学生设立了一个能够达到的目标——只要自己比以前努力，就能获得成功；另一方面，在小组合作学习中，取消了传统的常模参照评价，根据学生的学业成绩，优等生与优等生一起分组测验，差生与差生一起分组测验。各测验组每个成员的表现与原属合作小组的团体总分挂钩，优生组第一名与差生组第一名均为各自原来的学习小组赢得相同的积分。这种各人在原来起点上进行合理竞争、公平评价其贡献的做法，最终导致了每个学生无一例外地得到了激励和肯定。

**(五)分配角色，分享领导**

在合作学习小组中，每一个学生往往都具有不同的个性品质——有的善于倾听，有的善于捕捉信息，有的善于澄清事实，有的善于分析问题，有的善于组织活动，有的善于缓解冲突，有的善于组外外交。在小组合作学习中，应根据学生不同的个性特点，安排他们扮演适当的角色，承担不同的任务。同时，在不同的学习任务和课题研究之中，学生的角色可以轮流互换。这样，既保证了学习小组成员之间分工明确，秩序井然，又能使个人的优势和特长得以充分利用和彼此协调。

小组合作学习的这些特征，有效地克服了传统课堂教学中只有竞争、没有合作的弊端，通过学生之间的积极的人际交往，加强了学生与学生之间的合作、交流和沟通，并以集体促进个体进步，有助于课堂教学效果和质量的整体提高。

## 五、合作学习的意义

在课堂教学中，小组合作学习的重要特征就是对生生互动，即学生与学生之间交流、合作和相互作用的高度重视。在小组合作学习看来，学生与学生之间的合作关系比其他任何因素对学生的学习成绩、社会化和身心发展的影响都更有力。北京师范大学教授裴娣娜认为，在课堂教学中，生生互动对于学生健康成长和发展的积极影响主要表现在以下几个方面。

第一，生生互动影响着学生价值观、态度、能力和认识世界方法的社会化。与学生和教师的相互作用相比，生生互动往往更经常、更亲切、更丰富多变。在生生互动中，学生通过实验和练习，逐渐熟悉各种社会角色，逐渐培养他们的沟通、理解和合作的技巧以及价值观、态度、能力和观点，促进了他们社会适应性的发展。

第二，生生互动有利于学生人格和心理的健康成长。建立和保持与他人相互依赖和相互合作的关系，是一个人心理健康、人格健全的基本表现形式之一。人的心理和人格是在人的活动中，尤其是在人和人之间的相互交往过程中发展起来的。心理学的研究表明，生生互动的频度和强度与学生未来的心理和人格的健康发展有着密切的关系，小学阶段的不良同伴关系将预示着中学乃至成年时的心理和人格变态。

第三，生生互动有利于学生学会用他人的眼光来看待问题和社交能力的获得。作为未来的社会成员，学生必须学会用他人的眼光来看待问题，学会与同伴密切交往，热心互助，真诚相待。生生互动可以使学生达到与他人沟通的目的，消除畏惧与他人交往的心理，从而得到语言、思维以及社交意识和社交能力的培养，促进其社会性的发展。

第四，生生互动提供了更多的主动参与的机会，有利于学生主动性和创造性的发展。小组合作学习中的生生互动，把学生由传统课堂教学中知识的接受者转变为课堂教学的积极参与者，每个学生都有平等的机会在各自的小组中讨论并解答问题。同时，由于学生之间原有的认识特点、经验水平的不同，对事物的理解存在着差异，通过合作学习，可以使学生个体的认识和理解更加丰富、全面，使学生从那些与自己不同的观点和方法中得到启迪，有利于学习的广泛迁移。

## 第二节　合作学习的课堂管理原则

合作学习的课堂管理应运用恰当的教育教学手段，调动学生的主观能动性，优化课堂教学结构，提高课堂教学效益，全面提高学生的综合素质。具体而言，应遵循如下原则。

### 一、成功机会均等原则

成功机会均等是指学生通过提高自己的成绩来对他们的小组作出贡献。这种学习是标准参照性的，即与自己的过去的表现和成绩相比较，而不是常模参照性的。这就保证了学习上优、中、差的学生都能尽其所能，而且所有组员的贡献都会受到重视，从而达到使所有学生共同进步的目的。当代教育的核心理念是“关注每一个学生的发展”，每个学生在学习中都应该有平等的发展权利。合作学习方法倡导的异质小组，它承认学生之间存在的各种各样的差异，这样就有利于学习困难学生的进步。因而教师一定要在小组组建中将学困生和优秀生进行搭配，在小组活动中利用优秀生带动学困生学习，激发他们学习的兴趣，教会学困生学习的方法。同时教师要充分利用合作学习中设置的基础分来计算提高分，以提高分作为对学生评价的依据，这样可以激励学习困难的学生获得学习的成就感并提高他们的学习的兴趣。

### 二、小组激励评价原则

新的评价理念注重学生在评价中的主体地位，通过评价使学生学会分析自己的成绩与不足，明确努力的方向。还要求注重形成性评价，使学生获得成就感，增强自信心，培养合作精神。而合作学习作为一种以团体成绩为奖励依据的一种教学活动适应了新课程标准的要求。合作学习通常不以个人的成绩作为评价的依据，而是以各个小组在达到目标过程中的总体成绩作为评价与奖励的标准。这种机制可以把个人之间的竞争转化为小组之间的竞争，从而促使小组内部的合作，使学生在自己的小组中各尽所能，得到最大限度的发展。以小组总体成绩为评价依据来决定奖励，由过去对学生个人的奖励发展为面向小组的合作性奖励，这就使更多的学生获得成功的乐趣，提高了合作学习的积极性。

## 三、相互依赖原则

这条原则是指教师在合作学习中，要为学生创设一个相互依赖的交往环境(包括物质的和心理的环境)，使学生在完成学习任务的过程中，主体性得以充分体现，人格得以完满发展。基本要求如下：

**(一)目标相互依赖**

教师给每个学习小组提供一个或若干个共同目标，目标的实现依赖于每一个小组成员的齐心协力。这样做，就会使学生希望成功的动机增强，因为每一个人不仅仅是为了自己要取得成功，而且也为了整个小组成员都能成功。这种强烈的动机将导致学生更为长久地参与到教学任务中去，并且尽可能地把每项任务完成得更好。

**(二)资料相互依赖**

教师让小组成员拥有不同的资料，这些资料可以是两种：信息和设备。每一组中没有谁占有全部资料，学生必须分享各自的资料才能成功地完成某项任务。例如，分组阅读中，每个组员分到同一篇阅读材料的不同部分，然后，他们离开自己的本组与其他组有相同部分材料的同学相会组成专家组，这个专家组的目标是把这段材料学好，并准备把其内容教给本组同伴。接着，学生回到各自的小组轮流讲授各自掌握的这部分材料，共同完成整篇材料的阅读任务。这种做法能增进学生之间的交往和互相帮助。

**(三)角色相互依赖**

教师分配组员(或有小组自行分配)担任不同的角色共同完成某种任务，这些角色是互补的、相联的、可以轮换的，并且每种角色都要为全组承担相应的责任。由于每个人都有自己的角色和任务，因而每个学生都有均等的机会参与交流，有均等的机会表现自己和帮助他人，课堂上没有“被遗忘的角落”。这种学习，不仅增强了学生的责任感、自尊感和归属感，使每个学生都乐意为小组的成功尽心尽力，而且由于焦虑程度降低，因此，学生敢于发表自己的见解，大胆尝试新方法和发挥创造性。合作学习中的角色主要有：

总结者：向小组解释和呈现主要的结论，看看小组是否同意，并且为小组在全班面前的展现做准备。

检查者：对照课文、练习册或参考书检查有争议的陈述和结论的真实性。确保小组没有使用不充分的事实。或者不会遭到其他组的更为精确的成果展示的挑战。

研究者：当需要更多资料时（如可以进行一次采访，或从图书馆发现一种资源），他阅读参考文献，获得背景信息。研究者不同于检查者之处在于，研究者为小组完成任务提供关键信息，而检查者证实作业进展和作业结果的精确性。

经营者：他获得实现任务所需要的物品、材料、设备、参考作业。他远不是一个附属低级角色，经营者需要具备创造性、精确、甚至有谋略地去找到必需的资源，这些资源也可能正在被其他组勤奋地寻找着。

记录员：他承担写出该组主要成果的任务。记录员也许需要各成员写出他们各自的结论，在这种情况下，记录员将记录的工作比较、综合和整理成连贯的形式。

支持者：当任务完成时赞扬小组的成员，当泄气的时候鼓舞他们。通过图表记录小组每一个重要的足迹，并记录取得的成绩以及鼓励各成员所做出的努力，尤其是那些完成任务存在一定困难的人，从而促使小组前进。

观察者、解决困难的人：记录有关小组进展信息，这将在全班讨论或教师询问时有所助益。当遇到一个对小组或个别成员来说无法克服的困难时，向班长或教师报告。①

**（四）奖励相互依赖**

这主要是指在学习小组中，一个或者更多的小组成员的优异表现为整个小组赢得奖励，也就是小组成绩共享。例如，教师为小组提供材料并准备小测验，每个学生的小测验成绩关系到小组的整体成绩，因此，每个学生务必为小组的整体成绩作贡献，学生对小组的贡献，是看他们在小测验中的成绩是否比他们自己过去小测验的平均成绩有所提高。这样，当小组中能力较弱的同学对小组的贡献也可能和能力强的同学一样多，他们有相同的机会为本组赢得分数。当每个学生分享给予小组的奖励时，这种奖励是建设性的。它能使学生享受到更多的成功的快乐，并激励他们为继续取得成功而努力施展自己的才能，努力帮助他人也获得成功。

① [美]加里·D. 鲍里奇. 有效教学方法. 易东平译，吴康宁校. 南京：江苏教育出版社，2002：282

## 四、最小干预原则

最小干预原则是由斯莱文提出的。他认为，当正常课堂行为受到干预时，应该采用最简单的最小值的干预纠正违规行为。如果最小值的干预没有发生作用，可逐步增加干预值，主要目的是既要有效地处理违规行为，又要避免对教学产生不必要的干扰。干预的结果，应该是尽可能使教与学的活动继续进行，使违规行为得到较好的控制。

如果让那些出现了行为问题的学生成为教室里的注意力焦点，他们反而会获得成就感，进而得寸进尺。有经验的教师都会以不太引人注意的方式来处理学生的行为问题。他们会在自己的讲课中把学生的名字带进去，被叫到名字的学生自然会得到提醒，而其他学生则可能不会觉察出什么问题来。

## 五、主体性原则

主体性原则是指在合作学习中充分调动学生的主体性、自主性、能动性和创造性，使他们积极主动地参与小组讨论和学习，获得全方位的发展。在合作学习的课堂教学管理活动中，学生不仅仅是管理的对象，也是管理的主体。学生通过能动地参与课堂教学管理，自主地组织教学活动，创造性地解决教学问题，负责任地选择课堂行为来体现管理中的主体性。主体性原则包括两方面的内容，一方面，课堂管理者需要充分尊重学生的主体性，充分尊重学生在课堂中的地位，把学生看做课堂活动的主体，当做具有独立个性的人来看待，树立正确的学生观；另一方面，教师在管理过程中要创造一些有利的条件，帮助并引导学生形成主体性人格，即学生愿意自主地选择正当行为，而非某种外在权威和传统习俗的强制。也就是从“自发”到“自觉”地建立和维护课堂秩序，主动地参与课堂教学管理。由于学生主体性得到了体现，自然会产生求知欲望，会把学习科学文化知识当做乐趣，最终进入学会、会学的境界，在掌握科学文化知识的同时，提高合作意识与合作技能，使小组合作学习进入良性循环阶段。

《背影》是初一语文(上)第三单元的一篇叙事散文，文章以朴素的语言刻画了父亲感人的形象，歌颂了父爱的伟大，特别是课文第六自然段父亲爬过月台为儿子买橘子的过程就集中体现父亲对儿子的关爱之情。因此为了发挥每个学生的主体性，使学生更好地领悟文章洋溢在字里行间的父子亲情，从中获得对生活、人生的有益启示，根据课文特点和学生的实际情况，笔者在这篇课文的教学中尝试采用了合作学习的方式。

步骤一：学生自读课文第六段，将自己读不准的字标记出来，将自己不能理解的词语、句子用横线画出来。

步骤二：读完课文后小组成员共同讨论解决读课文过程中遇到的问题。（个别疑难问题在教师指导下全班交流解决。）

步骤三：小组成员分别复述父亲过铁道买橘子的过程，并选出代表进行小组间竞赛，师生共同点评后，对于复述较好的学生给予表扬鼓励。

步骤四：小组合作找出表现父亲过铁道买橘子的动作的词语，并分析这些词语的作用。

步骤五：在分析词语的基础上每个学生从这段课文中找出自己感受较深的语句，体会这些语句蕴涵父子之间的深情。在组内交流后，全班小组间交流，教师作适当指导。

步骤六：每个同学联系生活实际写出在这部分课文学习过程中的感悟，小组内部相互交流学习。

步骤七：各小组派代表在全班做交流学习的感悟和体会，教师做点评归纳。

这一环节是这篇课文学习的重点，又是合作探究的过程。在类似的语文学习中采用小组合作学习的方式可以激发学生的学习的自主性、积极性，培养学生语文学习过程中的合作探究意识，让学生在合作中彼此交流思想、情感、感悟，在此基础上感受文章表达的情感，领悟文章的主题，达到最佳学习效果。

## 六、有效指导原则

合作学习中，把学习的主动权交给学生，提供给学生更多地建构属于他们自己意义的时间和空间，更多的展示自己思维的机会，以及更多的解释和评价自己思维结果的权利，这并不意味着，教师指导作用的削弱。相反，教师应根据教学环节的变化而变化，充当有效的组织者、引导者甚至合作者。在整个过程中，教师应是以一种友好的、建设性的态度和行为，既不能过多地干预学生思考的过程和结果，又不能对学生的困难和疑问袖手旁观。正如美国课程学家多尔认为的那样，教师是“平等者中的首席”“作为平等者中的首席，教师的作用没有抛弃，而是得以重新建构，从外在于学生情境转化为与这一情境共存。”[1]

在合作学习中，不能只注重生生互动而忽视了师生互动。没有教师的正确指导，学生自身又缺乏相应的认识和方法，就达不到合作学习的目的。在教学中，教师应有意识地给予学生必要的引导，注意培养学生良好的合作能力。具体来说，合作前，教师应指导学生开展合作学习前的独立思考；合作时，教师应让学生明确合作学习的任务和目标；合作中，教师应积极推动学生合作学习行为的深入。可以说，合作学习的成功与否，同教师是否积极引导与参与是分不开的，在合作学习中，教师不是退居二线，而是担负起更大的管理和调控职责。要使合作学习顺利开展，仅仅依靠教师事先的设计是远远不够的。在开展合作学习过程中，除了事先宣布合作规则外，在很多情况下，教师必须对各个小组的合作学习进行现场的观察和介入，为他们提供及时有效的指导。

## 七、师生合作原则

师生合作是指课堂主体在交往过程中所表现出来的相互依赖、相互促进、和谐一致的关系，它以主体间交互作用为中心，以合作共生为特征。通过师生共同参与到课堂教学管理之中，各司其职，相互促进，以形成最大合力。课堂作为一个活跃的功能体，置身其中的每一个人都不能以旁观者的身份游离于管理活动之外。教师作为制度化的管理者，对整个课堂教学的推进，常规事务的安排，课堂秩序的维持，做出统一的计划与决策。而学生作为课堂的主人，对自己、对课堂也有着义不容辞的管理责任。这两种主体的管理活动并非简单独立，互不相关。他们是一种合作关系，能够相互补充和完善。例如，学生参与管理既有利于学生的自我管理、自我促进，也有利于教师管理水平、管理能力的提高和反馈，增强双方的责任意识。教师通过指导学生自我管理，教给学生一些管理的方法，也能加强学生管理的积极性与有效性。合作性原则意味着师生间彼此承认对方在课堂中的平等地位和权力，主动承担自己在课堂中的责任，遵守共同认可的规范，并通过平等的对话与交往，来促进师生的合作。

---

① [美]小威廉·E. 多尔. 后现代主义课程观. 王红宇译. 北京：教育科学出版社，2000：238

# 第三节　合作学习的课堂管理策略

合作学习在教学实施过程中产生了一些问题，其中有些与课堂组织管理不当有关。如果能针对问题采取行之有效的课堂管理策略，必将有助于合作学习达到预期效果。

## 一、合作学习过程中的常见问题

### (一)合作学习形式化

由于许多教师不理解合作学习的实质，只注重表面形式，对合作学习的目的、时机、运用范围和过程没有进行认真的设计，教师没有进行科学合理的小组划分，而是随意地把前后座或邻近的同学划在一个组，因此起不到优劣互补、取长补短的作用。小组成员之间的讨论不能围绕中心问题而卓有成效地进行；当问题出现时，学生之间很难做到相互沟通与协作，不能建设性地解决问题。一堂课下来虽然课堂气氛热烈，学生并没有真正学到有用的知识。这种由教师随意安排的小组活动，虽冠以合作学习之名，却无合作学习之实，不能视为有效的合作学习。

一位教师在讲授人教版语文第九册《再见了亲人》一课时，在讲课伊始，学生初读了一遍课文后，提出这样一个要求："请同学们以小组为单位，通过合作学习讨论一下志愿军战士分别向哪些人告别。"接着学生开始4人围成一圈，讨论起来，但讨论的气氛并不热烈。只用了不到一分钟，就有小组讨论结束了。有的学生看到其他小组还没有讨论完，就借机聊起天来了。两分钟后，教师说"停"，学生们马上坐好。在接下来的汇报中，只有两个小组进行了汇报，而且汇报的内容都是一样的。于是老师满意地表扬了这些小组的同学，课堂教学继续进行。在这个案例中，教师所安排的合作学习任务过于简单，学生只要阅读了教材就能轻易地找到答案，而且答案也是唯一的。在安排小组讨论之前，教师已经安排学生初读了课文，学生通过这一环节完全可以了解课文当中讲了志愿军战士分别向哪些人告别，教师再安排这样的合作学习显然是有些画蛇添足。在实际的课堂教学中，经常会出现这种情况：

教师提出的合作学习的任务要么很容易，要么很难。过于简单容易的学习任务，学生不需要与他人合作就能独立完成，或是用极少的时间就能够容轻易地完成；过于繁杂困难的学习任务，超出了学生的能力范围，学生不容易理解或是无力完成。无论是过易或是过难，这样的合作学习任务都是没有价值的，都对促进学生的发展与进步无益。这样的小组合作也毫无价值可言，学生毫无兴趣，甚至会趁机聊天，不仅浪费了宝贵的课堂教学时间，而且使课堂教学的质量很难得到保证。

**(二)合作学习放任自流**

合作学习本应是在教师精心组织下，学生间有序进行的一种学习形式，合作学习把学生视为学习的主人，让学生在整个学习过程中充满生命的活力，但绝不是放任自流。在实践中，有些教师一味突出学生“自主”，放手让学生去做，缺乏必要的组织和引导，在学生进行合作学习时，教师只做一个旁观者，当学生和小组面临问题时，教师无法对一些问题进行辨别分析，并对他们进行指导和帮助。

老师说：“《荷塘月色》是朱自清笔下最美的散文之一，哪一段写得最美呢？请你们进行探讨，你想和谁交流就和谁交流。”(有的同学开始默读课文，多数同学开始“交流”。)听课者仔细倾听了两个讨论最认真的同学的对话：“你见过荷花吗？”“荷花谁没见过？”“其实清华园的荷花并不怎么样。”“你到过清华园？”“去年爸爸带我去的。”……过了大约五六分钟，老师又提出第二个要求：按作者的行程，用一个词概括出每一个地方的景色，也可以小组讨论。十分钟后老师提出第三个要求：以小组为单位讨论，勾勒月光、荷叶、荷花、荷香等景色，并找出你们认为最美的句子。

**(三)合作方式单一**

合作学习作为一种学习方式，从形式上来说应是多种多样的，而有些教师却错误地把小组合作理解为小组讨论。我们经常可以看到这样的场景，当教学进行到某一环节时(经常是教师提问无人应答、教师启发无人觉悟)，教师便会要求学生“几个人讨论讨论怎样回答问题”，这时有的学生按照老师的要求发表自己的看法，但往往是各自为政，莫衷一是。这种小组讨论不是有明确团体目标指引下的合作学习行为，学生之间没有实质性的分工与协作，不是真正的合作学习。

师：“学了《小猫钓鱼》的故事，你明白了什么道理？四人为一小组讨论一下。”讨论开始了。一个学生突然说：“我很喜欢吃鱼。”另一个学生问：“你喜欢吃什么鱼?”学生的讨论与教学内容无关。另一小组的两位小朋友正在书包里找着什么，还有一些小组的同学无所事事，闲坐着没有参与。

**(四)合作学习的盲目采用**

合作学习是一种新的学习方式，却不是一种万能的学习方式，它受教学目标、教学内容、学生素质、问题的难度等多种因素的制约，不能简单随意滥用，将它的功能扩大化。常见到有的教师没有根据不同的教学目标采用合适的学习方式，生搬硬套，学生逐渐感到厌倦；有的教师问题设计不到位，不具有启发性，经常提出一些学生无须讨论就可以解决的问题，没有取得合作学习的效果；有的学生不具有合作精神，只顾表达自己的意见，对组内他人的意见不置可否，合作学习无法深入。如此合作学习方式只能导致教学时间大量浪费，教学效率事倍功半。

**(五)学生的参与程度不均衡**

合作学习的确为学生平等参与学习创造了机会，但在学习过程中，学优生往往在小组活动中处于“领袖”位置，他们占据了小组活动的主动权，承担了主要的责任。相比之下，学习后进生或性格内向的学生则处于从属或被忽略的地位。这种多数学生“搭台”，少数学生“唱戏”的合作学习违背了合作学习的初衷。

**(六)教师缺乏合作学习的指导技巧**

由于在学生合作学习中指导技巧的缺乏，教师无法依据学生的特点和学习内容的性质，灵活组织学生的合作学习活动，无法恰当把握合作时机，导致合作学习难以有效进行；出现问题时，教师无法帮助学生迅速、准确地把未知信息和已有经验联系起来，选择最佳的学习起点，找到解决问题的策略。教师是合作学习的组织者和决策人，教师合作教学技能的缺失和偏差已经成为制约合作学习效果的瓶颈因素。

## 二、合作学习的课堂管理策略

合作学习虽然在国外已经取得了实质性进展，但由于国情不同，遇到的问题会不一样。其中最大的差别就是班级人数相差悬殊。在班级人数较多(大班额)的情况下，合作学习能否成功在很大程度上取决于教师对合作学习的课堂管理是否有效。

**(一)对所期望的行为给予关注**

在课堂上教师要做到对他所期望的行为给予关注，这样其他小组很快就会模仿受到教师积极关注的小组。有些教师在上课时为了提醒不注意听课的同学认真听课，往往要点这些同学的名，即使是教师严厉地批评了上课说话的学生，其他学生也会模仿这位受到关注的学生的行为，以引起教师注意，这样反而达不到预期的目的。在大班额的合作学习的课堂上，教师首先要让学生明确教师的期望，向学生清楚地说明成功的课堂活动必需的行为以及哪些行为是有价值的，如认真倾听、不打断别人的说话、按顺序发言等；其次对达到教师期望行为的小组给予关注，如教师希望小组不要太吵，就对那些太吵的小组不予理睬，而对那些在小组中小声讨论的小组给予特殊的认可，并向全班说明模范小组之所以受到认可的原因，很快大多数小组都会小声讨论了。

**（二）使用“零噪音信号”管理课堂**

由于班级人数较多，在小组组建后，由众多小组组成的班级会变得较为嘈杂，这是一种自然趋向。当一个小组在交谈时，邻近的小组谈话的声音就得稍微大一点，才能使小组成员听得见，这就迫使第一个小组再提高一下声音，由此噪音就会不断加大，从而影响学习。教师要学会控制噪音，让全班学生对零噪音信号做出迅速反应，使噪音降至零点。“零噪音信号”是使学生停止说话，全神贯注于教师，保持身体处于静止状态的一种信号。一种有效的方法是教师举起一只手，这一信号是极其方便的，这样做的优点是当教师举起一只手时，看到这一信号的学生也会举起手来，并会迅速传遍全班。“零噪音信号”的有效性在很大程度上取决于积极的小组奖励的有效性。奖励必须是明确的和公开的，而且要在期望的行为出现之后立即奖励。如果你运用举手作为信号，那么就要对在你举起手之后的第一个迅速停下来全神贯注的小组给予特殊认可或奖励。

**（三）对优秀小组及时表扬**

对于表扬作用的强调再多也不过分。如在运用“零噪音信号”的时候，教师可走到班级表现最好的小组边，对他们发出零噪音信号，把每个人的注意都吸引到这个组来，对他们的良好表现进行表扬，并清楚地说明你喜欢他们的哪些行为。小组表扬建立了课堂的行为规范，学生知道了什么行为是有价值的。对优秀小组的表扬可以是多种形式的，可以给小组加分，每周评出优秀小组进行表彰，或把优秀小组的学生名单登在班级板报上。

**（四）不轻易调换组员**

在合作小组中，决定小组创造力的并不是小组成员的构成，而是小组成员的互动方式。在合作初期小组成员可能会出现不友好、不合作的现象，或有些成员要求调换小组，教师要慎重考虑，轻易不要调换组员。把在合作学习的有效运作上出现问题的小组拆散，这样做是没有建设性的，这样学生就没有机会来学习如何解决与他人合作中遇到问题所需的技巧了。作为教师，可以决定谁跟谁一起学习，对于班上受孤立的学生，应选择班上最受欢迎、最愿意帮助他人且最细心的学生，与他一起学习，保证班上没有一个学生被遗忘、被拒绝或自认为不属于任何小组。

**(五)确定合作目标和任务**

合作学习是一种目标导向活动，在目标上，注重突出教学的情感功能，追求教学在认识、情感和技能上的均衡达成。在合作学习过程中，教师要以学习小组为单位制订学习目标，小组学习目标一经确定，每个成员必须遵从。在合作学习过程中，小组成员不仅要努力达成个人目标，而且要帮助同伴实现目标，通过相互协作，共同完成学习任务。

师：同学们喜欢喝奶茶吗？今天老师特意带来了一杯红茶，一杯牛奶。假定我们按奶和茶的比为 2：9 来配制 220 毫升奶茶，请大家帮助算一下，奶要取多少毫升？茶要取多少毫升？在大家合作之前，老师提几点要求。

(1)首先独立思考，并且尽可能用多种方法解答；

(2)其次小组成员之间交流；

(3)最后小组推选代表准备汇报，怎样解决？为什么要这样解答？

**(六)确定个人责任**

为了鼓励每个成员都积极参与小组活动，避免能力强的学生代替其他学生完成学习任务，教师可以利用以下几种方法来确定个人责任：

1. 责任承担。即小组的总课题被分解为若干子课题，每人承担其中的一个，小组完成总课题的质量取决于每一个子课题的完成质量。

2. 随机提问。即随机提问小组中的某个成员，根据他的表现评价小组活动的质量。由于是随机提问，每个组员都可能代表小组来展示活动成果，如果不积极参与每一个组员都会因为不好好表现而直接影响到全组。这种由集体连坐而产生的群体压力可以促使每个组员认真地参与小组活动。

3. 个别测试。即在学习时小组成员之间可以进行交流、相互帮助，但是教师在检查小组的学习质量时，是让每个学生独立完成测验，并且要综合每个组员的测试成绩来评价小组的活动。在这种评价体系下，一方面，学生再也不能以小组的掩护来逃避学习责任，因为他们在测试中会暴露出他们在小组活动时的情况；另一方面，学生积极参与小组活动，在测试中的良好表现能够对小组的总成绩有直接贡献。

(七)制订合作学习规则

合作学习规则能规范小组学习，增进课堂教学管理，提高合作学习效率。我们认为，合作学习规则主要包括五个方面：自我管理，包括不离座位、不讲废话、控制音量、不扰他人；听人发言，包括不随意插话、听完再议、记住要点、恰当评价；自己发言，包括独立思考、先想后说、围绕中心、口齿清楚；互帮互助，包括虚心请教、关心同学、主动热情、耐心细致；说服别人，包括学会质疑、先同后异、尊重诚恳、以理服人。

(八)发挥小组长的职责

小组划分后，教师要为各组指定一个比较有领导才能的小组长。小组长主要负责召集并主持小组学习、分配学习任务、组织讨论、做好总结等。在合作学习的开始阶段，小组长应该由能力强、威信高、人缘好的学生担当。教师要对小组长进行相应的角色和技能培训，既要给他们一定的权力，又要预防他们成为垄断和包办小组学习任务的“小权威”。

(九)选择最佳合作时机和最佳合作内容

1. 最佳合作时机。要根据教学实际需要，把握合作学习的时机，尤其是在教学任务较多或需要突破重点难点的时候，在学生意见产生较大分歧或思维受阻时，都可以组织合作学习。如在思考“在松开烫手馒头时，总是先缩手后感觉到烫，为什么?”这一难点问题时，学生急于知道现象和答案，于是自发产生了合作学习的愿望，师生共同设计活动方案和细则，最后把各小组同学的观察实验记录结果汇总起来，就可以得出结论。这不仅调动了集体的智慧，每个同学都能参与，掌握了相关知识和技能，同时还让每个学生感受到个人和集体的力量，认识到合作是必须的，充分体会到合作的优势，感受到合作的意义，享受到合作成功的愉悦。

2. 最佳合作内容。学习的内容要适合学生交流思想，任务应当具有一定的难度，具有合作学习的价值。学生通过自主学习无法完成或无法较好地完成的内容，可通过合作学习让学生相互帮助、相互讨论、相互交流能够完成或更好地完成。

(十)强化学生的自我管理

实际上，真正有效的管理是学生自我的内在管理。课堂既然是教师与学生的共创，那么，学生同教师一样，也是课堂中具有独立精神意志的主人。而且，课堂活动的最终目的是促进学生的健康发展，离开了学生的参与、支持与合作，课堂管理便失去了意义。内在管理强调学生积极主动地参与，在参与过程中形成自主意识和责任感，从而激发其主动和创造精神。内在管理不仅能提高课堂管理的效益，而且能发挥学生的聪明才智，有利于他们的成长和发展。

**(十一)培养合作技能**

学生拥有良好的合作技能是合作学习成功的重要保证，但学生合作技能的形成和发展却不是一个自然的过程，需要教师进行有意识地培养与训练。教师在教学过程中指导学生学习合作技能，一方面可以正面传授，在小组合作学习前提出明确的教学要求，或在小组学习中提供适当的指导；另一方面可创设情境，促使学生在实际锻炼中学会如何与他人共同完成学习任务。在教授合作技能时，教师需要做到：

第一，使学生认识到这些技能的价值。教师必须结合生活中的事例或学生在小组活动中出现的社交问题，使学生亲身体验到特定社交技能的必要性。

第二，使学生必须清楚这些技能的具体表现。在学生认同了某种社交技能的价值后，教师要与全班同学一起讨论该技能的具体表现。比如，对“注意听他人讲话”这一技能，教师可以引导学生罗列出许多具体的行为指标，包括“应该看着讲话人。”“用点头、皱眉等行动来表示我们在听讲话者的话。”“用‘噢’‘对’等词语来应对讲话者”“简要记录讲话的要点”“能够对讲话进行具体、恰当的评价。”有了这些具体的行为指标，学生就能够清楚地知道自己应该怎样去听别人讲话，怎样判断别人是否在听自己讲话。

第三，鼓励学生在生活中练习使用这些技能。教师应当通过演示活动、角色扮演、游戏等多种形式，帮助学生树立把社交技能用于生活的意识，并用正反两方面的例子来指导学生在生活中如何使用特定的社交技能。比如，在教授学生掌握“表达感谢”的社交技能时，教师不仅应当鼓励学生向帮助自己学习的同学表示感谢，同时还可以指导学生用恰当的方式向他们的父母、向在生活中为他们提供帮助的人表示感谢。

第四，保障学生有机会在课堂内练习使用这些技能。与学生在生活中使用这些技能相比，教师更容易了解学生在课堂上使用社交技能的表现，也更容易提供及时的反馈，所以教师要充分利用课堂，结合教学内容设计小组合作学习，使学生在小组活动中学习学科知识的同时也能够练习使用这些社交技能。

第五，检查学生在小组活动中使用这些技能的情况。教师要了解学生在小组活动中使用社交技能的情况，并及时做出适当的反馈。

第六，鼓励学生坚持使用这些技能。教师必须持续不断地鼓励学生练习使用这些技能，如教师可以在一周甚至一学期的教学中，围绕这些技能设计一系列的活动为学生提供练习的机会；还可以将学生正在练习的社交技能通报家长，请家长在生活中为学生练习使用这些技能创造机会，还可以在全校张贴海报，倡导全校师生共同关注使用这些社交技能。

在合作中学会合作[①]

课文第三部分“做一做”是用正方体和长方体拼不同的图形，从“2个正方体可以拼成一个长方体，4个长方体可以拼成一个正方体……”到“8个正方体可以拼成1个大正方体”的时候，有一个小组的同学僵持了起来，每个同学仅靠自己手中的方块都拼不成大的正方体，大家都希望把别人手中的方块集中到自己的手下，在自己面前完成这个被认为较为复杂的图形。于是各不相让，有些同学甚至还相互争执了起来。全班同学包括听课老师的目光全被拉了过去，他们或多或少地显得有些紧张。

蔡老师像什么也没发生一样，她从讲桌里拿出了一个像墙体一样的模型，只是墙体中间被镂空了不少，缺了一些方方正正的石块，我一看，缺失的石块刚好与同学们手中的石块一样大，这里面有戏。

果然，老师缓步来到这一组的同学面前，她把模型放在同学们围坐的桌子中央，以平等而又亲切的口吻说：“大家还记得长江洪涝的事情吗?”孩子们一个个面面相觑，老师并不在乎同学们是否回答，她把模型在桌子上绕了一圈，接着说：“这就是为了抵御新的洪水而准备的防洪墙，只是不小心少了一些石块，大家愿意不愿意帮我给补上去呀?”

有的同学开始把自己手里的方块填上去，更多的同学在观望。这时候，不知谁拉了一下凳子，老师借题发挥：“啊呀！洪水是不是来了呀？防洪墙马上要用了。”

这时候，同学们一个个迅速地把方块填上去，墙体全被填满了，一位同学只好把手里剩下的方块“砌”到了墙体的上部，老师高兴地抚摸了一下这个孩子的头：“太谢谢同学们了！其实呀，洪水并没有来，刚才可能是谁在拖凳子罢了。”气氛一下子热烈起来，大家的情绪十分好。

---

① 李希贵．一个教育局长的听课手记．中国教育报，2002-08-24

蔡老师趁热打铁："今天洪水没来，并不等于明天不来，我们应该时刻准备着才好。我看这样，我们演练一下怎么才能更快地把墙体填好。"

这时候，一位"小胖墩""呼"地站起来说："老师，我有办法。"蔡老师使劲地点了点头，孩子感受到了老师的肯定，"哗啦啦"把所有的方块都从墙体上拆下来，分发给小组的每一个同学："我们每一个同学都各自去填空，太浪费时间了，能不能在下面先合成一块块大的方块，再填上去？"

当然能！原来的问题就这样被解决了。

课后，蔡老师说：在另一个班讲同一内容的时候，就遇到了同样的麻烦，由于事先没有准备，她苦口婆心地教育了大半天，也没把一些同学手里的方块集中起来，最后只好不了了之。对这个年龄的孩子，单靠说教是不行的，创设一些情境，效果就会好得多。其实，合作是在合作中学会的。

**（十二）必要的督促和介入**

在合作学习中，教师的督促和介入要贯穿于整个合作学习过程，其内容是多方面的，如默观学生是如何解决问题的；暂停学生的活动给予示范；表扬善于运用某些行为方式的小组，从而强化他们的良好行为。其目的是为了弄清学生是否掌握了进行合作学习的技巧，找出学生在合作过程中出现的问题，并提供必要的帮助。一般来说，出现以下情况时，教师就需要对合作学习进行适当的督促和介入：当小组对任务还不清楚时，教师需要重新解释，向学生反复说明任务的内容及操作程序。在小组讨论的过程中，教师可以观察学生是否很轻易地就解决了难题，完成了合作任务。当某一小组的活动能够顺利进行时，教师需要给予适当的表扬，当然，教师也可以介入，让其中一个学生解释一下大家形成的某些结论，从而保证每一个成员都能够理解这些结论。当某一小组一时无法完成合作任务时，教师可先进行观察，不要急于介入；当小组实在无法解决时，教师要向学生指出问题所在，并启发学生如何完成，在这一过程中，教师不是答案的给出者，而是顾问、引导者；当小组讨论的声音过大，教师需要给予制止，并调动小组中噪音监督员的积极性，或让这组学生的位置互相移近一点。尽管在合作学习开展前，教师已经对学生进行了合作技能的训练，但是学生还是有可能没有真正掌握这些技能，或者在合作学习中，学生无法有效地运用这些技能，此时教师要介入，建议学生运用一些更加有效的方法。小组讨论偏离主题或讨论一时受阻时，教师应及时发现，及时制止，或为小组讨论提供及时的点拨，使小组讨论顺利开展。当合作学习进行了一段时间后，教师可以介入任意一小组，询问合作学习的进展情况，以便确定学习任务是否完成。当某一小组提前完成任务时，教师应检查他们是否正确完成了任务，如果是真正完成了任务，教师可以在不影响其他小组学习的前提下，让其帮助其他组完成任务或可以自由活动。

**(十三)正确处理好几对关系**

1. 个人学习和合作学习的关系

"小组合作学习的目的是把小组中的不同思想进行优化整合，把个人独立思考的成果转化为全组共有的成果，以群体智慧来探究问题、解决问题。"①因此，有效合作学习的前提就是个人学习，合作学习应该建立在个人学习的基础上。当学生对学习内容获得较为全面的把握后，上课时有备而来，带着问题、带着思考、带着求知的兴趣进入课堂，也才有可能在与他人合作时有话可说，有感而发，才能避免以个别学生的思维代替其他学生的思维。而且每一个学生领悟和探究的视角又各不相同，更易于激发在相互交流时思想的碰撞和思路的拓宽，提升合作学习的效果。当然，也便于教师及时了解学生的疑点、难点，更有针对性地组织教学，促进学生更高层次思维的发展。

例如，有位语文教师特地设计了"自读笔记"这一教学环节。要求学生进行课前预习，自主完成预习课文、思考质疑、查阅资料、交流检查等工作，并将预习的内容一一记录在"自读笔记"上。课前，学生通过查字典、上网搜索、阅读书刊，对教师布置的内容及自行拓展的准备范围进行全面、充分的预习，积极思考并提出仍旧存在的疑惑。课上，在小组长的带领下，拿出"自读笔记"进行组内交流，在相互帮助下解决问题，并将彼此都无法解决或存在争议的问题罗列出来，在全班交流时请求其他同学的帮助。

2. 竞争与合作的关系

竞争与合作是对立统一的关系。两者既相互区别，又紧密联系，都是最基本的社会互动形式，永远不能孤立地存在。众多研究结果表明，与合作相比较，在没有引导的情况下，人们更倾向于选择竞争的行为方式。因此，我们不是要排斥竞争，而且事实上，我们也无力将其消除。我们需要做的，是针对传统教育造成的恶性竞争的不良环境背景加以引导，使其转化为良性竞争。"一般来说，'竞争'是学生的'天性'，不管在任何条件下，竞争总是存

① 周窦华. 关于小组合作学习有效性的问题与思考. 教学与管理，2004(8)

在的，只是表现出程度的不同。而学生间的合作行为，却需要产生的条件，就课堂教学而言，需要有专门的课堂学习小群体，需要有专门的学生群体活动时间。从这个意义上来说，合作是创造(就条件而言)出来的，也是培养(就行为而言)出来的”。①

我们可以在小组内部和小组之间引入竞争的机制。在小组内部提倡竞争，可以充分激发学生的潜力，使学生能够积极参与小组合作学习。值得一提的是，小组内部的良性竞争，并不会影响到小组成员之间的合作，它们都是基于小组合作学习共同目标的实现，竞争只是在小组内部形成一种比赛的氛围，目的是为了实现小组合作效率的提高。而在小组之间引入竞争机制，则有利于促进学生的小组意识，形成集体荣誉感，小组成员彼此之间相互帮助、共同抵抗外界的压力。

3. 教师和学生的关系

在合作学习过程中，始终坚持一个原则——学生是合作学习的主体。因此，合作学习更加注重学生的心理需要，把教学的重点放在学生的“学”上。从表面上看，教师失去了传统教学中所拥有的“权力”或“权威”，但事实并非如此。教师的作用更加重要，责任更加重大。教师要进行讲授，要引起学生学习的兴趣和动机，要促使每一个学生获得最大限度的发展，还要善于协调各小组的活动，对学生和小组进行认可或奖励，促使学生主动掌握知识、发展能力。

① 吴康宁. 课程教学社会学. 南京：南京师范大学出版社，1999：189

# 参考文献

[1]刘家访．课堂管理理论研究述评．课程·教材·教法，2002(10)
[2]杨毛．新课程理念下的课堂管理．现代教育科学，2004(3)
[3]张庆华．教师课堂管理风格形成的归因分析．教学与管理，2005(2)
[4]陈琦，刘儒德．教育心理学．北京：北京师范大学出版社，2002
[5]鲁洁．教学社会学．北京：人民教育出版社，1990
[6]陈时见．课堂管理论．桂林：广西师范大学出版社，2002
[7][美]麦克劳德，费希尔，胡佛．课堂管理要素．赵丽译．北京：中国轻工业出版社，2006
[8]黄兆龙．教学管理学．香港：香港文学报社出版公司，1992
[9][美]帕丁．教师课堂实用手册．徐富明，杨阿丽，张爱宁译．北京：中国轻工业出版社，2006
[10]姚梅林，冯忠良等．教育心理学．北京：人民教育出版社，2000
[11]赵国忠．透视名师课堂管理．南京：江苏人民出版社，2007
[12]姚利民．有效教学论：理论与策略．长沙：湖南大学出版社，2005
[13]张金福等．新课程与课程管理．北京：中国海洋大学出版社，2004
[14]张天宝．新课程与课堂教学改革．北京：人民教育出版社，2003
[15]张刘祥，金其生主编．新课程理念指导下的课堂教学策略．上海：华东师范大学出版社，2004
[16]卢建筠．高中新课程教学策略．广州：广东教育出版社，2004
[17][美]欧文．选择性课堂——满足学生的需要．薛莉译．北京：中国轻工业出版社，2006
[18]彭聃龄．普通心理学．北京：北京师范大学出版社，2004
[19]燕国材．教育心理学(第二版)．上海：华东师范大学出版社，2001
[20][美]戴维．课堂管理技巧．李彦译．上海：华东师范大学出版社，2002
[21]肖锋．学会教学：课堂教学技能的理论与实践．杭州：浙江大学出版社，2004
[22]方海运，葛敏春．交流．上海：上海教育出版社，2004
[23]刘丽，戴青．导入．上海：上海教育出版社，2004

[24]刘家访．互动教学．福州：福建教育出版社，2005
[25][美]达克沃斯多．教师互动：交流与学习．卢立涛等译．北京：中国轻工业出版社，2005
[26]刘春慧，刘自匪编著．板书技能　演示技能．北京：人民教育出版社，2001
[27]史洁莹，邹秀敏编著．课堂组织技能　变化技能．北京：人民教育出版社，2001
[28]王宝大等编著．导入技能　结束技能．北京：人民教育出版社，2001
[29]成尚荣．新课堂需要什么样的纪律．课程·教材·教法，2004(7)
[30]苏丹兰．课堂纪律管理刍议．山东教育科研，1997(1)
[31][美]查尔斯．建立课堂纪律．李庆等译．北京：中国轻工业出版社，2003
[32]丁静．新课程背景下对课堂常规的反思．全球教育展望，2005(7)
[33]陆有栓．皮亚杰理论与道德教育．济南：山东教育出版社，1984
[34]黄向阳．德育原理．上海：华东师范大学出版社，2000
[35][美]林格伦．课堂教育心理学．章志光等译．昆明：云南人民出版社，1983
[36]陶然等．中国教育百科全书．北京：中国国际广播出版社，1994
[37]施良方，崔允漷．教学理论：课堂教学的原理、策略与研究．上海：华东师范大学出版社，1999
[38]樊建华编译．课堂管理的主要理论模式．外国教育研究，1995(3)
[39]宋秋前编译．课堂控制的若干策略．比较教育，1991(2)
[40][美]C. M. 查理士．教室里的春天：教室管理的科学与艺术．金树人编译．台北：张老师文化股份有限公司，1994
[41][加]马克斯·范梅南．教学机智——教育智慧的意蕴．李树英译．北京：教育科学出版社，2001
[42]李耀新编著．课堂教学的组织与管理．广州：暨南大学出版社，2005
[43]叶澜．“新基础教育”发展性研究报告集．北京：中国轻工业出版社，2004
[44]陈惠英．课堂中的学生资源．北京：中国轻工业出版社，2006
[45]蒋宗尧．课前预设与课堂生成基本功．北京：中国林业出版社，2007
[46]蔡楠荣．课堂掌控艺术．北京：教育科学出版社，2006

[47]郑金洲主编. 新课程课堂教学探索系列——生成教学. 福州：福建教育出版社，2005
[48]朱志平. 课堂动态生成资源论. 北京：高等教育出版社，2008
[49]钟启泉等. 基础教育课程改革纲要(试行)解读. 上海：上海师范大学出版社，2001
[50]于明. 课堂管理的艺术与技巧. 北京：国际文化出版公司，1997
[51]庞维国. 自主学习——学与教的原理和策略. 上海：华东师范大学出版社，2003
[52]阎承利. 素质教育课堂优化模式. 北京：教育科学出版社，2003
[53]余文森. 论自主、合作、探究学习. 教育研究，2004(11)
[54]周青等. 批判性思维与学生的自主学习. 教育理论与实践，2003(8)
[55]郑金洲. 自主学习. 福州：福建教育出版社，2008
[56]施良方. 学习论. 北京：人民教育出版社，2001
[57]邹尚智. 探究性学习理论与实践. 北京：高等教育出版社，2003
[58]张大钧. 教育心理学. 北京：人民教育出版社，2003
[59]李晓文，王莹. 教学策略. 北京：高等教育出版社，2002
[60]靳玉乐. 探究教学论. 重庆：西南师范大学出版社，2001
[61]任长松. 探究式学习——18条原则. 福州：福建教育出版社，2005
[62]马兰. 合作学习的价值内涵. 课程·教材·教法，2004(4)
[63]王坦. 合作学习——原理与策略. 北京：学苑出版社，2001
[64][美]S. 沙伦. 合作学习论. 王坦等译. 山东教育科研，1996(5)
[65]盛群力. 小组互助合作学习革新述评(上). 外国教育资料，1992(2)
[66]刘福泉. 合作学习探究. 北京：海潮出版社，2001
[67][美]加里·D. 鲍里奇. 有效教学方法. 易东平译. 南京：江苏教育出版社，2002
[68]丁相平等. 正确理解合作学习. 教学与管理，2003(6)
[69][美]小威廉·E. 多尔. 后现代主义课程观. 王红宇译. 北京：教育科学出版社，2000
[70]周窦华. 关于小组合作学习有效性的问题与思考. 教学与管理，2004(8)
[71]吴康宁. 课程教学社会学. 南京：南京师范大学出版社，1999

# 后　记

没有人可以否认课堂教学管理对于教学取得成功的重要，也没有人可以否认教师不仅是教学活动的指导者，也是教学过程的管理者。然而，当教学出现偏差、失败、没有达到预期效果的时候，我们往往疏漏了教学管理方面的因素；而当意识到课堂管理的重要作用时，又常常不知该如何应对管理过程中遇到的各种问题。这本《课堂教学管理策略》即是为广大教师系统而深入地认识课堂教学管理、学会采用有效策略进行课堂教学管理提供一些帮助。

课堂教学管理策略不仅与具体的方式方法有关，而且与相应的教育教学观念密切关联，不仅需要教师掌握各种管理策略操作方式，还需要教师具备一系列的观念和态度，这样，实际操作才会更有效和更具创造性。因此，本书注重理论性与实用性相结合，每一章内容既有理论层面的论述，以深化教师对教学管理策略的认识，也从操作层面对各项策略的运用提出了具体建议，以便教师在实践中灵活运用。本书在阐明观点和具体做法时，提供了不少典型、生动的案例，教师可借助案例更好地理解和掌握课堂教学管理策略。本书还十分重视内容的时代性，力图反映教育教学研究的新成果，体现基础教育课程与教学改革对教师进行课堂教学管理提出的新要求，让教师能够了解到与课堂教学管理相关的新理论、新观念、新发展，并以此反思和不断完善自己的教学。

本书由辛继湘担任主编，具体各章节的分工是：第一章，辛继湘、廖华；第二章，贺娜；第三章，魏春燕；第四章，张先锋；第五章，冯莉、辛继湘；第六章，张桃；第七章，李巧平；第八章，戴金华。

由于时间较紧而水平有限，本书难免存在一些不足之处，敬请广大教师提出宝贵意见。本书在编写过程中引用和参考了许多相关研究者的成果和中小学教师课堂教学管理的经验和案例，在此一并表示感谢。

辛继湘

2010 年 5 月